컨슈머 인사이트

실질구매력 1위 파워쇼퍼가 된 70년대생의 소비 패턴

CONSUMER INSIGHT

컨슈머 인사이트

김헌식·노정동 지음

책들의정원

프롤로그

누가 현재 대한민국 소비 시장에서 가장 '큰손'일까?

대한민국에서 가장 조명받았던 세대를 고르라면 아마 많은 이가 X세대를 떠올릴 것이다. 70년대에 태어나 90년대 학번을 가진 그들. 90년대 학번들은 지금 어떻게 살고 있을까. 이제 그들은 40대로 경제활동에 한창인 사회의 중추 세력으로 성장했다. X세대로 불렸던 그들도 이제 새로운 세대를 가리켜 이러쿵저러쿵 논하는 연령대가 되었다. 이 책은 그들의 과거와 현재를 관통하는 경제적 활동에 초점을 맞춰 그들이 현재 어떻게 살고 있고 미래를 어떻게 살아갈지 가늠하려 한다. 이 책의 주안점은 어떤 존재도 규정된 대로 고정되는 것이 아니며 살아 있는 한 현실에 대응해 입지를 만들어 간다는 점이다.

90년대 중반까지 그들은 풍요로워 보였다. 하지만 그것은 다가오는 태풍 앞에 곧 여지없이 파편화될 고요 속의 찻잔이었다. 그들은 정치 세대가 아니며 문화 세대라고 불렸지만 부정적인 의미가 강했다. 개인주의적이고 정치 및 사회의식이 없으며 상품 소비와 물신주의에 함몰되어 있다는 의미였다. 그러나 이런 비난도 결국 경제 버블 상황에서만 가능한 말이었다는 점은 오래지 않아 증명되었다.

1997년 IMF 외환위기가 오자, 타의에 의해 청춘기의 90년대 학번들은 경제 문제를 인식하게 되었고, 그것을 해결하기 위해 고군분투했다. 하지만 그들은 세상을 향한 낭만을 지니고 있었다. 그들은 괴물과 싸우기 위해 괴물이 되거나 독재와 싸우기 위해 독재를 카피하지 않았다. 외환위기 전 버블 속에서 만들어진 문화적 이상을 간직하고 현실의 문제들을 해결하기 위해 아무도 가지 않은 길을 갔으며 그 가운데서 설국 열차의 꼬리 칸에 올라타기도 했다.

극복은 또 다른 동력이 될 수 있음을 믿는 'IF세대(가능성의 세대)'. 그래서 배경보다는 개인의 노력이 갖는 잠재성을 믿는 그들이 이제 한국 사회의 허리를 이루고 있으며 세대 간 가교 역할을 하고 있다. 그들은 독재 정치가 만든 정치 과잉으로 점철된 사회 문화 분위기를 걷어 내고 개개인의 라이프스타일과 경제 선택의 문제를 본격 화두로 드러내 주었다. 청춘의 특권으로 문화 형성에 적극적이었고 경제에 대한 세대적 고민도 했다. 그렇게 그들은 온갖 비난과 쓴소리를 들으며 앞장서서 영역을 넓혀 왔고 지금도 마찬가지다. 더구나 경제 소비 시장의 새 트렌드에도 큰 영향력을 행사할 정도의 재정 역량과 입지를 갖게 되었다.

그들은 이제 40대가 되었다. 이 책에서는 그들이 소득과 고용, 재테크, 라이프스타일, 문화 콘텐츠 분야에서 어떤 경제적 선택을 하는지 사례별로 정리했으며, 향후 어떤 논의가 필요한지 살펴보고자 했다. 또한 통계와 설문조사 등을 활용해 주도면밀하게 그들을 파악하고자 했다. 개인의 경험과 주관적 견해보다는 객관적이며 합리적인 논거가 중요하다고 판단했기 때문이다. 이런 맥락에서 해석은 되도록이면 조사 기관의 이해관계를 벗어나 그들이 처한 사회 문화 배경에 근거해 풀어보고자 했다. 기업의 마케팅 보고서나 트렌드 책처럼 어떤 개념을 통해서 그들의 선택 행태를 규정하기보다는 선택 자체의 데이터에 주목했다. 실제 그들의 움직임이 그들을 이해하는 데 더 중요하다고 보았기 때문이다. 다만 개별 사안이나 개개인의 움직임보다는 집단적 움직임에 초점을 맞췄다. 더 적극적인 이들도 있고 더 소극적인 사람도 있을 수 있기에, 이 책의 내용에 동의하지 않을 90년대 학번들도 있으리라 생각한다.

사실 어떠한 기준에 따라 세대를 구분하고 또 그 세대의 특성을 파악한다는 것 자체가 쉬운 일은 아니다. 혹여 각고의 노력 끝에 그러한 작업이 성과를 거두었다 해도 내용의 타당성과 그에 관한 논쟁은 늘 뒤따르기 마련이다. X세대로 불리고 이제는 낀 세대로 정의되는 40대의 라이프스타일과 소비 패턴을 단 한 권의 책으로 완전히 파악하기는 어려울 것이다. 하지만 누군가에는 꼭 필요한 내용을 담았으리라 믿어 의심치 않는다. 이

책이 행복한 삶을 지향하는 모든 이들에게 아주 작은 발판이 되어주기를 바란다.

2021년 5월

김헌식

차례

 ## '낀 세대' 70년대생, 대한민국 소비 시장 중심에 서다

6장 재테크 상품 소비에 녹아든 '강남부자'를 향한 열망

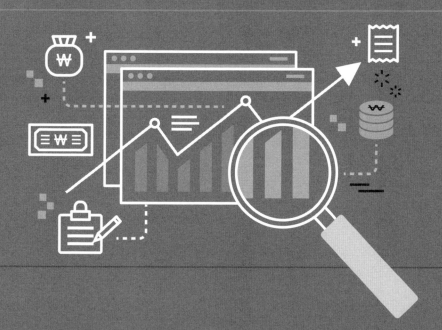

1장

'낀 세대' 70년대생,
대한민국 소비 시장 중심에 서다

70년대생들은 베이비부머 세대와 밀레니얼 세대 사이에 제대로 '낀' 세대다. 그만큼 독특한 정체성을 가진 그들이 이제 40대가 되고 대한민국 소비 시장의 주축이 되었다. 70년대생들의 마음을 사로잡는 것이야말로, 모든 마케팅의 핵심이 된다는 말이다.

끼어도 제대로 낀 세대, 40대

베이비부머 세대와 밀레니얼 세대 사이에 놓이다

우리나라 평범한 40대 가장의 개인적 '경제사'를 돌아보는 것으로 이야기를 시작하자. 평범하다는 것은 보편적이라는 뜻으로 자연스럽게 이어지는데, 이는 개인이 필히 시대적 영향 아래 놓여 있다는 의미다. 대한민국 40대, 주로 1970년대에 태어난 이들은 대학 졸업 무렵 1997년 IMF 외환위기를 맞아 극심한 취업난에 몰렸다. 그동안 민주화 운동의 주역인 86세대, 그리고 그 이전의 산업화 세대의 커리어를 지켜보며 자신의 커리어를 구상했을 이들에게 IMF는 시련을 안겼다.

선택지가 많지 않았다. 평범한 사람 입장에서는 아예 없었다고 말해도 틀리지 않을 정도였다. 인구학적으로는 베이비부머 세대에 '규모의 경제'에서 밀렸고, 정치적으로는 민주화를 주도한 86세대 앞에서 힘을 쓸 만한 세력 기반이 없었다. 1970년대생은 정치사회적으로 세대 담론이 자신들에게 불리한 상황에 빠졌을 때 이를 반전시킬 만한 '쪽수'가 부족했다. 이 세대의 특징을 설명할 때 IMF를 빼놓지 않는 것은 이 사건이 가져다준 깊은 트라우마 때문이다. 간단한 손상은 간단한 치료로, 중증의 손상은 장기간의 회복으로 어느 정도 복구될지 모르지만 '영구적 손상'은 다시 되돌리기 어려운 상흔을 남기는 것처럼 IMF는 그 시대를 감내해야 했던 세대들에게 처음 겪어보는 경제적, 정신적 손상을 남겼다.

다시 돌아와, 운 좋게 이 시기에 직장에 들어간 지금의 40대들은 앞만 보고 내달렸다. 이 외환위기 사태에서 취업하지 못하고 버림받은 '동지'들을 챙길 여력이 이들에게는 없었다. 주중과 주말, 조근과 야근을 가리지 않고 일했을 앞선 산업화 세대들을 보고 자란 이들에게 출근과 퇴근 시간이 지켜지는 '주5일 근무'는 당연히 꺼내기 힘든 화두였다. IMF 시대에 취업이라니! 이것만으로도 이들은 자발적 중노동자가 되어 있었다. 그러다 이들이 대리가 되고, 과장이 되었을 즈음에는 밀레니얼 세대, MZ 세대가 직장 후배로 들어왔다. 밀레니얼 세대는 어떤가. 산업화 세대의 성공담을 '듣고' 만 자란 이들은 먹고사는 문제 대신 개인의 자유와 여가 시간을 중요하게 생각하고, 취직 외에 창업도 대안이라고 생각한다.

이들은 이것을 생각만 하는 대신 직접 실천할 수 있는 기회를 40대 이상보다 훨씬 많이 받고 자랐다. 선배들의 가르침이 '절대 선'이라고 생각하지도 않으며, 선배들의 의견을 '존중'하는 만큼 자신들의 생각도 '존중'해달라고 의견을 개진한다. 직장에 입사하자마자 '왜 그렇게 배워야 하지?', '이

방법은 너무 비효율적인데?'를 묻는 밀레니얼 세대와 함께 일하는 것은 도제식 가르침에 익숙한 50대들에겐 단절을, 40대들에겐 소외감을 안겨주었다.

세대와 세대를 잇는 다리가 되다

40대들은 필연적으로 '가교' 역할을 맡을 수밖에 없었다. 그것은 힘의 논리 속에서 균형을 찾으려는 조직의 본능이었다. 외환위기 당시 대규모 구조조정에서 살아남아 직장 내에서 장기 집권을 시작하였던 지금의 50대들이 이제 막 입사한 30대들을 이해하는 것은 쉽지 않은 일이었다. 자신이 그동안 해왔던 길을 잘 따라오는 것이 곧 성공으로 가는 길이라고 생각하는 50대. 그들에게 30대는 자신들의 성공 방식을 그대로 답습해야 할 대상이었다.

반면 30대는 그들의 성공 방정식에 동의하지 않았다. 역사적으로 고도의 성장기였던 때와 달리 '제로 성장시대'를 살고 있는 이들에게 더 중요한 것은 '개인의 경쟁력'을 기르는 일이었다. 어느 시대에 떨어뜨려 놓아도 살아남을 수 있는 '갑옷'을 갖는 것이 이들에게는 중요한 일이었다. 가만히만 있어도 경제가 알아서 크던 시대는 지났다. 오전 9시에 출근해 오후 6시까지 근무를 마치고 직장 상사 아래 일렬로 줄 서 그날의 술 한잔으로 내일의 자신에게 동기부여를 하는 것은 더 이상 밀레니얼 세대들에게 먹히지 않는 성공 방정식이 되었다.

이런 세대들 사이에서 40대들은 30대 신입 직원보다 일찍 출근해 막내 대신 선배들의 책상을 정리하고, 30대들보다 늦게 퇴근해 상사의 기분을 맞췄다. 디지털 기술에 익숙하지 않은 50대들 대신 30대들과 어울려 일을 주도하는 40대는 조직 생활에 익숙하지 않을 30대들을 대신해 회사의 '윤활유'를 자처하였다. 선배들의 가치관에 동의하지 않지만 그들을 이해하고, 후배들의 가치관을 이해하지만 그들처럼 행동하지 않는 세대가 바로 지금의 우리나라 40대다. 기업은 당연히 이들 40대에게 '조직관리'의 일을 맡긴다.

재계에도 40대가 전면에 나서다

40대 어린 회장님의 등장

다른 세대와 달리 '복합적' 특성을 갖는 40대가 전면에 등장하기 시작한 것은 우리나라 산업의 체질개선에도 본격적으로 영향을 끼치기 시작했다. 바로 40대 재벌 총수가 등장하면서부터다. 국내 5대 재벌그룹 중 하나인 LG는 2018년 이제 막 40세(1978년생)가 되었던 구광모 당시 상무를 회장직에 올렸다. 아버지인 구본무 LG 회장이 갑작스럽게 별세했기 때문이다. 구본무 회장의 타계 40여 일 만의 일이었다. 우리나라 재벌의 역사에서 경영권을 아들에게 물려주는 것이 특별한 아니지만, 이제 막 40대가 된 '어린 회장'이 시가총액 몇 십조의 기업을 운영할 수 있느냐는 초미의 관심사가 되었다. '디지털' 시대를 살았던 어린 회장이 '장인 정신'이 곧 미덕이었던 국내 굴지의 가전회사를 어떻게 이끌어갈 것인지에 대한 궁금증이었다. 게다가 그 옆에는 아버지와 함께 수십 년간 회사를 이끌었던 '아버지 세대'의, 그것도 자신보다 20세 이상 많은 임원들이 지키고 있는 터였다.

새롭게 LG 회장이 된 구광모 회장은 재계의 관점으로 보았을 땐 5대 그룹의 가장 어린 총수일지 몰라도 개인사적으로 보면 그 역시 낀 세대다. 성장 과정에서 사회로부터 동떨어졌을 리 없다. 그의 취임 첫 일성은 '디지털'이었다. 디지털은 곧 효율이다. 컴퓨터가 할 수 있는 일은 컴퓨터에 맡기자는 게 디지털 경영의 요체다. 그게 빠르기도 빠르거니와 장기적으로 보면 피할 수 없는 추세다.

LG가 어떤 회사인가. '가전의 LG'라는 말이 있듯이 냉장고, 세탁기, TV 등 최고의 가전 제품을 만들어오며 큰 회사다. 그동안 LG를 이끌어온 핵심 인물을 설명할 때는 줄곧 '세탁기 장인', '냉장고 외길 인생' 같은 류의 수식어가 붙었다. 그 시대를 관통하는 말이었다. 그렇게 하지 않으면 최고의 위치로 갈 수 없었던 것도 맞다. 구광모 회장은 그 시대의 사람이 아니었다. 이제는 더 이상 '장인', '외길'은 좋은 선택지가 아니었다. 적어도 그의 인생에서는 이처럼 일하는 방식이 비교우위의 코드로 작동했던 적은 많지 않았을 것이다.

대기업 책상에서 '계산기'가 치워진 지가 언제던가. '암기'와 '연산'을 가장 잘하는 것은 이제 '암기 외길인생', '계산 장인'이 아니라 인공지능AI으로 대표되는 컴퓨터다. 기업의 체질도, 기업의 새로운 먹거리도 이 같은 컴퓨터의 발달에 따라 새롭게 요구받는 상황에서 40세의 어린 총수가 등장한 것이다.

젊은 총수가 '시대'로부터 받은 유산

구광모 회장은 일하는 문화부터 사업 구조 전반에 걸쳐 이 '디지털'이라는 키워드를 심기 시작했다. 디지털이라는 말은 단순히 '전산화'의 문제는 아니었다. 문화를 바꾸는 말이기도 했다. 예컨대 이런 것이다. LG는 직원들에게 현재 하고 있는 회사의 사업 외에 '새로운 아이디어'를 가지고 있는 어떤 직원이라도 그 일을 할 수 있게 했다. 일종의 사내 스타트업이다. 초기 아이디어를 가지고 회사 인프라를 이용해 '인큐베이팅'을 시킨다.

이 같은 일을 몇 년 해 보고 진짜 '사업성'이 있다고 판단되면 본궤도에 올린다. LG로부터 이 사업을 들고 떨어져 나가 별도의 회사를 차릴 수도 있다. 이 모든 과정을 모회사인 LG가 돕는다. 그러다 망하면 어쩌지? 그 직원은 5년 안에 회사로 다시 돌아올 수 있다. 구광모의 '디지털'은 한데 똘똘 뭉치자가 아니다. 한데 뭉치는 것은 디지털 정신이 아니다. 제4차 산업혁명이라는, 미래를 쉽게 예측하기 어렵다는 이 말의 모양새가 보여주듯이 기업들의 하루하루는 위기 그 자체다. 그나마 AI라는 실체를 정확히 알기 어려운 '키워드'를 하나 건져낸 상황이다. 한마디로 맞춰야 할 과녁이 정확히 무엇인지 기업 입장에서는 알기 어렵다는 얘기다. 이러한 상황에서 한데 뭉치는 것은 좋은 전략이 아니라는 게 '디지털 정신'이다. 해 보고 안 되면 다시 해 보고, 그래도 안 되면 다른 것을 해 보고. 빠르게 시도하고 아닌 것 같으면 다시 빠르게 바꾸는 기업의 경영 절차는 과거 '장인'과 '외길'로 대표되는 LG의 정신과는 정반대의 모습이다. '몸집'을 키우는 것이 곧 경쟁력이었던 과거 기업들도 이제는 팀을 최대한 작게 쪼개고 나누어 리스크를 최소화하고 속도를 높이고 있다. 국내 그 어느 기업보다 LG가 빠르게 이 같은 일을 추진할 수 있는 이유는 40대 총수가 시대로부터 받은 유산의 결과가 아닐까.

경제의 허리, 소비의 중심

40대를 주목해야만 하는 이유

공자는 《논어》에서 40세를 불혹不惑이라고 했다. 액면 그대로 받아들이면 곤란할 수 있는데 현실은 그대로 받아들인다. 공자의 《논어》는 대개 이상적인 가치를 지향한다. 40세에는 불혹했으면 좋겠다는 말이다. 거꾸로 생각하면 40세부터 가장 활발하게 활동할 연령대이며 미혹迷惑할 수 있는 환경에 노출되기 쉬운 나이이기도 하다. 그 활동의 활발함은 단순히 개인에게만 머무는 것이 아니고 집단이나 공동체, 국가적으로도 마찬가지다. 한국 사회 전체에서 마흔의 나이가 중심축을 이루고 있다고 말해도 지나침이 없을 것이다. 인구의 평균 연령대를 보면 짐작할 수 있다.

행정안전부의 주민등록 인구 통계 분석에 따르면 2008~2018년 10년 사이 한국 인구는 220만 명 늘었는데 평균 나이는 다섯 살 이상 많아져 40세가 되었다. 구체적으로 총인구의 평균 연령은 10년 사이 37세에서 42.1

세가 되었다. 남녀별로 보면, 남자는 35.9세에서 40.9세, 여자는 38.2세에서 43.2세로 연령이 상승했다. 2019년에도 연령은 계속 상승하는데 대한민국 주민등록상 평균 연령은 42.6세였다. 3년마다 평균 연령이 1.5세 정도씩 늘고 있다고 보면 된다. 2017년 기준으로 연령별로 보면 71년생인 45세가 94만 5,524명으로 가장 많았다.

노동 시장의 주축도 40대다. 2014년 평균 연령을 집계한 결과 노동자의 평균 연령은 44.2세였다. 4년 전인 2010년(43.1세)보다 1.1세 높아졌고 2006년(42.0세)에 비교를 하면 2.2세가 높아졌다. 노동자의 평균 연령은 30년 전인 1974년에는 36.3세였다. 30년 전과 비교하면 8세가량 높아진 것을 알 수가 있다. 반대로 취업자 수에서 40세 미만이 차지하는 비중은 1980년에 61%였지만 2013년에 37%로 낮아졌다. 이와 반대로 40세 이상은 39%에서 63%로 높아졌다. 연령대가 높아진 것은 결과적으로 인구 구조가 변동하고 있고 저출산 때문이라고 생각할 수 있다. 결과적으로 40대의 노동자가 일을 해야 한다는 것을 의미한다. 생산력도 그 연령대에서 나온다. 제조업에서도 40대들이 허리를 이루고 있기 때문에 중요성을 간과할 수 없을 것이다.

구체적으로 몇 가지 사례를 보면, 주택 시장에서도 이미 40대를 주목한 지 오래다. 2013년 국토교통부가 발표한 내 집 마련 평균 나이 조사 결과에 따르면 생애 첫 집을 마련하는 가구주 나이는 40.9세였는데 이는 2010년의 38.4세보다 2.5세 많은 것이었다. 2018년에는 평균 나이가 43.3

세까지 올라간다. 보험에서도 마찬가지다. 2019년 1월 보험개발원은 2017년 신규 보험가입자들의 평균 연령이 35.3세에서 42.4세로 올랐다고 밝혔다. 보험가입자의 사망률은 2007년 10만 명당 197.4명에서 2017년 134.8명으로 10년간 연평균 3.7%씩 낮아졌다.

40대가 중요한 고객이 된 것은 그들의 소득과 소비 특성 때문이라고 할 수 있다. 2019년 12월 9일 통계청은 〈2016년 국민이전계정〉을 발표했는데 이는 그들의 소득과 소비의 구간을 살펴볼 수 있어 중요한 통계이고 최근에야 주목받고 있다. 우선 국민이전계정은 소득과 소비가 어느 연령에서 어느 정도인지 보여주는 지표다. 여기에서 주목해야 할 것은 40대이다. 노동 소득은 41세 때 3,209만 원으로 정점에 이르렀다. 소비를 뺀 흑자도 1,435만 원으로 가장 많았다. 출생부터 적자 구간이다가 27세 이후에 적자를 탈출한다. 1인당 소비지출이 가장 많은 나이는 16세였는데 2,867만 원을 지출했고, 적자도 2,867만 원이었는데 소득이 없기 때문이다. 27세 이후에 적자를 보이던 사람들은 59세가 되면 은퇴 등으로 다시 적자구간에 들어서는 것으로 나타났다. 20대가 트렌디한 경제 소비현상을 만들어낸다고 해도 그들은 적자 구간에서 활동을 하기 때문에 한계가 있다는 것을 말해준다. 60대 이후에는 적자이기 때문에 사실상 40대 같은 경제 인구들이 이들을 부양하고 있는 셈이다.

이러한 통계는 1985년 노벨 경제학상을 받은 케인스학파 프랑코 모딜리아니의 '라이프사이클 가설'을 적용할 수 있다. 소득은 보통 중년기에 가장 높고 유년기와 노년기에는 낮다. 저축률도 중년기에 높고 유년기와 노년기에 낮다. 모딜리아니는 소비가 현재 소득이나 자산뿐 아니라 남은 생애에 기대되는 미래 소득의 영향을 받는다고 했다. 40대는 당연히 지금 벌더라도 50대 말에서 60대 이후의 소득 수준을 생각해서 소비를 예측하고 대응을 해야 한다. 40대에는 가장 많이 돈을 벌고 흑자도 보인다. 그런데 만약 이때 흑자를 보이거나 유지하지 못한다면 어떻게 될까. 당장에 40대의 삶 자체가 힘들어질 수 있고 주변의 가족까지도 힘들어질 수 있다. 물론 이 나이대는 사회적으로 가장 활발한 활동을 하는 시기이기 때문에 문제가 불거지지 않을 수도 있다. 빚을 지더라도 일을 계속 하러 다니기 때문에 미래에 전도유망할 수 있다는 생각을 하게 된다. 대개 이때 흑자가 아니라 적자 구간에 들어갔을 때 쉽게 생각할 수 있는 것이 사업이다. 사업은 당장 눈에 들어오지는 않지만 잘만 되면 더 많은 수익을 얻을 수 있을 것 같기 때문이다. 비록 지금 적자라고 해도 미래에는 그렇지 않을 수 있다는 생각은 쉽게 대박의 꿈과 이어지고 현재의 적자를 투자라고 생각하고 감내하게 만들고 그것을 주변 사람들에게도 수용하게 만든다. 그 주변 사람들의 1차 대상자는 가족이고 지인들이다. 물론 그 적자에서 역전해 흑자 인생이 미래에 펼쳐질 것인지는 알 수가 없다. 더구나 그런 활동 가운데 금융위기 같은 예상치 못한 변수가 돌발적으로 온다면 1997년 외환위기 상황에서 부도를 맞게 된 부모 세대와 같은 전철을 밟게 되는 것이다.

경제 허리가 무너지지 않으려면 건강해야

평균 수명이 늘어나면서 40대의 활동도 늘어나게 될 것이다. 특정 나이의 사람이 앞으로 살 것으로 기대되는 기간이 '기대여명'이다. 이는 해당 연령 인구의 사망자 수, 생존자 수, 사망 확률 등을 이용해 산출한다. 통계청이 발표한 〈2018년 생명표〉에 따르면 40대 국민 중 남성은 40.8년, 여성은 46.5년 더 살 것으로 예측되었다. 모든 40대가 물론 이렇게 살 수 있는 것은 아닐 것이다. 80세까지 살 확률은 연령별로 40대의 경우 남성은 61.2%, 여성은 80.9%였다.

하지만 위험 요소는 있다. 건강하게 살아야 하는 것이다. 앞선 자료에서 0.2~0.4살씩 수십 년 동안 증가해 온 한국의 기대수명이 정체되었다. 여러 원인 진단이 있을 수 있지만 사회경제적인 요인이 이런 기대수명에 언제든 영향을 미칠 수 있다는 것이다. 런던보건대학원 루신다 히암 연구교수는 영국 〈가디언〉과 한 인터뷰에서 영국의 사례를 언급하고 있는데 2008년 경제 위기 상황에서 정부가 재정 정책을 긴축하게 되면서 건강 격차와 보건 격차가 벌어졌다는 것이다. 이 때문에 좀 좋지 않은 상황에 노출된 이들이 목숨을 잃게 되고 기대수명에도 영향을 미치게 되었다는 것이다. 그렇기 때문에 한국 경제의 허리라고 할 수 있는 40대들이 이런 사회경제적인 원인에 따라서 위험에 노출되지 않도록 해야 한다. 특히 사회적 불평등 요인에 따라 건강이 나빠지고 공공의료가 뒷받침되지 않거나 축소된다면 40대라고 해도 나락으로 떨어질 수 있다.

염려 때문일까. 한국인들은 자신이 건강하다고 생각하지 않는 정도가 크다. 세계인들과 비교하면 더욱 도드라진다. OECD에서 발표한 〈보건통계 2019〉의 결과를 보면, 본인이 스스로 건강하다고 생각하는 비율을 '주관적 건강 상태 양호 인지율'이라고 하는데 한국인은 29.5%로 OECD 국가 가운데에서 가장 낮았다. OECD 국가들의 평균이 67.9%였던 것과 비교해 보면 많이 낮다. 반면 OECD 국가 가운데 국민 1인당 외래 진료 횟수는 연간 16.6회로 가장 많고 병원에 있는 기간도 18.5일로 가장 길었다. 이를 통해 국민 1인당 의료비와 의약품 비용도 점점 증가하고 있음을 확인할 수 있다. 단순히 의료에 과잉 의존한다거나 건강염려증이라고 할 수 있을까. 아무래도 한국인들은 노동에 많이 혹사당해왔던 것도 사실이다. OECD의 〈2017 고용 동향〉에 따르면 한국의 2016년 1인당 평균 노동 시간은 2,069 시간으로 OECD 회원 35개국 평균(1,764시간)보다 305시간 많았다. 1인당 연간 평균 노동 시간이 OECD에서 멕시코에 이어 2번째였다. 워라밸이라는 트렌드 용어가 많이 회자되고 있어서 문화적으로 그런 흐름이 확산되었다고 생각할 수도 있지만 대기업이나 안정된 공공 직장을 제외하고는 전체적으로 확립되었다고 보기는 힘든 면이 있다. 아직도 많은 노동자들이 일은 많이 하지만 휴가는 쉽게 갖지 못하고 있다. 이 때문에 항상 피곤하고 건강하지 못하다는 생각을 할 수 있을 것이다. 한창 일할 나이라는 40대의 경우에는 더욱 이러한 염려에서 벗어날 수 없을지 모르고 이때 건강관리를 제대로 하지 않고 혹사한다면 이후에 질병에 노출될 가능성이 높아진다.

물론 전체적인 흐름을 본다면 다른 변수가 아니라면 40대는 오래 살 가능성이 높다. 만혼 등의 이유라면 더욱더 오래 살아야 한다. 오래 산다는 것은 노동을 하고 돈을 벌면서 경제생활을 해야 하는 것을 의미한다. 그렇기 때문에 과연 은퇴라는 것의 실제적인 효용이 의미가 있을까 묻게 될 것이다.

2020년 1월 크레디트스위스 리서치 인스티튜트Credit Suisse Research Institute, CSRI의 조사에 따르면 미국, 캐나다, 독일, 스위스, 일본, 중국, 인도 등 16개국 중 한국인 응답자의 63%는 은퇴 연령 이후에도 계속 일하기를 원했다. 인도(75%)와 인도네시아(65%)에 이어 3번째로 높았다. 독일(18%), 캐나다(25%), 스위스(28%)는 그렇지 않았다. 은퇴 후 일하기를 원한다는 입장은 개발도상국 53%, 선진국 28%였다. 아직 한국은 개발도상국의 범위에서 은퇴 이후에도 노동을 해야 한다는 생각이 강하다고 할 수 있다. 양적인 수치로는 경제 선진국이라고 할지 모르지만 노후 보장의 선진국이라고 하기에는 어려움이 있다는 것을 40대들은 알고 있고 그것을 보장해줄 수 있는 정부 형태를 원하고 선거에 임하기도 한다.

평균 수명은 늘어났고 써야 할 돈도 늘어난 상황에서 40대는 노동의 연장성을 생각하면서도 건강을 생각해야 할 나이가 되었다. 물론 건강한 사람은 더 건강하게 많은 돈을 벌면서 일을 하기에 양극화 문제는 여전히 잠재하고 있다. 한국 경제의 허리라고 하는 40대가 무너지지 않도록 하는 것은 개인이나 국가적으로 중요한 문제이자 화두가 될 수밖에 없다. 미혹하지 말고 불혹하게 해주소서.

불안한 고용 구조 속에 휘는 허리

실직하는 40대

40대가 차지하는 비중과 미치는 영향을 생각해 40대를 한국 경제의 허리라고 하는데 정작 40대들의 삶은 평안하지만은 않다. 요통을 심하게 겪고 있는지도 모른다. 그 요통이 일시적인 것으로 남을지 아니면 고질병이 될지 분수령이 다가왔다. 미래는 불안정할 수 있고 해야 할 일은 많다. 특히 왕성하게 일할 나이이기 때문에 고용구조의 안정화와 소득 보장은 중요한 문제이며 혼자만의 문제가 아니기 때문에 국가적으로도 초미의 관심사가 되어야 했다.

특히 2019년과 2020년 들어서 고용구조가 매우 불안정한 상황을 맞았다. 10년 만에 40대 고용률은 최대 폭으로 하락했기 때문이다. 통계청이 발표한 2019년 11월 고용 동향에 따르면 30대 취업자는 2만 6,000명인데 40대는 17만 9,000명 감소했다. 고용률이 전 연령대에서 상승했지만, 40대 고용률은 78.4%로 1년 전보다 1.1%p 떨어졌다. 전 연령대 중 고용률이 유일하게 하락(79.5%→78.4%)했던 것이다. 22개월 연속 마이너스로 1997년 5월~1999년 5월(25개월) 이후 최장 기간이다. 우려스러운 것은 40대 고용률은 11월 기준 2017년 79.8%에서 2018년 79.5%, 2019년 78.4% 이렇게 점점 하락세가 더 커지고 있다는 점이다. 40대 취업자 수는 2015년 10월 696만 6,000명이 정점이었고 이후 49개월 연속 감소였다. 계속 40대의 경제 활동 비중이 줄어들고 있다.

다른 연령대를 보면 2020년 1월 취업자 수가 56만 명 이상, 5년 5개월 만에 최대치 증가를 기록했다. 60세 이상 고령 취업자가 50만 명 이상이었고 이는 정부 일자리 사업의 영향인데 2018년과 비교해 37만 7,000명 늘어 관련 통계를 작성한 1965년 이래 가장 많이 증가했고 65세 이상 고용률도 역대 가장 높은 32.9%였다. 64만 개의 노인 일자리를 만든 정부의 노력 덕분이라고 할 수 있다.

하지만 40대는 줄어들었다. 통계청의 1월 고용 동향 40대 취업자 수는 8만 4,000명 감소로, 2015년 11월 이후 4년 3개월 연속 감소였다. 정부의 일자리 사업이 60대에 모아진 것은 4.15총선을 앞두고 노년층을 의식한 것이라고 해석할 수 있다.

지난해 40대 경제 활동 참가율은 80.1%로 전년에 비해 0.8%p 하락했다. 고용률도 40대가 78.4%를 기록하며 0.6%p 하락했다. 취업자 수가 1991년(26만 6,000명) 이후 28년 만에 가장 많이 줄었다는 평가였다. 성별

'낀 세대' 70년대생, 대한민국 소비 시장 중심에 서다

로 보면 남성이 94.2%에서 93.3%로 0.9%p 낮아졌고 여성(-0.7%p)에 비해 크게 하락한 것을 알 수가 있다. 또한 남성이 일을 하지 않게 되어 전체적으로 가계에 부담이 되는 일이 증가할 수 있음을 보여준다.

왜 40대 일자리가 줄어들고 쉽게 회복이 되지 않을까? 일단 경기 불황과 경제 부진을 들고 있다. 특히 경기가 좋지 않으면 제조업이 타격을 입을 수밖에 없고 제조업에 있는 40대가 실직을 할 가능성이 높아진다는 지적이 일반적이다.

2019년 가장 일자리가 늘어난 곳은 보건업 및 사회복지서비스업으로 17만 8,000명, 8.6%p 증가했다. 숙박 및 음식점업과 예술, 스포츠, 여가 관련서비스업도 각각 10만 명, 8만 8,000명 증가했는데 상대적으로 40대와 관련 있는 도매 및 소매업(-9만 4,000명), 제조업(-8만 1,000명) 등은 줄어들었다. 고용보험통계의 신규 실업급여자를 봐도 알 수 있는데 2월 신규로 실업급여 지원을 받은 인원은 10만 7,000명인데 산업별로는 제조업(1만 8,500명)이 가장 많았다. 그 외에 건설업 1만 6,500명, 사업시설관리/서비스업 1만 2,400명, 도소매업 1만 2,000명 등이었다. 8만 1,000여 명이 줄어든 것은 통계 작성 시점인 2013년 이후 가장 많이 줄어든 수치였다. 사회복지서비스업 등은 정부의 공공지출에 의존한 감이 있는데 40대가 고려되지 못한 것은 그들이 활발하게 일을 하고 있을 것이라는 단선적인 전제에 따른 것이라고 할 수가 있다.

글로벌 경제 상황, 미국과 중국 간의 무역 분쟁도 영향을 미치고 있는 것이 사실인데 수출주도형 국가인 한국에서 글로벌 변수가 고용 상황에 영향을 미치고 이는 40대의 실직으로 이어지고 있다는 것이다. 또한 40대는 경력이 있으면 다른 곳으로 이직이나 전직이 가능했는데 지금은 확장기의 기업 상황이 아니기 때문에 이는 좀 힘들어지고 있다는 지적이다. 신규 실업급여자를 사업장 규모별로 구분해 보면, 5인 미만 사업체에서 2만 4,800명으로 가장 많았지만 1,000인 이상 대기업에서도 1만 3,200명이나 생겼다. 다소 숫자의 차이는 있을 수 있지만 영세한 업체나 대기업이나 상황은 비슷하다는 것을 알 수가 있다. 한국고용정보원 추산에 따르면, 직장에서 퇴직하는 평균 연령은 49.1세였고, 이는 첫 퇴직을 하는 평균 나이가 49.1세라는 의미였다. 40대들이 중간관리자로 여전히 조직에서 직장 생활을 열심히 하고 있다는 생각은 현실과 다를 수 있다.

코로나 19 이후 산업 다변화에 적응해야

40대는 가장 많이 돈을 벌어야 할 때이다. 그렇지 않다면 개인은 물론이고 가족 전체의 생계가 위험하다. 단지 현재의 생계만이 아니라 그들의 미래도 위험하게 된다. 가계 소득의 악화는 민간 부문의 소비 감소로 이어지고 내수 경기 침체를 불러일으킨다. 당연히 기업은 위축될 수밖에 없고 기업의 상황이 어려우면 고용을 줄일 수밖에 없으며 다시 이는 가계의 소득에 부정적인 결과를 미치는 악순환의 고리를 만들어낸다. 당장 집값 38%를 대출로 구입하고 있기 때문에 일자리가 없어진다는 것은 집값을 갚을 만한 이자도 마련하지 못하는 것을 말한다. 그렇다면 마련한 주택마저 팔아야 하는 상황들이 얼마든지 벌어질 수 있다.

공공 부문 일자리 창출은 공공 시장이 실업자를 흡수하는 것인데, 정부가 40대 일자리에 개입할 수는 있지만 40대가 실질적으로 가정의 생계 책임자라는 점을 봤을 때 실제적인 효과가 있을지는 의문이며 오히려 민간 부문의 경제 활성화가 필요하다. 좋은 일자리를 창출하는 것은 기존의 패러다임과는 다른 호재가 작용해야 가능한 일일 것이다. 이는 사실 정치적 결단과도 밀접하게 연결될 수 있다.

만약 남북 경제가 잘되어 비무장지대 인근의 건설업이 흥성거리고 이에 아울러 관련 제조업이 활기를 띤다면 40대의 고용이 늘어날 수는 있다. 하지만 북한이 핵무기를 포기하지 않고 있고 미국 정치권은 북한의 핵무기를 용인하지 않는 상황에서 경제 협력을 금지하고 있기 때문에 이런 생산 고용 모델이 어려워지고 있다. 심지어 개성공단마저도 쉽지 않은 상황이다. 하지만 4대강과 같이 환경도 파괴하고 실질적인 효과도 거두기 힘든 토목사업에 수십조의 국가 예산을 사용하는 것은 바람직하지 않다. 남북한 철도 연결 사업과 같은 모델로 이상적으로는 고용 효과를 견인할 수 있겠지만 실현성 측면에서 안타까운 면이 있다. 제조업의 중요성에 대한 인식은 남북 경제만이 아니라 코로나 19라고 하는 전염병 재난 속에서도 다시 한번 부각되었다.

코로나 19 상황에서 드러났듯이 유럽은 마스크를 만들 만한 제조 기업도 없는 상황이었다. 앨빈 토플러는 '제3의 물결'을 언급하면서 이제 산업 제조업의 시대에서 지식정보화의 시대로 갈 것이라고 말했다. 이러한 도식은 아예 진리의 법칙이 되었다. 그에 따라서 지식정보화만이 미래의 경제모델이라고 각국은 여기게 되었고 한국도 그러한 경제모델 구축을 당연시했다. 미국은 해외 제3국에 제조업 기반을 이전했고 한국도 중국이나 베트남, 중앙아시아 등으로 이전하는 일이 비일비재했다. 하지만 중국은 세계의 제조업 공장을 자임했고 세계 제조업 대국이 되었으며 이를 통해 막대한 부를 쌓게 되었다. 미국에서 이와 같은 인식을 받아들이기 시작했고 2017년 트럼프는 취임사에서 "나는 미국이 세계에서 가장 위대한 '일자리 자석employment magnet'이 되길 원한다. 기업들이 떠나는 걸 훨씬 어렵게 만들 것이다."라고 말했다. 트럼프는 여전히 제조업이 막대한 고용 효과를 누린다는 점을 인지하고 있었고 해외에 나간 제조업이 국내에 들어오도록 장려하고 다른 나라들도 미국 본토에 공장을 짓게 하고 인센티브를 주는 이른바 리쇼어링Reshoring 정책을 추진해서 백인 서민층에게 열렬한 호응을 받았다. 리쇼어링은 낮은 비용, 넓은 시장을 따라 기업이 해외로 나가는 오프쇼어링off-shoring의 반대말이다.

한국은 코로나 19 때문에 갑자기 리쇼어링이 주목을 받고 있다. 특히 한국이 방역에 선방을 하게 되면서 해외에서 기업을 운영하는 것이 더 위험하고 경제적인 수익에도 맞지 않다는 판단이 서게 되었다. 트럼프가 제조업을 독려했어도 1950년 6·25전쟁 직후 제정된 국방물자생산법까지 동원해야 했다. 이유는 포드, GM 등 자동차 기업에게 인공호흡기 생산을 강제해야 했기 때문이다. 정상적인 기업 환경이라면 자동차 회사에서 인공호흡기를 만들 이유와 필요성 특히 경제적인 동기는 전혀 없었다. 기획재정부 1차관의 발언을 보면 한국은 그나마 마스크를 만드는 공장이 100여 개가 있어서 버틸 수가 있었다. 만약 한국이 중국에게 완전히 제조업에 밀렸거나 지식정보 산업 등에만 올인했다면 마스크 대란 사태 때문에 많은 국민들의 생명이 더 어려운 지경에 처할 수도 있었을 것이다. 정부에서는 안전한 한국을 강조하면서 해외에 나간 기업을 유치한다는 국정목표를 세웠다.

물론 제조업만이 유일한 해법은 아닐 것이다. 문재인 대통령은 "40대의 일자리 문제는 제조업 부진이 주원인이지만 그렇다고 제조업의 회복만을 기다릴 수는 없다. 4차 산업혁명이 본격화될 경우 산업구조의 스마트화와 자동화가 40대의 일자리에 더욱 격변을 가져올 수 있다."라고 한 바가 있다. 기획재정부 1차관도 "40대 고용 부진은 인구, 제조업 · 건설업 등 주요 업종 둔화"의 요인도 있고, "기술 변화, 산업구조 전환 등 복합 요인이 작용했다."라고 했다. 4차 산업혁명이 과연 실체가 있는가 하는 논쟁도 있다. 그것이 무조건 장밋빛 결과를 만들지는 알 수도 없다. 개별 기술이 어떻게 실제적인 효과를 만들어내는가가 중요할 뿐, 4차의 혁명이 올지는 알수 없다. 3차 혁명이라고 하는 지식 정보화도 결국 제조업의 증강에 효과가 있었던 것이고 4차 산업혁명에 들어간다는 기술들도 제조업과 상호 시너지 효과를 내는 방식이 될 가능성이 높다. 그렇다고 한다면 40대에게는 유연한 기회가 될 수도 있을 것이다.

40대에게는 기존의 제조업을 응용하거나 확장한 신사업이 필요하다. 그리고 40대는 새로운 기술에 적응을 해야 한다. 사실 90년대 학번들은 삐삐를 차고 다니고 핸드폰을 손에 처음 넣어봤는가 하면 PC통신으로 인터넷을 경험한 세대이기도 하다. 하지만 1997년 외환위기와 2008년 금융위기 그리고 2020년 코로나 19까지 겪어야 했고 이 때문에 상황은 좋지 않다. 학창 시절과 직장 생활 시기, 그리고 가정을 영위해야 하는 시기마다 어려움에 처했다. 하지만 다른 어떤 세대보다도 더 적응을 잘 해왔던 세대이기 때문에 앞으로도 능동적으로 극복하리라 생각한다. 처음부터 좌절된 세대는 아니었기 때문에 자신이 살아남기 위해서는 때로 자존감을 굽히고 자신만의 체화된 방식으로 버텨나갈 세대에 가깝다.

조카를 위해 지갑을 여는 골든 앤트와 골든 엉클

친자식을 대신하는 조카 바보

바보는 긍정의 의미로 사용되기도 한다. '바보 사랑'이라고 하면 순애보를 상징하기도 한다. 아마 대가나 이익을 바라고 주는 사랑이라면 이렇게 부르지 않을 것이다. 자본주의 세상에 바보 같은 사랑이 어디 있는가. 그런 면에서 가족주의만이 살길이라고 여기는 게 이상한 일은 아니다. 가족의 사랑 중에서는 부모가 자식에게 보여주는 사랑이 최고라고 한다. 조건 없는 사랑이기 때문이다. 그런데 조건 없는 사랑이 또 생겼다. '조카 바보'라는 단어에서 짐작할 수 있다. 개인주의 경향이 강화된 한국 사회에서 이런 현상이 일어난다는 것은 낯설다. '조카 바보'는 조카는 정말 사랑스럽게 생각하는 이들이다. 비록 자신은 아이를 낳지 않았지만 말이다. 조카 바보는 단순히 조카에 대해 애정이 있는 수준은 아니다. 그들은 조카밖에 모르고, 친자식처럼 조카를 사랑한다.

비혼, 만혼 등 1인 가구 500만 시대가 되면서 나타난 신新인류 종족이라는 말도 있다. 이런 맥락에서 본다면, 혼자 사는 삼촌이나 이모가 많아졌고 조카를 사랑하는 조카 바보들도 함께 증가했다고 볼 수 있겠다. 조카 바보란 말이 등장한 것은 2009년 한 언론사 연예뉴스 제목에서다. 이런 현상은 90년대 학번들이 30대 중·후반에 포진하기 시작하면서부터 일어나기 시작했다. 한 심리학과 교수는 조카 바보란 용어를 다음과 같이 분석했다.

인간에게는 2세에 대한 욕망이 있다. 간혹 결혼을 안 했어도 아이는 갖고 싶다는 사람도 있다. 나를 이어가겠다는 동물적 본능이 있는 것이다. 싱글족이나 또는 결혼을 했어도 경제적 여건이나 여러 상황 때문에 자식이 없는 경우 가장 가까운 조카에게 애정을 쏟는 것이다. 또 부모는 아무래도 자식을 잘 키워야겠다는 부담감에 자식을 엄격하게 교육하는 경우가 있지만, 조카는 상대적으로 그런 부담이 덜하기 때문에 마냥 귀엽고 예뻐할 수 있는 것.

여기서는 동물적인 본능을 중심에 두고 원인과 배경을 언급하고 있다. 이는 얼핏 맞는 이야기일 수 있다. 자손 번성이 제대로 충족되지 않을 때 다른 대체 존재에 대해서 관심과 애정을 투입한다는 견해를 달리 부정할 수는 없다. 그런데 왜 대체 존재가 조카인지 생각해볼 필요가 있다. 90년대생들은 이와 다르기 때문이다. 90년대생들은 조카가 없고 형제자매도 없는 집에서 태어났을 가능성이 높다. 조카 바보가 될 조건인 조카가 없는 것이다. 그래서 그들은 조카 대신 반려동물에게 더 관심을 보일 가능성이 높다.

90년대 학번들은 가족을 중요하게 생각하지만 한편으로 자신의 사회적 진출이나 성공도 중요하게 생각한다. 본격적으로 사회 진출에 대한 정보가 공유되던 세대이다. 하지만 결핍은 충족되지 않았고 여전히 강남에 대한 선망은 강했다. 누구나 대학을 가는 듯이 보였지만 대학이 사회적 풍족함을 채워주지는 않았다. 대학 교육의 확산으로 그런 것이 가능하지 않을까 하는 착시 현상이 일어난 것이다.

조카에게 선물 공세를 하다

어린 시절에는 이전 세대보다 물질적으로 풍족했을지라도 여전히 결핍이었고, 사회인이 되어 문화적 재화들을 접하게 되면서 부족했던 자신들의 유년기나 청소년기가 떠올라 조카들에게 뭔가 해 주고 싶어졌다. 결핍으로 채우지 못했던 것들을 가족들에게 나누어 주기를 원한다. 이는 부모에게도 마찬가지다. 자신을 키워준 부모에게 감사한 마음을 가지게 된다. 또한 조카들에게 선물로 마음을 표현한다. 이들을 가리켜 '골든 앤트Golden Aunt' 혹은 '골든 엉클Golden Uncle'이라고 한다. 고학력, 고소득의 30·40대 미혼 여성을 뜻하는 골드미스에 고모, 삼촌을 결합한 용어다. 다만 골든 앤트나 엉클의 경우 소득만 많은 것을 뜻하지는 않고 물질적으로 조카들에게 기여하고 싶은 심리를 가지고 있다고 할 수 있다. 앞선 세대들은 가부장제의 영향을 많이 받았었기 때문에 조카들에게 그렇게 친절한 편은 아니었다. 그래서 세심한 배려를 하지 못했었다.

조카에게 온갖 선물 공세를 하는 골든 앤트와 골든 엉클은 조카 바보를 밀어내고 조카 사랑을 의미하는 단어가 되었다. 골든 앤트와 엉클은 입학식이나 졸업식, 어린이날, 크리스마스에 큰손으로 떠오른 지 오래다. 학용품은 물론이고 각종 장난감에 큰 영향을 미친다. 또한 아동복 시장을 키우는 요인이 되고 있다. 한국섬유산업연합회에 따르면 국내 아동복 시장은 2012년 8,771억 원 수준에서 연간 10% 이상의 성장률을 보이다가 2017년 1조 8,000억 원 규모로 증가했다. 특히 고가의 아동복이 잘 팔려서 명품 브랜드들도 키즈 패션시장에 진출했다. 아르마니 주니어, 펜디 키즈, 구찌 칠드런, 몽클레어 키즈, 버버리 키즈 등 해외 유명 명품 브랜드들이 대표적이다.

다음으로 '에잇 포켓eight pocket'이라는 마케팅 용어를 살펴볼 필요가 있다. 이 용어도 조카 바보 현상으로 만들어졌기 때문이다. 에잇 포켓 이전에는 '식스 포켓six pocket'이라는 용어가 있었다. 이는 1990년대 일본에서 나온 개념인데, 저출산 고령화 사회가 되면서 부모, 친조부모, 외조부모 등 6명의 어른들이 아이에게 지출하는 현상이다. 한 가구당 자녀가 1~2명이 되면서 지출이 줄어들었기 때문에 발생한 일이다. 사실상 조금만 지출을 해도 한 아이는 풍족한 생활을 누릴 수 있게 된다. 요즘은 에잇 포켓이다. 아직 결혼하지 않은 이모, 고모, 삼촌 등이 붙기 때문에 가능한 것이다. 이러한 이모, 고모, 삼촌들은 결혼을 하지 않은 경우가 많아 식스 포켓 시대보다 더 많은 돈을 가지고 있고 그것을 조카에게 쓸 경우 한 아이에게 모이는 지출 비용이 상당하다고 할 수 있다. 영유아, 초등학생, 어린이 관련 산업을 '엔젤 비즈니스angel business'라고 한다. 에잇 포켓이나 엔젤 비즈니스를 주도하는 것은 바로 90년대 학번들이다. VIBVery Important Baby, 골드 키즈Gold Kids를 만드는 것이 바로 90년대 학번 이모, 삼촌, 고모들이며 여기에는 세대적인 특징이 반영되고 있다. 앞서 봤던 옷만이 아니라 다양한 유아용품 시장은 성장 일로에 있고 백화점에서의 관련 용품 성장률은 10%를 넘어선다.

계층별로 다른 면도 보여주고 있다. 소득 상위 40%인 4~5분위와 소득 하위 40%인 1~2분위의 출산율을 비교해보자. 2018년 8월 국회가 국민건강보험공단에서 받은 〈가입자 소득 분위별 분만 관련 급여 건수〉에 따르면 10년간 소득 상위 40%인 4~5분위는 소득 하위 40%인 1~2분위보다 출산율이 2배 이상 높았다. 두 계층 간 격차는 2008년 1.693배에서 2013년 2.056배로 2배를 넘었다. 이어 2017년에는 2.225배까지 벌어졌다. 경제적인 여유가 없을수록 아이를 낳지 않기 때문에 조카 바보가 될 기회마저 없어진다. 그렇기 때문에 경제적인 여유가 있는 90년대 학번들이 키즈 산업에 기여할 가능성이 높다.

하나만 낳아 잘 기르자는 생각은 비단 부모에게서만 관찰되는 것은 아니다. 90년대 학번들은 분산투자보다는 집중투자를 통해서 자녀에게 선택과 집중을 하고 있으며 여기에 이모, 삼촌, 고모가 가세하고 있다. 이들은 일단 한다면 최고로 키워내고 싶은 심리가 있고 그들의 삶의 궤적은 성공할 수 있다는 생각을 갖고 있다. 세대가 지나고 Z세대가 조카 바보가 될 수 있을까? 그들이 과연 조카를 생각할 여력이나 있을까. 그것은 의식의 문제일 수도 있지만 하고 싶어도 경제적 여력이 되지 않을 것이며, 조카에게 선물을 주는 것이 문화적인 미덕이 아닐 수도 있다. 90년대 학번들에게는 그것이 아직 미덕으로 남아 있기 때문에 경제적 현상이나 비즈니스 현상도 생길 수 있었다.

비혼 1인 가구가 늘어난다

새로운 선택지, 비혼과 딩크

90년대 학번 세대들을 생각하면 가장 많이 떠오르는 것이 비혼으로 살아가는 것이다. 여기에 덧붙인다면 결혼을 했다고 해도 아이 없이 사는 모습이다. 이른바 아이 없이 자신의 삶이나 부부의 삶을 더 우선하는 딩크 DINK족이다. 딩크는 'Dobble Income No Kids'의 줄임말인데 난임 부부와 달리 임신이 가능함에도 불구하고 일부러 아이를 갖지 않는 것이다. 아이를 가지려다가 포기하는 부부와는 처음부터 다른 유형이다. 40대 남녀 10명 중 7명은 딩크족에 대해서 긍정적으로 생각하고 있다는 조사도 있다. 물론 나이가 어릴수록 딩크족에 대한 선호도가 높다. 20대의 경우에는 90% 넘게 호감을 갖고 있는 것으로 나타나고 30대는 80%가 넘는다.

40대 중·후반 여성들 10명 가운데 1명은 결혼하지 않았다. 결혼을 했어도 자녀가 없는 딩크족은 6%가량으로 추산됐다. 한국보건사회연구원

의 〈코호트 완결 출산율 분석 결과와 시사점〉 보고서의 내용이었다. 1995
년 40대 중·후반 남성 가운데 미혼은 100명 중 1명이었다. 이른바 노총각
중에 노총각이었다. 20년 뒤인 2015년 40대 중·후반 미혼 남성의 비율은
10배나 늘었다. 이제 45~49세 남성 10명 가운데 1명이 미혼이다. 결혼은
커녕 연애도 하지 않고 홀로 살아가는 사람들이 늘고 있다. 한국보건사회
연구원의 〈청년층의 경제적 자립과 이성교제에 관한 한일 비교연구〉 보고
서를 보면 30~40대 미혼 인구 비율은 1995년에서 2015년 20년간 급격하
게 늘어났다. 35~39세는 6.6%에서 33.0%, 40~44세는 2.7%에서 22.5%가
되었으며 45~49세는 1.3%에서 13.9%로 증가했다. 대개 이런 현상에 대해
서 학업 기간이 길어지고 취업 시점이 늦어지게 된 것을 원인으로 분석했
다. 1990년대까지만 해도 고교 졸업 후 취업하는 경우도 많았지만 이제 대
학 졸업자가 대부분이며 대학원을 졸업하는 사람들도 많다.

여성의 미혼 비율도 늘어났다. 35~39세의 미혼은 3.3%(1995년)에서
19.2%(2015년), 40~44세는 1.9%(1995년)에서 11.3%(2015년), 45~49세는
1.0%(1995년)에서 6.4%(2015년)로 늘어났다. 1971~1975년생 여성의 경우
전체의 10.1%가 비혼이었다. 출산율도 떨어졌는데 1971~1975년생은 1.62
명이었다. 이전 세대보다 훨씬 떨어진 수치이다. 1941~1945년생의 출산
율은 3.73명이었다. 거의 4명에 가까운 아이를 낳았다. 1956~1960년생은
1.96명이었다. 이는 부부가 두 명의 자녀는 낳았다는 것을 뜻한다. 이런 출
산율 추이는 1956~1960년생까지 느리게 하락하는데 1971~1975년생들의

경우 하락폭이 커진다. 이를 어떻게 해석할 수 있을까. 두 사람이 결혼을 하면 두 명을 낳아야 현상 유지가 된다. 그보다 적게 낳는 사람들이 늘어날 때 인구는 감소한다. 즉 현상 유지를 하지 못할 정도로 한 명만 낳는 경우가 확산되고 아예 아이를 낳지 않는 이들도 많아져서 출산율이 확 떨어진 것이다. 그런 흐름을 주도한 것이 바로 90년대 학번 세대들이다. 사실 이들은 아이를 원하고는 있지만 아이를 낳아 기를 여건이 되지 않았기 때문에 포기하기 시작하는 첫 세대라고 할 수 있다. 뒤늦게 생물학적으로 아이를 낳지 못하는 때가 되어 후회하기도 한다. 그렇기 때문에 가족에 대한 애착과 가족 상품 소비가 대리적으로 이뤄지기도 한다.

삶의 만족도를 생각할 나이 40대

그들의 삶의 만족도는 어떨까? 2019년 4월 KB경영연구소 1인 가구 연구센터는 수도권과 광역시민을 대상으로 삶의 만족도를 조사했다. 여성은 20대 70.6%, 30대 71.8%이던 것이 40대에는 69.3%로 떨어졌고 50대에 54.9%로 확 낮아졌다. 40대부터 삶의 만족도가 떨어진다는 점을 보면, 이후의 삶을 위해 다른 모색이 필요한 시기가 바로 40대라는 것도 알 수가 있다. 남성은 20대가 67.1%로 정점이어서 여성들보다는 일찍 만족도 하향이 찾아왔고 30대(61.0%), 40대(58.4%), 50대(45.2%) 순이었다. 남성들은 혼자 사는 삶이 여성들보다 좀 어려운 점이 있다. 참고로 2018년 1월 한국보건사회연구원 조사에서 20대는 행복도가 높은 편으로 나왔는데 상대적으로 높은 실업률과 주거 빈곤 때문에 미래 안정감은 전 연령대에서 최하위였다.

경제적인 부분은 어떨까. 여성이 남성 1인 가구보다 만족도가 높았는데 경제적인 만족도는 40대 남성 1인 가구가 가장 높았다. 경제적 만족도는 나이에 따라 점점 증가했는데 20대(40.6%), 30대(42.0%)의 만족도는 증가하다가 40대(49.0%)에 정점을 찍고 50대(35.7%)에는 떨어졌다. 여성의 만족도 역시 20대(28.7%), 30대(39.8%)에 높아졌다가 40대(42.1%)에 정점을 찍고 50대(32.5%)에 떨어졌지만 남성보다는 낮은 수치다. 20대에서 많은 차이가 나고 있으며 40대에도 여전히 남녀의 경제적 만족도에서 차이가 있는 것을 알 수가 있다. 여성의 경우 1인 가구의 걱정거리는 '경제적인 문제'였다. 하지만 남성은 30~50대에서 '외로움'이 1위였다. 40대는 말할 것도 없었다. 그래서 외로움을 해결해주는 상품이나 서비스 사용에 적극적일 수밖에 없다. 여성들은 외로움이 2위였지만 다른 한편으로 안전에 대한 염려가 컸다. 그렇기 때문에 여성들은 안전 관련 상품이나 서비스에 관심이 많을 수밖에 없다. 어쨌든 다른 나이대보다 경제적으로 여유가 있는 점은 분명하다. 더구나 가족이 없기 때문에 경제력을 집중하는 대상이 자녀가 아니라 자신일 가능성이 높다. 그리고 이는 여가나 쇼핑 활동이 될 가능성이 높다.

일도 소비도 많이 하는 40대 1인 가구

2018년 신한카드의 〈중장년층 1인 가구 소비 특성 분석〉 자료에 따르면 경제적인 어려움에 대한 응답은 다른 연령 대비 적었지만, 여가 활동에 대한 소비 욕구는 강하게 드러났다. 월 300만 원을 받는 비율을 보면 20대(14.3%), 30대(32.5%), 40대(38.7%) 순으로 나이가 들수록 수입은 늘어 간다. 특히 여성들은 쇼핑과 여가 활동의 비중이 높고, 감성적 측면이 능동적 소비 활동에도 영향을 미치고 있는 것으로 파악되었다. 2017년 2월 KB경영연구소가 20~40대 1인 가구 1,500명을 대상으로 한 온라인 설문조사에서 20대는 편의점과 외식 및 커피 할인, 30대는 문화생활, 40대는 쇼핑 및 자동이체 할인에 주목했다.

90년대 학번 세대들은 또한 일을 많이 하는 세대다. 2014년 한국보건사회연구원의 〈중장년층 1인 가구의 사회 활동 참여〉 조사를 보면 1인 가구는 일을 많이 했다. 경제 활동 상태를 분석하기 위해 주로 일한 집단, 틈틈이 일한 집단, 잠시 쉬고 있는 집단, 일하지 않은 집단 등으로 구분해 조사한 결과에서 주로 일한 집단의 비중은 다인 가구(68.10%)와 비교했을 때 1인 가구(76.08%)가 매우 높았다. 이는 경제적 독립을 하기 위해 열심히 일을 하는 것일 수도 있고 다른 가족 구성원에게 집중하지 않는 시간에 자신의 일에 집중할 수 있음을 의미하기도 한다. 또한 삶의 여유가 없어서 가족을 이루지 못할 수 있다. 1인 가구가 1년간 참여했던 사회 활동 단체 수는 다인 가구에 비해 8% 낮았다. 특히 남성과 40대에서 컸다. 40대 싱글 남성은 각종 단체에 참여한 경험이 전혀 없는 경우도 67.44%로 다인 가구보다 12% 정도 높았다.

그들이 사는 주거 공간도 살펴보자. 일본이나 홍콩, 싱가포르에는 소형 주택 수요가 급증하고 있는데 이는 혼자 사는 사람이나 자녀가 없는 부부가 늘어나고 있기 때문이다. 우리나라도 예외는 아니다. 하나금융그룹 연구 보고서에 따르면 2010년 국내 총 1,715만 가구 중 1~2인 소형 가구가 43%에 해당하는 743만 가구였다. 2000년에 460만 가구였으니 두 배 가까이 늘었다. 2020년에는 전체의 47.1%, 2030년에는 51.8%가 1~2인 가구가 될 것이라고 전망했다. 2017년 2월 KB경영연구소 조사에서 10명 가운데 4명은 5~10평에서 살았고 원룸 거주 비중이 33.7%였다. 그들은 주택으로 재테크를 할 수도 있다. 갭투자가 대표적인데 넓은 아파트를 가지고 있더라도 직접 살지 않고 투자 목적으로 사용한 후 자신은 소형 평수에서 살 수 있다. 혼자 살기 때문에 언제든지 주거 공간을 옮길 수 있다. 비혼이라고 해도 반드시 혼자 사는 것은 아니다. 앞으로 한국도 서구처럼 혼자 살고 있지만 양육을 하는 경향이 늘 수 있다.

한국은 미혼 여성의 출산율이 매우 낮다. 하지만 결혼을 하지 않은 상태로 아이와 함께 산다면 넓은 평수의 집이 필요할 수 있다. 혼외 출산율을 살펴보면 스웨덴(55%), 노르웨이(55%), 덴마크(46%) 등 북유럽 유아의 절반 정도가 혼외 출산으로 태어났다. 프랑스(53%)와 영국(45%)도 마찬가지다. 혼외 출산을 잘 용인하지 않는 미국도 2012년 비혼 엄마를 둔 아이의 비율이 41%였다. 한국은 혼외 출산 비율이 1.5%로 2.0%인 일본과 함께 OECD 회원국 가운데 낮은 편에 속한다. 비혼 엄마가 아이를 키우려면 사회적 인식과 제도적 시스템이 잘 갖춰져야 한다. 문화적인 풍토가 얼마나 바뀌는가가 관건일 수밖에 없다.

쉬코노미Sheconomy, 그녀의 마음을 사로잡아라

여성, 취향을 권력화하다

자신의 취향과 자유 의지에 따라 돈을 쓸 수 있는 여성 집단의 등장은 국내 소비지형을 완전히 바꾸는 결과를 가져왔다. 완전히 개인화된 기기인 스마트폰의 등장이 비로소 여성들을 대상으로 한 온라인 쇼핑 시대의 문을 활짝 연 것처럼 말이다. 90년대 학번 세대에서 본격적으로 '가정주부'가 아닌 '직장생활을 하는 여성'의 집단이 등장하면서 이들이 주체적으로 돈을 쓸 수 있는 환경이 조성된 것이다.

미국에서는 전체 구매 결정의 85%를 여성이 담당한다는 통계가 있다. 이는 자연스럽게 경제 전반에 걸쳐 큰 영향력을 행사한다는 의미다. 현대 경영학 '구루' 중 한 명인 톰 피터스는 경제 전반에 여성이 관여하는 비중은 부동산, 가구, 휴가, 생활용품 등 약 90%에 달한다고 연구를 통해 밝혔다. 미국뿐만 아니라 우리나라에서도 여성 경제인구가 증가하기 시작하면서 단순히 '가족'(맘코노미)을 위한 소비뿐만 아니라 '친인척'(골드이모), 나아가 '자신'(골드미스)을 위한 소비에 이르기까지 막강한 영향력을 행사하고 있다.

특히 여성들이 단순히 돈을 버는 것에서 그치지 않고 고학력과 고소득 종사자들이 대규모 소비 집단으로 부상하면서 국내외 소비시장에서 '큰손'으로 역할을 하고 있는 것이다. 여기에는 여성들의 경제력이 향상되면서 과거와 달리 자신을 위해 돈을 쓰는 것을 '죄의식'으로 삼지 않는 것과, IT기술의 발달로 온라인 커뮤니티와 SNS를 통해 정보의 불균형이 크게 해소(해소를 넘어 여성들은 온라인 소비시장에서 트렌드를 주도하고 있다)되고 있는 것이 큰 변화를 만들어냈다.

한 조사에 따르면 매일 커뮤니티와 SNS를 이용하는 여성의 비중은 75.6%로 남성(52.3%)보다 더 높은 것으로 나타났다. 여성들의 소비권력 확대를 상징하는 세계적 사건 중 하나가 이탈리아 명품 시계 브랜드 '파네라이'에서 2018년 여성들을 겨냥한 첫 38mm(여성들은 보통 시계 페이스 20~30mm대 작은 제품을 선호한다는 게 시계 업계의 중론이다) 제품을 내놓았다는 것이다. 원래 이 브랜드는 남성 전용으로 여겨져 47mm, 44mm, 42mm 제품들을 주로 출시해왔다. 개당 가격이 1천만 원을 넘어가는 이 명품 브랜드에서 여성 전용 제품이 나왔다는 것만으로도 소비권력 이양 움직임은 더 이상 국내만의 현상은 아니다.

'엄마' 말을 잘 듣는 정치인과 기업인들

미국의 스타트업 '밀크 스토크'의 사례는 쉬코노미를 기업들이 어떻게 대응해야 하는지 중요한 선례가 되고 있다. 앞서 언급했듯 이제 여성들은 '좋은 엄마'에 대한 열망과 '일 잘하는 여성'으로서의 입지를 동시에 다지고자 하는 사고방식이 익숙하기 때문이다. 밀크 스토크는 출장을 가거나 아이의 곁에 있지 못할 때에도 모유를 먹이고 싶어 하는 엄마들을 위한 서비스다. 2014년 창업자인 케이트 토거슨이 출산 휴가를 마치고 간 첫 번째 출장지에서 사업 아이디어를 떠올렸다. 냉장 시설이 포함된 모유 운송가방을 제공하거나 모유를 신선한 상태로 아이에게 배송해 주는 서비스다. 글로벌 기업 IBM을 비롯해 전 세계 400여 기업이 이 서비스를 이용하고 있다.

우리나라에서 '여성권력의 상징'은 맘카페로 대표된다. 맘카페는 주로 40대 안팎의 여성들이 육아, 출산, 자녀교육, 요리, 부동산 같은 관심사에 대한 정보를 공유하고 소통하는 온라인 커뮤니티를 통칭한다. 우리나라에 온라인 맘카페만 3만 개가 넘는 것으로 알려져 있으며 회원 수 300만 이상인 곳도 있다. 우리나라 집권당인 더불어민주당의 모든 당원 수(340만 명)를 합친 것과 맞먹는 것이다. 경제와 정치적 목소리는 물론, 산술적으로 보자면 우리나라 웬만한 정당의 권력 이상을 1개의 맘카페가 가지고 있는 셈이다. 권력에는 자연히 돈이 따라온다. 맘카페에 붙는 배너 광고는 한 달에 수백만 원을 호가한다. 지역 음식점들은 맘카페의 평가에 따라 장사를 접는 경우도 있다. 때때로는 대기업의 입지를 흔들 만큼의 맘카페의 여론이 위력을 발휘할 때도 있다.

어린 시절, 40대 여성들은 가부장적인 집안 분위기 속에서 제대로 자신의 목소리 한 번 못 내는 어머니를 그저 지켜볼 수밖에 없었다. 하지만 그 유명한 CF 카피 "남자는 여자 하기 나름이에요."를 보며 마음 한구석에서 당당하게 자신의 목소리를 내는 날을 꿈꾸었을 것이고, 그 꿈은 이제 현실이 되었다.

40대 산모와
학부모의 마음을 잡아라

40대에 첫 출산을 하다

출산율이 낮은 것은 누구나 다 아는 사실이다. 아이를 낳지 않기 때문인데 사실 연령대별로 보면 반드시 그렇지만도 않다. 연령대별로 출산율이 다르고 그중 40대의 출산율이 다른 연령대와 다르다는 점을 고려한다면 출산 정책이 달라질지도 모른다.

결혼을 한다고 해도 최대한 늦춰서 하기 때문에 임신이 늦어지는 것은 어쩌면 당연할 수도 있다. 만혼으로 출산 연령이 높아지는 것은 세계적인 추세이기도 하다. 영국은 40대 이상 산모가 10대 산모보다 아이를 더 출산했다. 제2차 세계대전 직후인 1947년 이후 70여 년 만에 처음 뒤집힌 것이라서 영국에서 크게 화제가 되었다. 영국 통계청 자료에 따르면 2015년 40세 이상 여성 1,000명당 출산한 신생아 수는 15.2명, 20세 미만은 1,000명당 14.5명이었다. 이는 어느 날 갑자기 이뤄진 것이 아니라 꾸준한 추세 속에 있었다. 1981년 이후 40세 이상 산모의 출산율은 거의 3배로 늘었다. 이런 추이를 통해 앞으로도 같은 패턴이 이어지리라 짐작할 수 있다. 이는 특히 첫 출산 연령이 높아지고 있기 때문인데 40대에 첫 출산을 하는 '40대 산모'가 늘고 있는 것이다.

영국만이 아니라 스웨덴도 마찬가지다. 스웨덴 통계청에 따르면 2010년 출산한 스웨덴 여성 가운데 43~49세 여성은 모두 1,226명이고 2017년에는 1,544명으로 신생아 수는 25.9% 증가했다. 무엇보다 40대 후반 여성의 출산이 많이 늘었다. 중요한 것은 증가 비율이다. 2010년 43~45세 출산 여성은 1,058명이었고, 2017년에는 1,288명으로 21.7% 늘어났다. 46~49세 출산 여성은 2010년 168명에서 2017년 256명으로 52.4%나 늘었다. 이 가운데 49세 출산 여성은 2010년 22명에서 2011년 30명, 2012년 49명, 2013년 47명, 2014년 37명, 2015년 55명, 2016년 46명에 이어 2017년 69명으로 2010년의 세 배 이상 늘었다. 무엇보다 주목되는 수치는 49세와 같이 거의 50대에 들어선 여성들의 임신과 출산이 늘어나고 있는 점이다. 이러한 추세라면 40대는 물론이고 50대 여성들의 임신과 출산도 많아질 수 있다.

그렇다면 우리나라는 어떨까? 통계청 자료에 따르면 2018년 40~44세 산모의 출산율은 2017년보다 0.4명 증가한 6.4명이었다. 관련 통계를 처음 작성한 1993년 이후 가장 높은 수치라서 화제였다. 40~44세의 출산율은 1993년 2.0명에서 해마다 증가했다. 2008년 3.2명이었으므로 10년 새 2배가 늘었다. 40세 이상 산모의 출산율이 증가하면서 2018년 신생아의 비중도 3.9%로 늘어났다. 1998년 0.8%와 비교하면 네 배 이상 늘어났고 2008년 1.5%보다 2배 이상 증가한 것을 알 수 있다.

2019년 통계청의 〈출생·사망 통계〉 잠정 결과에 따르면 전 연령층에서 출산율이 전년 대비 감소했는데, 단 40대만 제외였다. 구체적으로 가장 크게 줄어든 것은 20대였다. 20대 후반 출산율이 41.0명에서 35.7명으로 감소폭이 가장 컸다. 주 출산 연령인 30대 초반 출산율은 91.4명에서 86.3명으로 5.1명 감소했다. 30대 후반 출산율도 1.1명 줄었다. 20대 후반의 출산율은 13.0%(5.3명), 30대 초반은 6.0%(5.1명) 급감했다. 그런데 40~44세 출산율은 9.0%(0.6명)로 오히려 높아졌다. 이처럼 40대 출산율은 실제로 많이 증가했고 앞으로도 늘어날 가능성이 있다.

2008년 20대 후반 출산율이 30대 후반 출산율의 4배에 육박했지만, 2018년에는 30대 후반의 출산율이 처음으로 20대 후반 출산율을 넘어섰다. 앞으로 30대 후반이 20대 후반을 역전하는 것은 시간문제로 보인다. 실제로 35세 이상 고령 산모의 비중은 33.3%로 이전 해보다 1.5%p 높아졌다. 또한 통계청의 〈2019년 9월 인구 동향〉을 세부적으로 보면 30~34세 7.4명, 25~29세 5.6명, 35~39세 1.7명, 24세 이하 0.6명 순으로 감소했다. 하지만 40세 이상에서는 0.3명 늘었다. 젊은 층의 경제적인 토대나 문화적 인식의 차이를 볼 때 20대 출산은 앞으로 급격하게 줄어들 가능성이 높다. 이는 30대 초반도 마찬가지일 것이라 쉽게 짐작할 수 있다. 이렇게 전반적

으로 출산율이 급격하게 줄어드는 추세에 예산을 투입한다고 해서 출산율
이 늘어나지는 않을 것이다.

40대 출산 지원은 저출산 해법

　정부는 2006년부터 저출산 대책을 위한 사업비로 많은 혈세를 썼다.
1~3차에 걸친 저출산 고령사회 기본계획을 추진해 2019년까지 총 185조
원을 쏟아부었다. 그렇게 많은 돈을 들였는데도 2019년 출산율은 0.92명으
로 2018년에 이어 2년째 '0명대 출산율'을 보였다. 사실상 출산 정책에 돈
을 들이는 것 자체가 의미 없다는 지적이 많음에도 정부와 지자체는 돈을
들이고 있지만 여전히 효과는 없다. 하지만 이러한 와중에 40대들의 출산
율 증가는 출산 정책이 어디에 맞춰져야 하는지 확인할 수 있게 한다. 40대
임산부가 늘어나는 이유를 일단 정리해 보자. 다음은 〈경기일보〉에 실린
기사 내용이다.

　*40대 출산율 증가는 인공수정·시험관 아기 등 불임 치료가 일반
화되고 있고 35세 이상 '고위험 산모'의 출산을 돕는 의료 기술이 발
달하는 등 '의학의 힘'이 컸다는 분석이다. 의료 기술의 발달이 40대
출산율 증가에 큰 몫을 담당하는 것을 부인할 순 없겠지만 아이를
낳을 수 있는 환경 자체가 고령화되고 있는 점을 간과해서는 안 된
다. 주변의 40대 친구들이 하는 말이 있다. 인생의 최전성기가 40대*

초반(40~45세)이라는 것이다. 이는 경제적으로도 안정되고 사회적으로 어느 정도 성공을 맛보면서 자신의 건강관리도 본격적으로 하는 시기라는 것이다. 아이를 낳을 수 있는 환경에 대한 답은 너무도 간단한 것 아닌가. 40대 출산이 늘어나는 것이 한국의 저출산 극복의 해법이 되긴 어렵다. 40대 출산율 증가의 숨겨진 의미를 통해 저출산 극복의 해법을 찾길 바란다.

40대 임산부가 증가하는 것은 만혼이 영향을 미치고 있지만 예전에는 힘들 수 있는 임신을 가능하게 한 불임 치료술의 발전이 영향을 미칠 것이다. 의학 전문가들은 나이 들어 출산할 경우 이점도 꽤 있다고 했다. 20대보다는 삶이 안정되어 있고 재정 환경이 좋을 수 있다. 경제적인 요인 때문에 아이를 낳지 않는다면 40대가 오히려 적절한 기회일 수 있다. 왜냐하면 싱글로 열심히 성실하게 경제적인 활동을 했다면 40대에는 안정된 생활을 할 수 있어서 부담스러웠던 양육비나 교육비도 감당할 수 있기 때문이다. 또한 자신의 건강관리도 할 수 있기 때문에 아이 양육에도 도움이 된다. 인생의 경험도 많이 쌓여서 어렸을 때보다 위기에 대응하는 역량도 상대적으로 나을 수 있다. 늦게 아이를 갖는 이들일수록 가족 해체는 생각하지 않는다는 점도 꼽을 수 있다. 그렇기 때문에 40대 초·중반 임신 가능 여성들에 대한 정책이 출산 차원에서는 필요할 것이다.

우려의 시선도 있다. 일부 연구 결과에 따르면 산모의 나이가 많으면

합병증이나 유산 등의 가능성이 크다는 것인데 스웨덴의학협회Smer는 그런 위험이 산모의 나이가 많다고 항상 더 큰 것은 아니라고 논박하기도 했다. 이러한 의학적 지식과 임상적 경험이 공유되어 의식이 높아지면서 40대에 임신하는 이들이 늘어나고 있는 것이다.

학부모의 연령이 늦춰지면 관련 소비 시장에도 영향을 미칠 수밖에 없다. 신학기 유·아동 가방을 구매하는 주요 고객층이 40대로 넘어갔다는 분석이 그 예가 될 것이다. 결혼과 출산 연령이 점차 높아지면서 일어나는 현상이다.

2019년 모바일커머스 기업인 티몬은 입학 한 달 전 시기의 유·아동 가방 판매 추이를 분석한 결과 40~44세의 구매 비중이 38%로 가장 높았다고 발표했다. 데이터에 따르면 3년 전인 2016년 주 고객은 30대 후반이었다. 2016년에는 같은 기간 유·아동 가방을 가장 많이 구매한 연령대가 35~39세였는데 이들이 34%를 차지했다는 것을 비교해보면 앞으로는 더욱 늦춰질 것을 알 수 있다. 30대의 구매 비중은 2016년 49%에서 6%p 줄어든 43%였다. 하지만 40대의 구매 비중은 2016년 44%에서 6%p 늘어 2019년에는 50%에 이르렀다. 여기서는 가방만을 살폈지만 다른 분야에서도 마찬가지다. 앞으로 20대에서 30대 초반 학부모들의 취향이 담긴 교육 상품이나 서비스들은 줄어들 수밖에 없고 지금 현재 아성을 이루는 것도 사라질 가능성이 농후하다. 점차 산모의 나이만이 아니라 학부모의 나이도 고연령대로 이동하고 있는 것은 분명하기 때문이다.

손자 대신 자녀를 키우는 노년기

전체적으로 만혼이 늘어나고 있는데 그래도 이는 고무적이다. 결혼을 뒤늦게라도 하기 때문이다. 하지만 앞으로의 세대는 결혼을 아예 하지 않을 가능성이 많다. 그렇기 때문에 지금의 40대가 출산을 하는 것은 어쩌면 그 세대에서만 생각하는 현상일 수도 있다. 아이를 아예 갖지 않으려고 하는 이들이 젊은 층에서 더 많이 늘어날 가능성이 있다. 그렇기 때문에 아이를 갖고자 하는 40대들을 위한 난임 의료서비스가 활성화되어야 하고 그것이 저출산 극복의 하나의 방편이 될 수 있다.

세계보건기구에 의하면 난임은 정상 부부 관계에서 35세 미만의 여성이 1년간, 35세 이상의 여성이 6개월 동안 아기가 생기지 않는 것을 말한다. 보건복지부에 따르면, 남성 난임은 2008년 2만 6,682명에서 2018년 6만 7,270명으로 증가했고 여성 난임은 2015년 16만 2,921명에서 2018년에는 13만 5,268명으로 줄었다. 남성들의 요인이 더 커지고 있기 때문에 이런 부분에 대한 기술 발전과 개선이 필요하다. 연령별 시험관 시술 성공률을 보면 30대 후반에서는 30% 정도지만, 40대 이후에는 약 15%라고 한다. 40대일수록 더 많은 돈을 들여서 난임을 해결하려고 노력할 수밖에 없다. 만혼에 이어 임신 과정에서도 많은 돈을 써야 하고, 아이를 키우고 교육시키려면 40대들은 노령기까지 노동을 하고 임금을 받아야 한다. 이전에는 손자를 볼 나이에 자신의 아이를 위해 분투하는 90년대 학번들의 일상은 이제 낯설지 않은 풍경이다. 그들은 또한 더 건강관리를 위해 노력을 많이 할 것이다. 이는 40대들의 일상에서 소비 행태가 근본적으로 바뀌는 것을 의미한다. 적어도 40대에 결혼하는 이들은 가족을 많이 생각하고 가정을 잘 이루고 싶다고 생각하기 때문에 결혼과 출산이 늦어진 세대라고 할 수 있다. 그러니 그들이 일단 가족을 이루고 아이를 키우면 좋은 아빠 엄마가 되기 위해 노력할 수밖에 없다. 그들이 기존의 가족주의자들과 다른 점은 단지 최선을 다할 뿐 아이들을 최고로 만들기 위해서 모든 것을 쏟아붓는 스타일이 되지는 않을 것이라는 점이다. 그것이 현재 40대들이 기성세대와 다른 점이다. 또한 친구 같은 부모가 되어 아이들을 부모의 대리 실현자, 아바타로 만들지 않고 존재감 있는 한 인간으로 성장시키려는 경향도 강하다. 이러한 방향성에 따라 그들의 교육비 지출은 달라질 것이고, 그에 부응하는 업계의 상품과 서비스도 달라질 수밖에 없다.

공공 지원을 위한 증세에 찬성

20대와 60대가 증세를 찬성하는 이유

대개 젊은 사람들은 진보적이라고 말한다. 반대로 나이가 들수록 보수적이라고 하는데 그 기준 가운데 하나가 세금이다. 세금을 많이 올리는 것에 대해서 젊은 층일수록 찬성을 하고 그렇지 않을수록 반대를 한다고 알려져 있다. 나이가 들수록 보수화가 된다는 것은 새로운 것을 받아들이지 않는 것을 의미할 수도 있지만 경제적으로 볼 때는 세금을 내기 싫어하는 심리 때문이라고도 할 수가 있을 것이다. 젊은이들은 세금에 대해서는 보수적이라고 할 수 있는데 이는 세금을 낼 자산이 없기 때문이라고 할 수도 있지 않을까. 더구나 가진 사람들이 좀 나누고 사는 노블레스 오블리주를 실천하는 삶이 모범답안처럼 보이기도 하니 말이다. 실제로 데이터는 어떠할까.

2012년 12월 한국보건사회연구원의 조사에 따르면 연령대별로는 30

대와 40대에서 증세를 통한 복지 확대에 찬성하는 의견이 각각 45.0%, 43.8%였다. 나이가 좀 더 많은 60대 이상은 34.1%에 그쳤다. 30~40대가 많고 나이가 들어갈수록 세금에 대해서 부정적인 견해를 갖고 있다는 점을 짐작할 수 있다. 독특하게도 20대는 현 세금과 복지수준이 적정하다고 말했는데 이 응답이 다른 연령대보다 상대적으로 많았다. 세금을 더 낼 필요가 없다는 견해로 읽힌다.

2018년 12월 한국보건사회연구원은 전국 성인 남녀 3,873명을 대상으로 정부가 세금을 더 거둬 복지를 해야 하는가에 대해 설문조사를 했는데, 30대 77.6%, 40대 75.7%, 50대 74.2%로 나타났다. 그런데 20대 이하는 73.3%였다. 오히려 젊은 층들이 낮은 것을 볼 수가 있었다. 무조건 젊다고 해서 증세를 찬성하는 것이 아니라 대개 30~40대가 증세에 찬성하고 있는 것을 알 수가 있다.

일반적인 증세에서는 이렇다고 할 수가 있는데 그렇다면 고소득층에 대해 세금을 걷는 것은 어떻게 생각하고 있을까. 2019월 12월 보건복지부-한국사회복지정책학회의 〈포용적 복지와 지역사회복지 쟁점 및 과제 연구 Ⅱ〉에 따르면 국민 81.6%가 복지재원 확충 방안 중 고소득층 증세에 찬성했다. 이 가운데 과반수가 넘은 53.5%가 "매우 그렇다"고 했으며 28.1%가 "약간 그렇다"고 했다.

이를 세대별로 구체적으로 보자. 고소득층에게 더 많은 세금을 걷어야 한다고 찬성한 비율은 50대가 85.8%(매우 그렇다 55.7%+약간 그렇다 30.1%)

로 가장 높았다. 뒤이어 40대가 높았는데 84.1%(매우 그렇다 58.7%+약간 그렇다 25.4%)였다. 그다음으로는 30대 81.3%(매우 그렇다 56.2%+약간 그렇다 25.1%) 순이었다. 60대 이상과 20대는 79.6%와 76.5%였다. 여기에서 묘하게 같이 묶이는 그룹이 바로 60대와 20대 그룹이라는 것을 알 수가 있다. 이들은 모두 증세에 대해서는 반대의 목소리가 더 높을 수 있다는 것을 말해주고 있다.

이처럼 젊은 층들의 보수적 태도는 젊은 보수화 바람 때문이라고 생각할 수도 있을 것이다. 〈허프포스트〉의 조사 결과를 보면 젊은이들이 보수적인 것처럼 보이기도 한다. 세금을 거둬 복지가 증진된다는 전제를 두고 "국가가 세금을 어느 정도 거둬야 하느냐"고 물었더니 20대의 30.8%는 감세, 51.6%는 현행 유지, 17.6%는 증세에 찬성을 했다. 그렇다면 40대는 어떨까. 20대의 26.4%가 감세, 43.2%가 현행 유지, 30.4%가 증세에 찬성을 했다. 20대는 감세가 증세 위에 있었다. 감세에 더 찬성을 하는 것으로 나타났다. 이에 반해서 40대는 감세보다 증세가 더 우세했다.

이를 어떻게 평가할 수 있을까. 젊은이들이 보수적으로 회귀했다는 사회학적인 분석을 하는 것이 적절한 것일까. 사람은 경험의 존재라고 한다. 특히 청소년기의 경험이 미래의 행태를 결정할 수 있다.

사회적 지원 없이는 살아남을 수 없다

40대들은 청소년기나 청년기 때 사회적인 어려움을 경험했던 세대이다. 외환위기에 취직이 아예 안 되거나 가정이 풍비박산이 나서 인생의 진로가 바뀌기도 했다. 그렇기 때문에 각자 살아남아야 한다는 인식을 강하게 했을 수 있다. 하지만 그런 과정에서 얼마나 힘든 일인지 몸소 깨달았을 가능성이 있다. 한편으로 그러한 어려운 환경에서 자신이 혼자 하는 것보다는 공공적 지원이 있을 때 더 좋다는 것을 몸으로 깨달았을 수도 있다. 하지만 젊은 세대들은 그러한 경험이 없는 것이 사실이다. 그들은 사회적 복지 정책의 혜택을 입었던 기억이 별로 없을 수도 있고 아직 그러한 것이 실제로 필요하다고 인식을 하지 않을 수도 있다. 당장에 취직조차 되지 않는 현실에서 세금만 낸다는 것은 혜택을 받지도 않는데 돈만 많이 국가에 내고 있다고 생각할 수도 있다. 당장 최저 시급에 더 민감할 수도 있다. 얼마 되지도 않는 시급이나 비정규직 월급에서 세금이 더 나간다고 하면 부당하게 생각할 수도 있다. 지금 현재 자신에게 닥친 상황에 맞서기도 벅찰 수 있다.

이러한 특수 상황도 있지만 일반적인 생애주기적 분석도 가능할 수 있다. 한국보건사회연구원의 2015년 〈보건복지정책 수요조사 및 분석〉 보고서에 따르면, 무작위 전화 설문으로 복지정책에 대한 인식을 조사한 결과 삶의 만족도는 20대에 최고이고 연령이 높아질수록 낮아지다가 50대에 다시 올라가는 'U자형'이었다. 구체적으로 보면 20대가 82.6%로 가장 높았고, 30대 75.5%, 40대 71.4%로 계속 낮아졌고, 마침내 50대는 66.9%까지 곤두박질쳤다. 그런데 60~64세 삶의 만족도는 71.6%로 다시 높아지기 시작했고 65세 이상은 78.1%였다. 대개 혼자가 아니라 가족과 함께 생활할 때 장래에 대해서 불안이 더 짙게 드리워질 수도 있다.

아무리 자신감이 있어도 40대 중·후반을 넘어가면서 자신이 부자가 될 수 없다는 생각이 더 강해질 수 있다. 삶의 만족도가 낮아진다는 것은 스스로 버거울 수 있기 때문에 이런 현상이 벌어지는 것이다. 도와주는 사람 역할을 국가가 하고 그 재원은 세금으로 충당하는데 되도록 돈이 많은 사람들에게서 충당하기를 바랄 것이다. 40대는 50대에 자신들의 삶이 불만족의 상황에 이를 수 있기 때문에 이를 방지하기 위해서 각고의 노력을 다할 수밖에 없고 개인만이 아니라 공공정책의 보조를 더욱 바랄 수 있을 것이다. 또한 당장에 많은 복지 정책이 실질적으로 필요하다고 느낄 만한 세대이다.

물론 찬성이나 반대나 전반적으로 세금이 제대로 쓰여야 한다는 데 이견이 있을 수는 없다. 2018년 12월 한국보건사회연구원의 조사에서 "정당하지 않다"는 답은 22.6%였는데 이들은 세금이 제대로 잘 쓰이지 않을 것 등을 염려했다. 심지어는 나태하게 만들고 경제 성장을 저해할 것이라고 말했다. 낭비 없이 세금이 제대로 쓰이기를 바라는 것이다. 그것은 투명한 관리를 내포하는 것이기도 하다. 세제대로 쓰이는 것이 공유된다면 더 내겠다는 생각도 지니고 있다. 2017년 10월 시장조사 전문기업 엠브레인 트렌드모니터가 전국 만 19~59세 급여소득자 1,000명을 대상으로 설문조사를 한 결과, 전체 10명 중 7명(68.0%)이 투명하게 관리만 된다면 세금을 더 내겠다고 밝혔다. 국가 재정 상황에 대한 투명한 공개(52.9%)는 물론이고 기존 세금 사용처에 대한 투명한 공개(57.7%)에 공감을 하고 있다. 아울러 전문직 고소득 종사자들에 대한 엄정한 징세(55.4%)를 요구하고 있다.

구체적으로 연령대별로 보면 좀 결이 다른 점이 관찰된다. 20~30대는 세금 사용처(20대 59.2%, 30대 61.6%)를 중시했고, 국가 재정 상황에 대한 투명한 공개(20대 54.0%, 30대 57.6%)에 더 의견을 강하게 표현했다. 40~50대는 전문직 고소득층에 대한 엄정한 징세(40대 62.8%, 50대 60.8%)에 더 무게를 실어줬다. 이렇게 고소득층에게 더 집중을 하는 것은 이 연령대부터 자산의 차이가 발생하기 때문이다. 이때 공정한 배분이 이뤄져야 하고 그 혜택이 복지 정책을 통해서 골고루 나눠져야 한다고 여기는 것이다. 젊을수록 객관적인 재정 원칙을 지지하는 입장을 표명하는 경향이 나타나고 있다. 40대를 넘어가면서 실질적으로 자신들에게 피드백이 되는 선순환 효과에 관심이 많다는 것을 짐작할 수 있다. 부의 배분이나 형성에서 공정하지 않음에 가장 민감하게 반응하고 그것이 정치적 선택 예컨대 선거에서도 작용할 가능성이 가장 많고 2020 총선에서도 이러한 점들이 영향을 미치게 되었던 것은 능히 짐작할 수가 있다. 물론 부자의 반열에 올라가기 시작한 40대 고소득자나 다주택자들은 오히려 세금을 걱정할 수 있다는 점은 부정할 수 없다.

불매운동으로 하는 정치 참여

불매운동의 실행 주축

2019년 7월 12일 〈중앙일보〉가 인터뷰한 인물은 일본 〈마이니치〉 신서울지국장을 지낸 뒤 도쿄 본사에서 외신부장으로 있는 사와다 가쓰미澤田 克리였다. 그는 25년 전 마일드세븐처럼 일본산 불매운동 모두 불발이었기 때문에 실패할 것이라고 했다. 이유는 성숙한 시민의식(?) 때문이라고 했다. 정치적 이슈를 경제적 이슈에 적용하는 것이 불매운동이라고 보는 것이다. 참 희한한 논리다. 징용 판결을 빌미로 수출 규제를 실시한 것은 일본이었기 때문에 정치적인 이슈로 경제 보복을 한 일본이 성숙한 정치, 시민의식을 갖지 못한 셈이 되는데 말이다.

광복 50주년이었던 1995년, 일본 제품 불매운동이 전국적으로 벌어져서 일본 담배 마일드세븐 화형식이 열렸다. 그러나 연말에 집계한 것을 보면 마일드세븐 판매량이 줄어들지는 않았다. 재정경제원이 1996년 1월

24일 발표한 자료에 따르면 95년 마일드세븐의 시장 점유율은 전년 3.5%에서 5.7%로 2.2%p 올랐다는 것이고 수입 담배 중 판매량이 가장 많았다고 했다. 2019년의 불매운동은 일부 소수의 단체가 주도했던 과거의 사례와는 너무나 달랐다. 무엇보다 시민들이 자발적으로 주도했다. 또한 1995년에는 인터넷도 없고 자율적인 의사표현과 결집의 창구도 없었다.

우선 우리가 주목해야 하는 것은 전반적으로 불매운동의 의사가 다른 때와 달리 높았고 연령대별 분석을 해 보면 40대가 중심이라는 특징이 있다는 점이었다. 2019년 9월 7일 〈한국일보〉에 따르면 인터넷에서 불매운동을 주도하는 것은 20~30대인 것처럼 보이지만 실제로는 40~50대라는 것이다. 그런데 많은 조사를 보면 30~40대가 주도하고 있고 특히 40대가 실제적인 실행력을 보이고 있다.

2019년 11월 TBS는 일본 제품 불매운동의 참여 실태를 조사했는데, 그 결과 40대(79.7%)가 30대(75.2%), 50대(65.8%)보다 높았다. 20대(81.1%)도 높았는데 나이가 젊을수록 더 높은 것이 당연하겠지만 30대보다는 40대가 높은 것을 알 수 있다. 40대 중에서는 누가 적극 참여했을까. 반일이라고 하는 어떻게 보면 정치적인 이슈에 남성들이 적극적으로 참여하지 않았을까 생각할 수도 있다. 2019년 9월 한국방송광고진흥공사의 〈일본 수출 규제에 따른 일본 제품 불매운동과 소비자 구매 행태 변화〉 조사 결과에서 여성의 찬성 비율이 86.0%로 남성보다 10%p 이상 높았다. 무엇보다 이 여성들 가운데 40대가 눈에 띄었다. 향후 수출 규제가 완화되어도 일본 제품 구매를 자제할 의향을 묻는 질문에 71.8%의 응답자가 "그렇다"고 답했는데, 특히 40대에서는 76.1%로 6%p나 높았다.

다른 연령층과 비교를 해 보자. 특히 20대의 찬성률이다. 〈시사저널〉에 따르면 11월 8~10일 전국에 거주하는 19세 이상 성인 남녀 1,000명을 대상으로 한 조사에서 "불매운동을 지지한다"는 응답률은 40대(85.9%)에서 가장 높았다. 다음으로 30대(81.5%), 20대(80.0%), 50대(77.4%), 60대(72.7%) 순이었다. 젊은 세대가 당당하고 자유를 추구하는 점을 생각한다면 예상과는 다른 응답일 수 있다.

다른 조사를 하나 더 보자. 2019년 8월 시장조사 전문기업 엠브레인트렌드모니터가 전국 만 19~59세 성인 남녀 1,000명을 대상으로 각 연령별로 조사한 적이 있는데 20대 73.2%, 30대 81.2%, 40대 88%, 50대 80.8%였다. 조금씩 차이가 있지만 40대가 일본 제품 불매운동을 가장 많이 찬성했다. 이 조사에서도 눈길을 끄는 것은 20대가 상대적으로 덜 호응했다는 점이다.

그럼 왜 이런 결과가 나타났을까. 조사기관에 따르면 불매운동을 하거나 일본 여행을 가고 말고는 개인의 선택인데 그것을 왈가왈부할 이유가 있겠는가 하는 생각이 20대에 있다는 분석이다. 이러한 분석 결과에 따른다면 40대는 개인의 문제나 선택으로 치부하지 않는다는 것을 알 수가 있다. 고연령대들의 호응이 크지 않은 것은 그래 봤자 우리만 손해라는 인식이 있어서다. 암묵적으로 일본은 강하고 한국이 약하기 때문에 경제적인 현실을 생각했을 때 바람직하지 않다고 전제하는 선택일 수 있을 것이다.

2019년 리얼미터가 전국 유권자 504명을 대상으로 한 조사에서 일본 제품 불매운동은 감정적이라는 주장에 연령별로 40대와 30대는 동의하지 않는다는 응답이 많았다. 40대는 78.2%, 30대는 74.7%로 높았으며 20대는 63.8% 50대는 53.4%였다. 60대 이상은 동의하지 않는다는 의견이 46.5%로 동의(44.2%)를 조금 앞질렀을 뿐이다.

또한 리얼미터는 2019년 7월 24일 일본 제품 불매운동 참여 여부와 향후 참여 의사에 관한 국민 여론조사를 했는데 변화의 폭이 연령별로 30대(57.9%→72.1%, 14.2%p↑), 20대(51.1%→64.1%, 13.1%p↑), 40대(62.1%→72.7%, 10.6%p↑), 50대(55.7%→61.2%, 5.5%p↑), 60대 이상 (48.1%→49.7%, 1.6%p↑) 순이었다. 개인의 선택이라고 했던 젊은 층이라고 해도 전체적인 분위가 고양되면 참여하는 모습을 보이고 있다는 점을 알 수가 있다. 다만 여전히 전체 연령대보다는 낮은 비율이다.

물론 여성들만이 그렇게 주도를 한 것은 아니다. 2019년 9월 일본 차 불매운동이 거세졌는데 30, 40대의 불매운동이 가장 가파르게 증가했고 40대가 30대를 넘었다. 한국수입자동차협회KAIDA에 따르면, 40대의 8월 토요타·렉서스·혼다·닛산·인피니티 등 일본산 차량 구매 대수는 285대였는데, 7월에 비해 400대가량 줄어서 총 58% 감소한 것으로 드러났다. 이는 전 연령대 중 가장 높은 수치였다. 대체적으로 자동차는 남성들이 구매한다고 봤을 때 40대 남성들도 적극적으로 방어할 것으로 나타나고 있다. 이런 여파로 영국 〈파이낸셜타임즈〉는 닛산이 한국 시장에서 철수하는 방안을 검토하고 있다고 밝혔으며, 40대 소비자들에 대한 일본 차 판매량은 6월 1,084대에서 7월 671대로 39% 줄었고 30대와 50대에서도 각각 29%씩 줄었다고 했다.

노노재팬은 계속된다?

사실 불매운동은 단기간에 끝나는 것으로 생각하기 쉬웠다. 그렇기 때문에 대부분의 관측이 일시적일 것이라는 예단이 많았던 것이 사실이기도 하다. 하지만 리얼미터의 11월 조사에서 2개월 전보다 참여는 66→72%로 늘고, 불참은 26→22%로 줄어든 결과가 나타났다.

2019년을 넘어 2020년 들어서도 이런 불매운동은 계속되었다. 한 조사에서 "한일 관계가 악화되고 있는 가운데 노노재팬 운동을 계속해야 하는가, 중단해야 하는가"라는 질문에 "계속돼야 한다"(62.8%)는 답은 "중단해야 한다"(27.3%)는 답변의 두 배가 넘었다. "계속해야 한다"는 답변은 전 연령대에서 높게 나왔는데 30대와 40대가 각각 74.9%, 76.1%로 압도적으로 높았다.

60대 이상에서는 "중단해야 한다"는 답변도 40.4%나 나와서 연령에 따라서 반일의식이 다름을 알 수가 있다. 일본에 대해서는 오히려 고연령대가 의식하는데 이는 경제적인 부분에 대한 염려 때문이며 40대는 그렇지 않다는 것을 알 수 있다.

유니클로의 경우 2019년 매출이 전년 대비 31.3% 감소했다. 유니클로는 2014년 1조 356억 원을 거둔 이래 매출이 1조 원 밑으로 떨어진 것은 처음이었다. 무인양품도 2019년 매출이 9.8% 하락한 1,243억 원이었다. 가장 타격이 극적으로 일어났던 품목은 맥주였다. 대표적으로 아사히맥주도 623억 원으로 전년 1,248억 원보다 반 정도가 줄었다. 전반적으로 맥주는 불매운동을 크게 벌였는데 심지어 일본 재무성이 1월 28일 발표한 10월 품목별 무역통계에 따르면 맥주의 한국 수출 실적은 수량과 금액에서 모두 '제로'로 나타났다. 2018년 10월 실적은 금액 기준으로 8억 34만 엔(약 86억 원)이었다. 2020년 1월 관세청 자료에 따르면 일본산 맥주 수입이 12만 6,000달러에 불과해 1년 전보다 98.2% 급감했다. 글로벌빅데이터연구소가 뉴스·커뮤니티·소셜미디어 등 12개 온라인 채널을 대상으로 2020년 1월 12일~4월 12일까지 편의점 5개사의 관심사를 조사한 결과, 국내 편의점은 다 증가했는데 일본 브랜드인 세븐일레븐과 미니스톱은 관심도가 각각 20%, 6.3% 줄었다. 한국인들이 자주 가던 중소 도시 같은 경우 경제적인 곤란으로 중앙정부의 지원을 긴급하게 요청하는 사태에 이르게 되었다. 관광 지역인 교토, 나라, 규슈, 벳부, 홋카이도, 후쿠오카 등의 지역은 현지 주민들이 업종 변경을 심각하게 고려할 정도였고 일본정부관광국JNTO이 발표한 외국인 여행자 통계에 따르면 2019년 11월 일본 방문 한국인 수가 20만 5,000명으로 2018년 11월 58만 8,213명보다 무려 65.1% 줄었다. 농촌경제연구원이 발표한 〈2019 식품소비 및 식생활 행태〉에 따르면 7월 이후 불매운동에 참여한 소비자는 전체의 81.5%였고 식품군이 83.9%로 1위, 의류 58.7%, 여행 34%, 화장품 34%, 생활용품 30.7%, 유통업체(일본 기업 소유나 지분이 있는) 26.4% 순이었다.

결과적으로 불매운동이 일시적일 것이라는 판단은 빗나가게 되었다. 2019년 9월 7일 〈한국일보〉의 분석에 따르면 20~30대는 일본과 대등한 국력을 지녔다는 자신감에 불매운동에 나서게 되었다고 했다. 반면 60대는 개인을 희생해서라도 국가를 도와야 한다는 집단주의적 정서가 작동했다고 분석을 했다. 20~30대들은 "한국의 기술, 품질, 문화 수준이 모두 일본보다 더 뛰어나다고 생각하는 유일한 세대고 들끓는 국가 자부심은 없지만 '품질이든 문화 수준이든 우리가 더 나은데 왜?'라는 자신감이 청년층의 일본 불매운동을 추동하고 있는 것으로 풀이된다."라고 언급했다. 40, 50대는 상대적으로 강한 국가 자부심으로 불매운동을 이끌고 있다고 평가했다. 전반적으로 30~40대가 주도하고 있는 가운데 40대가 중심이라는 점을 생각하면 40대는 우리의 수준이 일본과 대등하다고 본다. 그리고 국가적인 자부심도 가지고 있는 세대라고 할 수 있다. 개인적인 자신감과 국가적인 자부심이 융합되어 있는 세대가 40대라고 할 수 있다. 따라서 이는 무조건적인 국뽕이라는 키워드로 판단하기에는 섣부른 감이 있다.

실용적인 관점에서 봤을 때 우리나라 제품이 좋다는 것은 일단 전제로 하고 부족한 상품이 분명 있을 수도 있다. 전 세계적으로 제품의 구매 채널이 다양해졌다. 예전에는 일본 물건만 사용할 수밖에 없는 유통 채널의 한계가 있었다. 여행지도 마찬가지였다. 하지만 글로벌 시대에 필요한 물건은 해외직구를 통해서 얼마든지 구입할 수 있는 여력이 되었다. 여행지도 애써 가까운 일본만 가는 것은 아니다. 젊은이들조차 미국이나 유럽을 아주 가깝게 생각하고 있고 꼭 일본에 갈 필요가 없어졌다. 그렇기 때문에 다른 대안이 있는 상황에서 정치적인 배경 때문에 경제 보복 조치를 하는 행태를 공정하지 못하다고 여긴 세대는 40대들이었고 단지 가치 차원에서 바람직하지 않은 것이 아니라 실제적으로 효용성을 가질 수 있다고 판단하고 있는 세대라고 할 수 있다. 또한 그들은 능히 자신들이 일정한 성과를 만들어낼 수 있다고 생각하고 있으며 그것을 만들어내기 위해 적극적으로 노력하고 있는 세대라고 할 수가 있다. 무엇보다 그들은 정치적인 지향점이 분명히 존재한다. 그렇기 때문에 정치적인 관심이 없는 세대가 아니다. 그들은 오렌지족, X세대로만 존재하는 것이 아니라 정치에 참여하고 문화적으로도 끊임없이 진화하고 있다.

2장

'나'를 위해 아낌없이 투자하는,
자기계발 시장의 선도자

대한민국 최초의 개인주의는 70년대생들이 시작했다고 해도 과언이 아니다. 권위와 형식을 거부하고, 그 무엇보다 자유로운 삶을 추구하는 그들의 못 말리는 자기 사랑. 개인의 행복을 위해서라면 아낌없이 투자하는 나르시시스트(narcissist)가 70년대생이다.

개인의 삶에 주목한 낀 세대

세대론은 어떻게 만들어지나

"주위의 눈치를 보지 않는 개성파였으며 경제적 풍요 속에 성장했던 세대로 원하는 것은 무엇이든 얻을 수 있었던 세대" 제일기획 트렌드 리포트에 나온 이 세대는 누구를 가리키는 것일까? 밀레니얼 세대나 Z세대에 해당된다고 생각할 수도 있다. 하지만 이 리포트에 의하면 그들은 전혀 다른 별종이며 10대 후반에서 20대 중반의 청춘들인 X세대라고 했다. 1990년대 학번에 관한 이야기다. 이 세대의 바로 앞 세대인 386세대는 지금 586세대가 되었다. 50대이면서 80년대 학번이고 60년대생이기 때문이다. 90년대 학번들은 이제 497세대가 되었다. 40대이면서 90년대 학번이고 70년대생들이기 때문이다. 497세대들을 중간에 '낀 세대'라고 한다. 40대는 이제 중간관리자급에 해당한다. 늦으면 과장이고 대부분 차장이나 부장, 팀장의 위치에 있다. 386세대들은 50대이거나 60대 초반으로 상무나 이사,

| '나'를 위해 아낌없이 투자하는, 자기계발 시장의 선도자

대표직에 있을 가능성이 높다.

많은 전문가와 매체들, 기업들이 한 세대의 특성에 관심을 갖는 이유는 아마도 그들의 의사결정이 궁금하기 때문일 것이다. 그 의사결정의 대상은 경제 분야에서는 상품과 서비스일 수도 있고, 정치 분야에서는 선거일 수도 있다. 기업의 입장에서는 고객이 어떤 상품과 서비스를 선택할지 예측하고 추이에 따라 사업을 진행해야 한다. 그래서 세대 분석에 꾸준히 관심을 가지고 관련 용어들도 많이 만들어 내고 세대를 규정하는 일도 지속해 왔다. 정치권에서는 세대의 특성에 맞춰 선거 전략을 모색하기도 한다.

어떤 세대를 규정할 때 일차원적으로는 기존 세대와 다른 점을 찾고 그런 점들을 모아서 한 세대를 정의한다. 그중 새로운 세대는 자유를 추구하고 개인적이고 개방적이며 소통을 중시한다는 내용은 흔하다. 이는 수십 년째 새로운 세대를 규정할 때마다 단골로 나오는 말들이다. 하지만 그렇게 규정된 새로운 세대들도 시간이 흘러 기성세대가 된다. 그러면 규정에 오류가 생기게 되는데 이는 청년기의 심리학적 관점, 즉 청년들은 항상 그러한 가치들을 추구하고 새로운 정체성을 구축하려 노력한다는 보편적 요인을 간과했기 때문에 발생한다.

세대를 규정할 때는 여러 관점을 고려하는데 사회학적인 관점에서 한 세대는 사회적 현상에 영향을 받는다고 본다. 이런 환경에서 그들의 사고가 형성이 되며 그것이 미래에 그들의 의사결정에 영향을 미친다는 사실이다. 87년 민주항쟁이나 97년 외환위기 같은 사회적인 사건을 원인으로 보고 그들을 분석하는 것이 대표적일 수 있다.

성장 환경과 경제적 요인을 연결 짓기도 한다. 풍요로운 3저(저유가, 저금리, 저달러) 호황의 시대에 태어나서 물질적인 풍요를 누리는 세대여서 문화에 관심이 많다거나 성장하면서 경제적인 곤란 상황을 겪었기 때문에 매우 실용적이라는 결론을 도출하기도 한다.

이런 관점들을 묶어서 본다면 386세대들은 정치의 영향력이 큰 시대에 학창 시절을 보냈기 때문에 정치적인 사안에 관심이 많다고 할 수 있다. 정치는 권력과 연관된다. 독재와 반독재의 관점에서 접근했기 때문에 일상의 민주화에 대해서는 잘 관찰하지 않고 중요하게 생각하지도 않는다. 당장 독재 세력을 무너뜨리기 위해 진력을 다할 뿐이다. 자칫 더 나쁜 악이 있기 때문에 덜 나쁜 악에 대해서는 관용이 가능하다고 할 수 있다. 경제를 바라보는 관점도 정치 경제학적이다. 정치와 경제가 분리되어 있지 않다고 보는 것인데 경제 현상에 정치가 개입하는 것을 진보적이라고 생각할 가능성이 높다. 시장의 메커니즘을 간과하고 인위적으로 규제하고 개입하는 것을 정치적 가치의 옳음으로 합리화할 가능성도 높다. 문화적 관점은 향락적이고 소모적이라고 볼 수 있다. 특히 순수예술은 부르주아의 전유물이고, 대중문화는 상업화된 자본의 상품이라고 생각할 수 있다. 그들이 생각하는 문화는 민중 문화, 민속 문화에 집중될 수 있다. 이러한 관점은 한동안 색달라 보였지만 이제는 트렌드에 맞지 않게 되었다. 만약 그것을 선동하듯이 가르치려 한다면 꼰대가 되는 셈이다.

｜ '나'를 위해 아낌없이 투자하는, 자기계발 시장의 선도자

서태지와 아이들에 열광하다

386세대들이 사회학적인 의미를 잔뜩 부여한 '서태지와 아이들'에 열광한 것은 콘텐츠 차원에서는 90년대 학번 세대들이다. 386세대들은 서태지와 아이들에게 사회학적인 현실과 정치적 저항의 메시지를 부여했고 서태지를 대중성이 아니라 관념의 세계로 나가게 했지만 실제로 서태지와 아이들이 대중에게서 멀어진 것은 정서적 호흡이 청춘들과 달라졌기 때문이다. 서태지와 아이들 이후 대중문화는 본격적으로 90년대 학번들의 정서를 반영해 기획되기 시작했다. 즉 수용자들의 욕망을 부정하거나 계도하는 운동권적인 주입 방식이 아니라 고객의 니즈 차원에서 접근하기 시작했다.

영화 〈비트〉(1997)와 〈건축학개론〉(2012)에는 90년대 학번들의 정서가 담겨져 있었다. 정치적 이슈와 상황보다는 자신의 정서와 상황들에 좀 더 관심을 갖게 된 것인데 이것이 그들의 선택이라고만 할 수는 없다. 90년대 학번들이 정치에 관심이 없었다고 할 수도 없다. 앞 세대의 정치적 영향력이 컸기 때문에 그들이 비집고 들어갈 여지가 없었다. 항상 훈육과 선동의 대상이 되었고 처음부터 의식 없는 존재로 규정당했다. 이는 정치 사회적 상황과 맞물려 90년대 학번들에게 밀려왔고 그것을 단적으로 상징하는 것이 X세대론이었다. 이는 90년대 학번들이 만들어낸 것이 아니라 기성세대가 다분히 정치적인 관점에서 상대적으로 프레임을 만들어낸 것이다.

경제는 거품과 불황을 반복한다. 정치적으로 독재 체제와 관계없이 경제는 호황이라는 버블을 이루고 있었고, 경제에 바탕을 둔 대중문화도 번성했다. 정치권력이 힘을 잃기 시작하면 자본주의 기업주의가 힘을 얻게 되는 것은 당연한 이치였다. 90년대는 형식적 민주주의가 달성되는 듯했고 정치적 이슈의 빈자리는 X세대론이 채우는 듯 보였다. 87년만큼은 아니었다고 해도 90년대 학번 세대들 역시 사회의 모순에 대해 고민했었다. 경제권력에 관해서는 누구도 대응하지 못하는 상황에서 90년대 학번들은 전대미문의 IMF 체제를 통과해야 했다.

386세대들은 학점이 나빠도 취직이 되는 세대였다. 강의에 빠지고 낭만을 즐기는 것이 대학생활이었다. 집회와 시위는 그러한 코드로 소비되기도 했다. 독재 권력이 만들어낸 3저 호황의 수혜였다. 90년대 학번들도 초반에는 그런 영향을 받았을 수 있다. 이들에게 해외여행 자유와 어학연수 허용 등은 화려함만이 아니라 경쟁의 격화를 의미했다. 어학연수와 함께 토플보다는 토익이라는 실용적인 어학점수가 요구됐다. 또한 자원봉사나 수상실적이 취업에 영향을 미치게 될 만큼 경쟁이 심화되었다. 그 여파는 90년대 중반으로 갈수록 커졌다. 버블이 꺼지고 있었던 것이다. 그리고 1997년 외환위기가 오면서 X세대들은 그야말로 엑스가 되었다. 기업들은 아예 사람을 뽑지 않았다. 하지만 똥 속에서도 연꽃이 피었다. 그 꽃이 다만 바라던 연꽃이 아닐 수도 있었다. 그 어둠의 터널을 그들은 통과했다. 물론 그들이 바랐던 조직에 들어가지 못했지만 견딜 만하다는 것을 체화하게 되었다. 대기업이든 중소기업이든 견뎌냈다는 것이 중요했다. 또한 경력을 쌓아 자신이 원하는 조직에 들어가게 된다. 90년대 학번들은 그렇게 위기를 극복했다. 밀레니얼 세대나 Z세대들과 달리 90년대 학번 세대들은 집안 배경을 성공 요인으로 보지 않게 된다. 개인의 의지와 노력이 중요하다고 생각하게 된 것이다. 하지만 그들은 언제든 거품이 꺼질 수 있다는 것을 몸에 익힌 세대들이다. 중요한 것은 그 상황에서 내가 어떻게 할 것인가이다.

낀 세대 이후의 세대들

밀레니얼 세대들은 90년대 학번 세대들보다는 훨씬 진취적으로 성장 환경을 보내게 된다. 더 이상 정치적 관심이나 의식을 바라지 않는 사회 분위기가 조성되었고 그들 스스로도 그런 것에 연연해하지 않게 되었다. 그들은 운동권으로 활동하는 대신 사회적 캠페인에 참여했다. 어느 세대보다 자원봉사를 많이 했고 집단 팀플에 익숙하며 90년대 학번 세대들보다 쉽게 해외에 나갈 정도로 글로벌 마인드도 가지고 있다. 가족의 토대는 외환위기 극복 위에 성립했다. 하지만 사회적 상황은 그들에게 기회를 덜 주었다. 자신들의 자신감이나 실력과 달리 기회가 적었고, 신분도 더 좋지 않았다. 비정규직이 일상이었고, 불합리한 세대들의 모순이 억압하듯 포진하고 있었다. 경쟁은 치열하여 대학은 취업을 위한 학습장이 되었고 스펙은 하늘을 찌를 듯 높아야 했는데 그럼에도 불구하고 결과는 원하지 않는 것에 만족하라고 강박하는 듯했다. 그런 상황 속에서 개인들은 집안 배경이 좋은 사람들이 자신들보다 앞서 나가는 것에 대해서 좌절감을 느껴야 했다.

더 많이 노력해도 자신에게 돌아오는 결과가 없기 때문에 세대 갈등이 본격적으로 불거졌다. 그러한 위기를 극복하고 성취를 이룰 수 있는 사회경제 구조였다면 그들이 좀 더 긍정적 에너지를 발휘할 수 있었을 것이다. 마지막 꼬리 칸조차 탈 수 없다는 울부짖음이 긍정으로 바뀌려면 경제 위기 돌파의 경험이 필요하다.

Z세대들은 아예 처음부터 흙수저론으로 점철되어 있었다. 무기력이 지배적이었기에 공식적으로는 자신의 주장을 표현하지 못했지만 다른 방식으로 의견을 표출한다. 기존 체제에 대해서 권능을 발휘하고 싶은 것이다. n번방 같은 다크웹에서 적극적으로 활동하는 모습에서 확인할 수 있다. 사회적으로 진출하고 이룰 수 있는 것이 많지 않은 상황에서 성취감과 권력을 누릴 수 있는 공간을 발견했다고 여길 수 있다. 그들에게 꼬리 칸에 탈 수 있을지는 관심의 대상이다. 언제 적 이야기인데 아직 열차에 타는 프레임이라는 말인가. 열차는 아날로그 시대의 비유적 현실이다. 그들에게 모든 세상은 온라인으로 수렴된다. 온라인 월드가 삶에 더 많은 영향력을 가진다. 그들은 어린 시절부터 스마트폰을 자유자재로 활용했던 세대들이며 그런 시스템에 익숙하기 때문에 모든 세대 위에 존립할 수 있다고 일부 믿을 수 있을지 모른다. 하지만 한편으로 그들은 물리적 공간에서 모이고 집단적인 활동을 선호한다. '핵인싸'라는 말을 스스럼없이 사용하는 것은 이같은 맥락에서 볼 수도 있다. 신천지 사태에서 젊은 층들이 대거 편입되어 있었다는 사실과 아레나 공연장에 몰린 케이팝 팬들의 열광적인 반응도 이

를 증명한다. 현실에서의 좌절감, 무기력이나 자존감의 상실을 털어버릴 수 있도록 쓰러진 자신들을 추켜세워 주는 방탄소년단과 같은 이들에게 열렬한 성원을 보내는 것은 그간의 세대론들이 총집결한 결과물처럼 보인다.

중요한 것은 새로운 세대만이 트렌드나 경제 소비 현상의 중심이 아니라는 사실이다. 당장에 새롭게 눈에 띄기 때문에 핫한 이슈가 되거나 각광받는 아이템으로 부각되는 것이지 전적으로 그들이 중심이 되기에는 한계가 있을 수밖에 없다. 경제 소비 현상의 경우에는 의식적인 시도만이 아니라 실천력, 대응력, 행동력이 있어야 실제로 효과가 나타나기 때문이다. 그렇기 때문에 이에 부합하는 90년대 학번들을 주목하는 것이다. 상대적으로 그들에 대해서는 정치 사회 그리고 대중문화적으로 접근하지 않았기 때문에 여기서는 이론 중심이 아니라 개별 사례나 통계, 데이터를 통해서 역으로 접근해 보고자 한다. 그들은 어떤 경제적 선택을 하고 있는지, 배경과 방향성은 어떤지를 살피는 것이다.

세대는 한번 형성되면 그대로 존재하는 것이 아니라 생애주기의 보편성과 경험들이 결합하여 변해간다. 개개인은 자신들의 생각과 다른 현실에서 자신들만의 방법으로 위기를 돌파하고 삶을 영위해 가려고 한다. 이를 짐작할 수 있게 하는 것 중 하나가 경제 소비 현상이기에 이를 통해 90년대 학번 세대들의 삶을 들여다보려고 한다.

삶의 우선순위는
나와 가족

결혼의 조건은 경제력

1993년 출간된 헬렌 브라운의 베스트셀러 《나는 초라한 더블보다 화려한 싱글이 좋다The Late Show: Having It All》는 90년대 학번 세대들의 결혼과 연애관이 잘 드러난 책이다. 두 사람이 결혼을 해서 화려하게 살지 못한다면 차라리 혼자 화려하게 살겠다는 뜻이다. 이 얼마나 멋져 보이는가. 90년대 학번들은 이 책과 닮은 사회 분위기 속에서 지냈다. 그렇기 때문에 당시의 설문조사에는 혼자 살겠다는 응답이 많았다. 물론 이러한 흐름들은 이전에도 있었지만 외환위기 직전 최대 거품 경제였던 시기에 화려한 싱글을 꿈꾸는 청춘들이 많았다. 그들은 열심히 경제적 자립, 개인의 독립을 지향했다. 그렇다면 그들의 바람대로 되었을까. 그렇지 않다면 그들은 어떻게 달라졌을까?

사람은 경험의 존재이다. 특히 청소년기는 물론 청춘기의 경험이 인생의 행태 전반을 좌우하기도 한다. 더구나 자신이 어떻게 선택할 수 없는 불가항력적인 상황에 직면했을 때는 더욱 그러할 것이다. 무엇보다 경제 사회적인 구조 모순 때문에 벌어진 일이라면 자구책 차원에서의 대응 모색은 더욱더 그럴 것이다.

90년대 학번들의 선택과 행동을 분석할 때, '97년 외환위기에서 어떤 경험을 했는가'가 중요하게 작용한다는 데는 이견이 있을 수 없다. 당시 기성세대들에게는 경제적인 타격이 있어 많은 이들이 사업장은 물론 직업 활동의 붕괴를 일상적으로 경험했다. 이는 가족의 해체로 이어졌고, 이때 청소년기 혹은 청년기였던 90년대 학번 세대들은 또 다른 트라우마를 갖게 되기에 이른다. 하나의 예로 결혼을 바라보는 관점이 달라졌는데 결혼을 앞두고 이를 고려하는 변수에 단골로 등장하는 것이 경제적 요인이 되기에 이른다.

〈동아일보〉에 따르면 2005년 네이트온 설문조사에서 "결혼을 전제로 남자의 외모와 경제력 중 어느 쪽을 중시하겠느냐."라는 질문에 미혼 여성 응답자 9,588명 가운데 90%가 경제력을 꼽았다. 외환위기 이후라서 경제력이 중요하게 부각된 것이다. 이 조사에서는 외모보다 경제력이 우선일 수 있겠지만 성격과 경제력을 대상으로 질문했다면 대답으로 성격이 많이 나왔을 것이다. 중요한 건 어쨌든 경제력이 뒷받침된다면 가족을 이루고 싶어 한다는 점이다. 경제력에 관계없이 자신의 삶을 위해서 결혼을 하지 않겠다는 응답이 요즘 Z세대에게 많은 것과는 다른 점이라고 할 수 있다. 왜 경제력을 이렇게 중시하게 되었을까. 돈이 많아야 풍족하고 행복하게 살 수 있기 때문이었을까.

야근은 빠져도 가족 행사는 참석한다

외환위기를 겪은 세대들이 염려하는 것은 가족의 해체였다. 원래 못살던 사람들보다 안정적으로 살던 이들이 가정 경제가 어려워지면 견디기 더 힘들어한다. 쌍용자동차 해고 사태에서처럼 갑작스런 해고는 생존 자체를 힘들게 하고 극단적인 선택을 하게 만든다. 외환위기 전에는 한국이 최고의 호황을 누리던 때였기 때문에 외환위기 후의 고통은 더 가중되었다. 기업이 깨지더라도 가족이 깨지지 않아야 살아남을 수 있었다. 가족사회학자 함인희의 연구에 따르면 안정된 직장을 가진 고학력 중산층들이 계층 하강을 더욱 염려했다. 외환위기로 단순히 경제적으로만 어려워지는 것이 아니었다. 계층의 하강 이동이었다. 중산층 이상의 삶을 살다가 어느 날 갑자기 빈곤의 나락으로 떨어졌다. 직장에서 해고당하거나 명퇴를 강요받아야 했다. 흑자 부도를 낸 집안의 가장은 사장님에서 갑자기 채권자들에게 시달리는 채무자가 되어야 했고, 아이들은 비정규직 자녀가 되어야 했다. 이것은 가족의 해체를 의미하기도 했다. 빚 때문에 이혼을 해야 했고 아이들은 친인척 집으로 흩어지기도 했다. 통계청 자료를 보면, IMF 이후 '경제적 이유'로 이혼하는 부부의 비율은 1998년 6.6%에서 2005년 14.9%로 두 배 이상 늘어났다. 2006년 여성개발원 연구 결과를 보면, 이혼 여성의 47.4%

가 전반적 생활수준을 최하층이라고 했다. 경제 위기 때문에 이혼을 하게 되고 개인은 하층민이 되고 만다. 가족이 해체되지 않고 온전히 견디려면 경제력이 있어야 했다. 자녀를 반드시 가져야 한다는 응답은 IMF 시점인 1997년 73.7%에서 2000년에는 58.1%로 줄었다. 그리고 2003년 54.5%에서 2005년에는 불과 2년 만에 절반가량 급감해서 23.4%가 되었다. 경제적 상황이 결혼과 출산에 영향을 미친 것은 분명한 사실이다.

하지만 90년대 학번들은 외환위기를 겪으면서 조직보다는 가족을 더 생각하게 되었다. 조직이 더 이상 가족을 지켜주지 않는다는 것을 알았기 때문이다. 1996년에 출간된 소설 《김정현》은 남몰래 가족을 위해 애쓴 아버지 이야기를 담았는데 IMF 외환위기를 맞으면서 초대형 베스트셀러가 되었다. 2000년에 나왔던 소설 《가시고기》도 비슷한 맥락을 가지고 있는 작품이었다. 가시고기의 희생을 통해 가족의 소중함을 일깨우며 많은 감동을 주었는데 가시고기의 희생은 바로 부성애를 의미했다. 과거와 같이 군림하고 지시 명령하는 가부장제의 아버지는 더 이상 원하지 않았다. 가시고기라는 존재를 통해서 현실을 넘어서 새로운 가족주의의 모색과 공감이 이 소설을 통해 결집되고 확산되었다. 조직과 공동체 심지어 국가도 부도 위기에 내몰리는 상황 속에서 그나마 가족이 버텨야 다시 일어날 수 있었다. 문화적 현상은 현실을 반영하기도 하지만 그것을 넘어 지향점을 보여주기도 한다. 아버지의 역할 변화, 이것은 가부장제 리더십의 변화를 요구하는 시대적인 흐름이기도 했다.

1997년 IMF 외환위기와 그 여파는 한국 기업 문화에도 많은 변화를 가져왔다. 조영호 교수가 이끄는 연구 팀은 한국 기업을 대표하는 4대 대기업 계열사 직원들을 대상으로 IMF 외환위기 이전인 1995년과 10년 후인 2006년 동일한 설문조사를 진행했다. 10년간 기업 문화의 변화에 관한 통계를 분석한 결과, 대기업 종업원들의 가치 의식에 상당한 변화가 있었고 전통적인 집합주의는 약화된 것으로 나타났다. 연구 팀은 "조직 구성원의 성격 특성도 보다 외향적이고 치밀하게 변한 가운데 종업원들의 직무 몰입도와 조직 애착심은 낮아졌다."라고 밝혔다. 조직을 위해 충성을 다하는 행태가 많이 사라진 것이다. 야근과 특근을 마다하지 않고, 가족 행사보다는 기업 행사를 더 쫓아다니는 등 가족을 위한 것이라고 합리화하던 것들이 90년대 학번 세대들을 중심으로 깨지기 시작했다. 단적으로 그들은 회사의 회식보다는 개인의 시간을 중시했다는 지적이 많았지만 그들이 결혼을 하게 되면서 자신이 아니라 자신의 확장인 가족에게 시간을 쏟게 되었다.

개인주의 성향이 나타날 수도 있지만 오히려 조직 생활이 가족의 소중함을 인식하는 계기가 되었다. 조직이 붕괴되고 마지막으로 돌아갈 수 있는 곳은 가족밖에 없다고 생각하게 되고 부모에게도 잘하려고 노력을 한다. 그렇기 때문에 부모님을 위해 효도 관광을 마련하거나 건강식품을 선물하는 데 많은 지출을 한다. 그 밑의 세대의 경우 부모를 위해 저축하는 일에서 멀어진다. 자신이 번 돈은 자신이 다 쓰고 가겠다는 생각이 강해진다.

인생의 목적은 가족의 안녕

중요한 것은 90년대 학번 세대는 일단 가족을 이루면 최선을 다해 노력했다는 것이다. 그래서 종종 가족에게 최선을 다하는 차원에서 극성스런 엄마의 모습도 보인다. 자신의 자녀들에게 집중포화의 자원 투입을 하기도 한다. 열성 부모로 사교육을 시키며 다양한 참교육 프로그램에 적극 참여하는 것은 이 때문이다. 그들은 입시 교육을 타파하고 나름의 바람직한 교육을 찾는 데 적극적으로 동조하는 세대이기도 했고 환경문제에도 능동적이었다. 그런 관심은 가족의 토대 위에서 다양한 선택과 활동으로 이어졌다. 교육적으로는 자녀들을 대안 학교에 보내기도 했다. 입시 교육으로는 행복을 추구하는 데 한계가 있다는 것을 몸으로 깨닫고 특기 적성 교육에 관심을 보이기 시작했다. 일부는 기성세대와 같은 행태를 보이기도 했지만 변화의 중간 과정이라고 볼 수 있다. 386세대들은 자녀의 미국 유학을 위해 조기 영어 교육을 시키고 기러기 아빠 생활을 마다하지 않는 것이 부모의 역할이라고 생각했다. 또한 이를 위해 아빠들은 경제적 활동을 도맡았다. 하지만 기존의 가부장제에서 누렸던 지위는 없었다. 90년대 학번 세대들은 그러한 롤모델에 부응하지 않았다. 그만큼 경제적인 역할을 할 만큼 입지를 갖지 못했던 측면도 작용했지만 가치관 자체가 기존과 좀 달랐다. 어떻게 보면 자녀 교육을 시키는 것은 반드시 자녀들의 후광을 보겠다는 것이 아니라 자기만족일 것이다.

40대라고 해서 모든 이들이 같지 않다는 것은 익히 반복되어 지적되었다. 계층적으로 다른 40대가 존재하기 때문이다. 2015년 NH투자증권 100 세시대연구소의 보고서에 따르면, 고소득층 40대는 모든 계층 가운데 인생의 목적을 묻는 질문에 "일상의 즐거움"(43.2%)이라는 대답을 가장 많이 했다. 중산층 40대는 이와 달랐다. "일상의 즐거움"(29%)이 가장 적은 대답이었고 "가정의 안녕"(42.6%)을 가장 많이 꼽았다. 이는 외환위기 때와 같다. 어려움에 처한 이들은 가족을 더 생각했다. 하지만 여유가 있었다면 즐거운 인생을 꿈꾸었을 것이다. 지금의 40대들도 마찬가지일 수밖에 없다. 그들은 마음과 몸은 비록 가난하더라도 일상의 즐거움을 몸으로 체화하기 시작한 세대이고 40대가 되어 소비 영역에서 이런 부분들이 드러나면서 경제적 현상을 만들어내고 있다.

90년대 학번 세대들은 청춘기의 경제적 풍요로움과 문화적 수혜로 자유를 추구하는 낭만적 세대로 뻗어갈 것이라 생각했다. 하지만 경제 파동이 그들의 궤적에 변화를 주었고 나름의 대응을 하게 만들었다. 머릿속으로는 자신의 삶도 중요하고 그것을 위해 노력하지만 실제로 가족의 평안함을 위해 노력하는 면이 강하다. 비록 자신이 가족을 이루지 않아도 전체 가족 그러니까 부모와 형제의 안위를 염려한다. 자신이 혼자 1인 가구로 살고 있어도 말이다. 그들은 자신으로 가기 위해 가족을 이루고, 자신에게 만족하기 위해 가족을 통해 자신으로 돌아온다. 자신을 위한 소비가 가족으로, 가족을 위한 소비가 자신으로 돌아오는 환류 구조 속에 있다. 단순히 대의명분과 가족주의에 따라 선택하고 행동하던 이전 세대와는 그런 점에

서 다르다. 화려한 싱글보다 소박해도 즐겁고 안정된 집을 만들기 위해 오

늘도 고군분투하고 있다.

자기 개발의 목적은
생계와 생존

자기 개발 1세대

외환위기 이후에 불어닥친 자구책 차원의 유행은 자기 개발이었다. 평생직장은 무너지고 효율성이 중요해졌다. 무한 경쟁의 도래였고 그 경쟁에서 살아남기 위해서는 끊임없이 자기 개발을 해야 했다. 소처럼 열심히 일하는 사람보다는 쥐 같은 사람을 더 선호한다는 우스개 같지 않은 우스개도 있었다. 기업들은 살아남기 위해서는 어쩔 수 없다는 논리를 강화했다. 소처럼 한 조직에서 충성을 하는 것보다 기회가 된다면 능력을 쌓아 더 좋은 조직으로 재빨리 옮기는 것이 미덕이 되었다. 원래 배가 가라앉기 시작한다면 쥐들이 가장 먼저 배를 탈출한다고 하지 않던가. 배에서 우직하게 남아 있는 소들은 열심히 일을 하고도 잡아먹힐 판이다.

90년대 학번 세대들은 자기 개발 본격화의 1세대라고 할 수 있을 것이다. 특히 비정규직이 확산되었고, 정규직이 되기 위해서는 학습해야 했다.

물론 지금은 그것이 널리 확산되어 있는 상황이라고 할 수 있다.

2020년 1월 신년을 맞아 평생교육 전문기업이 이루고 싶은 소망을 조사했다. 직장인 987명을 대상으로 한 설문조사였는데, 1위와 2위는 각각 "자격증 취득"과 "외국어 습득"이었다. 항목별로 살펴보면 자격증 취득(20.7%), 외국어 습득(20.0%), 이직/창업(17.1%), 다이어트/금연 등 건강관리(17.1%), 저축 등 재테크와 성공(13.6%), 연봉 인상 및 승진(6.4%) 순이었다. 또한 응답자의 94.4%가 올해 자기 개발을 위한 학습 계획이 있다고 답했는데 이는 전년 대비 4.1%p 증가한 수치였다. 자격증 취득이나 외국어 습득은 모두 학습을 통해서 가능한 일이다. 직장에 다니면서도 여전히 공부를 많이 하고 해야 하는 상황인데 이렇게 공부하는 직장인을 가리켜 샐러던트Saladent라고 한다.

학습 목적(복수 응답)은 "업무 역량 강화"가 74.6%로 6년 연속 1위를 차지했으며, "교양 증진 및 힐링"은 43.7%로 2위였다. 이외에 이직(24.6%), 창업(20.4%), 승진(7.0%) 등의 순서였다. 교양이나 힐링은 취미 생활의 영역이라고 할 수도 있지만 이 역시 조직의 성과 향상에 도움이 되는 방향이다. 다른 조사에서도 직장인이 직무 분야 역량 강화를 위해 자격증 등의 준비에 매진하고 있는 것이 드러난다. 취업 포털 잡코리아와 알바몬의 조사에 따르면 직장인들이 자기 개발을 위해 가장 많이 준비하는 것은 모든 직급에서 직무 분야 자격증 취득(47.0%)이 1위였다.

그렇다면 자기 개발 비중이 높은 이들은 어떤 사람들일까? 2019년 3월 잡코리아와 알바몬은 직장인 1,907명을 대상으로 자기 개발 관련 설문조사를 실시했다. 직급별로 과차장급이 50.9%로 자기 개발 비중이 가장 높았다. 대리급은 48.2%였으며 부장급 38.7%, 사원급 36.5%의 순으로 나타났다. 대리급이 미래를 위해서 더 많이 투자를 해야 하지만 중간 관리자인 과차장급이 더 많은 시간을 투자했고 여기에 바로 90년대 학번들이 많이 속해 있다.

조사 결과 자기 개발을 위해 가장 많은 비용을 지출하는 그룹은 과차장급으로 월 19만 3,000원을 지출하고 있었다. 평균적으로 어느 정도의 비용과 시간을 들이고 있는지 생각해본다면 이들의 비중을 파악할 수 있을 것이다. 또한 자기 개발을 위해 월평균 17만 1,000원을 지출하는 것으로 나타났다. 2019년 7월 직장인 1,394명을 대상으로 한 잡코리아의 직장인 자기 개발 현황 조사에 의하면 자기 개발 비용이 많이 든다(23.4%)는 대답이 상대적으로 높았다. 이는 그 세대가 자기 개발 비용을 많이 투입하고 있거나 고민하고 있음을 짐작하게 하는 데이터이다.

더 오래 일하기 위해 공부하는 40대

2019년 11월 잡코리아가 직장인 870명을 대상으로 〈성과가 높은 동료의 공통된 특징〉에 대한 설문조사를 했는데 그 결과 40대 이상 직장인들은 "계속 공부한다"는 답변이 49.0%로 가장 높았다. 학습을 어떤 방식으로 하는지 살펴볼 필요도 있다. 강사 전문 취업포털 강사닷컴이 20세 이상 성인 남녀 1,741명을 대상으로 한 설문조사에서 독학에 대한 비중은 20대 (54.3%), 30대(51.4%), 50대(45.3%), 40대(35.1%) 순이었다. 젊은 세대일수록 독학이 많았는데 40대가 독학이 적었다. 이는 혼자보다는 다른 교육 기관 등을 이용하는 것을 말한다.

같은 조사에서 "온라인 강의 수강"은 순서대로 50대(30.2%), 40대 (25.4%), 30대(20.4%), 20대(15.8%)로 나타났는데 연령대가 높아질수록 온라인 강의로 자기 개발을 했다. 40대는 온라인 강의도 듣는 것으로 나타났는데 이런 강의는 비용을 지불하는 형태이다. 따라서 40대는 교육 기관의 비용과 온라인 강의 비용을 모두 지불하고 있을 가능성이 높다.

그렇다면 이들은 학습을 위한 프로그램이나 콘텐츠에 지속적으로 비용을 지불할 생각이 있다는 것을 말한다. 다른 젊은 세대보다는 더 많은 비용을 치르면서 공부를 하는 것이 개인의 역량이나 승진을 위해 바람직하다고 보는 것이다.

한 가지 예를 들어보자. 2018년 인터넷서점 예스24가 2008년부터 10년간 영어 학습서 판매 추이를 바탕으로 분석한 영어 학습서 트렌드에 따르면 영어 학습서 구매자 중 40대 비율이 41.4%로 연령대 중 가장 높게 나타났다. 다른 연령대를 보면 40대가 얼마나 사고 있는지 알 수 있는데 30대(31.2%), 50대(13.7%), 20대(13.0%), 10대(0.8%) 순이었다. 20대나 10대보다도 더 많다. 이는 출판계에서 이들이 주 수익으로 연결될 수 있음을 뜻하는 것이기도 하다. 2019년 7월 잡코리아가 직장인 1,394명을 대상으로 직장인 자기 개발 현황을 조사했는데 40대 직장인 중에도 "영어 공부를 한다"는 응답자가 37.5%로 가장 많았다.

물론 40대 이후의 사람들이 관심을 갖는 것은 예전에는 노후였는지 모르지만 이제 수명은 늘어나고 그에 맞춰 먹고사는 문제를 고민해야 한다. 더구나 만혼이 많아지면서 늦게 아이를 갖게 되고 정년 이후에도 아이를 위해서 먹고사는 문제를 고민해야 한다. 은퇴 후에 연금을 받고 저축해놓은 돈을 가지고 여행이나 다닌다는 것은 386세대에 가깝다고 할 수 있고 90년대 학번들은 이에서 좀 더 멀어지고 있다.

그들의 고용 현실이 녹록지 않은 것은 분명한 현실이다. 그들은 고용 불안 상태에 놓여 있다. 2019년 1월 취업 포털 사람인은 직장인 615명을 대상으로 고용 불안감에 대해 설문조사를 했는데, 70.6%가 본인의 고용 상태에 불안감을 느낀다고 답했다. 이는 지난해 7월 조사한 결과보다 7.6% 상승한 것이다. 연령대별로는 40대가 가장 높아 83.3%였다. 뒤이어 30대 (74.9%), 50대(68.6%), 20대(60.7%) 순이었다. 40대는 가장 불안을 많이 느끼기 때문에 자기 경쟁력을 갖기 위해 돈을 지불해서 무엇이라도 도전하고 학습해야 할 세대임을 보여주는 것이다.

불안의 근원 가운데 하나는 아마도 다른 구성원들일 것이다. 강사닷컴이 20세 이상 성인 남녀 1,741명을 대상으로 자기 개발 자극 요인 설문을 시행한 결과, 연령별 조사에서 남들보다 스펙이 부족함을 느낄 때 자기 개발 의지가 불타오른다는 응답이 40대(24.1%), 30대(20.0%), 50대(18.4%) 순으로 나타났다. 그리고 20대는 17.5%로 가장 낮았다. 20대는 나태해진 자신을 발견했을 때(33.0%)와 미래에 대한 불안감이 들었을 때(32.6%) 자기 개발 의식을 더 느꼈다. 결국 90년대 학번들은 아직은 집단적인 평판이나 구조 안에서 자기 가치를 인식하는 경향이 남아 있기 때문이고 젊은 세대일수록 자기 자신에게 더 집중하고 있다는 것을 알 수 있다.

자신을 발전시키는 데에는 자기 계발과 자기 개발이 있다. 계발은 자신의 정신적인 역량을 풍부하게 하는 것이라면 개발은 기술적이고 테크닉적인 면에서 업그레이드를 하는 것을 말하는 것이다. 자기 계발과 자기 개발이 합치한다면 얼마나 좋을까. 지금의 40대는 그것을 위해 비용을 치르고자 하는 세대이기도 하다.

40대가 돼도
여전히 자유로운 영혼들

잔치가 끝났다고 삶이 끝나는 건 아니다

40대들이 대학생일 때 최영미의 《서른 잔치는 끝났다》라는 시집이 대유행을 했었다. 당시 청춘을 보내던 이들은 막연하게 싱글 혹은 돌싱이 될 것 같았다. X세대는 당당하게 자신의 삶을 영위하려는 이미지로 점철되어 있었기 때문이다. 공지영의 소설도 90년대 학번들에게는 하나의 선언적 의미를 던져 주는 듯했다. 하지만 소설가 공지영은 세 번 결혼했고, 소설 작가로 활동을 하면서 세 명의 아이를 양육했다. 실제로 많은 90년대 학번들은 결혼을 했고 돌싱이 되었어도 아이를 육아하고 키워냈다.

그렇다면 그들은 아이들을 어떻게 키워낼까. 자유로운 영혼의 삶을 꿈꿨던 그들은 정말 자신만을 위해 사는 것을 완전히 포기하고 아이들을 위해서만 살았을까.

미술관을 좀 살펴보자. 2019년 4월 26일부터 6월 2일까지 방문객

'나'를 위해 아낌없이 투자하는, 자기계발 시장의 선도자

1,000명을 대상으로 설문조사를 한 결과 광주시립미술관 주요 관람객은 30~40대이었다. 성별로는 여성이었는데 가족과 함께 오는 것을 중요하게 생각했다. 구체적으로 30대(29.7%), 40대(25.9%), 20대(14.4%), 50대(14.2%), 60대 이상(10.2%), 10대 이하(5.5%) 순이었다. 순수예술로 갈수록 30~40대가 더 많은 것을 알 수가 있다.

미술관에 고고한 모습으로 방문하는 골드 미스들을 떠올릴 수도 있지만 자녀를 동반한 30~40대 여성이 자녀 교육이나 체험을 위해 관람하는 분위기가 반영된 것으로 광주시립미술관은 분석했다. 미술관 재방문 목적을 보면 이 같은 생각이 분명하게 드러나는데 30~40대 여성들은 자녀 교육과 체험(40.3%)을 위해 다시 미술관에 오겠다고 답했다.

광주시립미술관을 찾는 관람객들은 자녀의 교육 및 체험 목적이 많으니 어떻게 운영 전략을 가져야 할까. 가족 체험형 전시에 초점을 맞춰야 할 필요가 있다. 지역에서 쉽게 보기 어려운 해외 유명 명화전에 대한 욕구가 높은 것으로 나타났다. 또한 광주시립미술관 설문조사에 따르면 관람하고 싶은 전시에 대한 질문에 가족 체험형 전시(45.9%), 해외 유명 명화전(38.5%), 건축, 가구, 공예 등의 디자인전(29.7%), 지역 작가 전시(18.4%), 미디어아트(14.2%) 순으로 선호도가 나타났다. 해외 명화전이 두 번째로 높은 선호도를 보인 것은 해외 작가들에 대한 선망이 여전히 존재한다는 것을 말한다.

관람객들은 미술관 이용에 있어서 지적인 욕구의 충족을 위해 교육 프로그램의 이용에도 관심을 보였다. 미술관이 제공해야 할 교육 프로그램(복수 응답)을 묻는 질문에는 미술 실기 교육(36.3%), 인문학 강좌(30.3%), 예술사 강좌(31.2%), 전시 연계 토크 강좌(16.3%), 도슨트 양성 교육(13.4%), 소외계층 대상 미술 교육(10.6%) 등이 있었다. 그런데 중요한 것은 미술 실기 교육이 가장 많은 비중을 차지했다는 것이다. 단순 관람에 그치지 않고 능동적으로 미술에 참여하고 싶은 사람들이 많다는 것을 알 수 있다. 여기에 인문학 강좌가 뒤를 이어서 지적인 충족에 대한 갈구가 공존하고 있다는 점을 알 수가 있다.

그들은 미술관을 자녀와 소통하고 문화 활동을 향유하는 공간으로 생각하고 있었다. 따라서 미술관에서는 이런 여성 고객들을 위해 어린이를 위한 체험형 전시 프로그램 확대가 필요하다고 판단을 내릴 수 있다. 어린이들에게 도움이 되는 것을 선택하는 것은 결국 40대 어머니, 여성 관람객들이다. 그렇기 때문에 그들에게 어필할 수 있어야 한다.

세대별로 살펴보는 행복한 삶의 요건

반면 그들은 욕구는 있지만 충분히 만족스럽게 문화 활동을 하지는 못하고 있다. 서울문화재단은 서울시 문화행정서비스 이용자 5,706명과 온라인 조사 패널 2,000명 등 총 7,706명을 대상으로 〈2017년 서울 시민 문화 향유 실태 조사〉를 했다. 결과를 보면 문화예술에 관심은 있지만 시간이 없거나 개인적 이유 때문에 자주 관람하지 못하는 이른바 "문화장벽형"

의 비율은 모두 30~40대 기혼 여성에서 높게 나타났다. 이는 일반 시민이나 문화 관심 집단이나 불문하고 똑같은 것으로 나타났다. 월 5~6회 이상 문화예술 관람을 하는 "만족관객형"은 30~40대 미혼 여성에서 많았다. 5~6회 정도는 가고 싶지만 기혼 여성들은 그렇게 하지 못하고 있다는 것을 말해주고 있다. 실제 30대와 40대 미혼 여성은 각각 연평균 23.84회와 18.23회 문화예술을 관람했는데 이는 당연하게도 일반 시민 평균보다 높은 수치였다.

서울문화재단은 조사 결과에 대해 이렇게 말했다. "가사와 육아 부담이 없는 30~40대 미혼 여성들의 문화생활이 활발한 대신 같은 연령대의 기혼 여성들은 상대적으로 충분한 문화생활을 못 누리고 있다." 또한 서울문화재단은 "앞으로 시민 개개인의 행복을 위한 정책과 사업을 만들어 가겠다."라고 밝혔다. 기혼 여성들이 자신이 하고 싶은 대로 하지 못하고 있다는 것은 기회가 주어지면 참여하겠다는 의사로 읽을 수 있다. 그렇기 때문에 기혼 여성들의 참여가 가능하도록 만드는 것이 중요하다. 무엇보다 그들은 혼자 오는 것이 아니라 다른 가족 구성원과 같이 오기 때문에 기혼 여성들이 참여할 기회를 늘린다는 것은 단순히 방문자의 숫자가 일시적으로 늘어나는 것에서 그치지 않고 아이들 즉 미래 세대가 문화예술 활동에 관심을 갖도록 만들 수 있음을 의미한다.

그런데 가족을 이루거나 집단 속에 있는 것은 그만큼 스트레스를 가중시키는 일에 많이 노출되는 것을 의미한다. 서울문화재단이 서울 시민

6,334명을 대상으로 한 〈2018년 서울 시민 문화 향유 실태 조사〉를 보면 문화 관람으로 느끼는 정서적 경험은 세대별 차이를 보였다. 30대는 "전반적 행복감"이 79.2%로 가장 높았다. 그런데 40대와 50대는 각각 82.6%, 82.2%가 "스트레스 해소"를 꼽았다. 20대는 가장 많은 68.6%가 "기분 전환"이라고 답했다. 문화 관람 동반자는 대부분 연령대에서 "가족"이 가장 많았다. 다만 모든 연령대에 걸쳐 "혼자"라는 응답이 증가하고 있었다. 40대들은 집단생활에서 오는 스트레스를 문화를 통해 해소하는 측면이 있다는 것이 중요한 점이다. 단지 20대처럼 기분 전환을 위한 것이라면 재미있고 유쾌한 콘텐츠에 집중할 가능성이 높을 것이다. 한국인의 평균 두뇌 스트레스 지수 분석 결과 40대 여성들이 두뇌 스트레스를 가장 많이 받는 것으로 분석됐다. 두뇌 스트레스는 두뇌가 받아들이는 즉각적인 스트레스 상태를 의미한다. 2017년 정신건강관리 플랫폼 업체가 기기를 통해 정신건강 상태를 측정해 약 3만 명의 결과를 분석했는데, 전체 연령 중 가장 높은 수치를 기록한 것은 40대 여성(7.87)으로 이는 40대 남성(7.40)보다 높은 수치이며 "두뇌 스트레스 높음"에 근접한 수치였다. 두뇌의 과부하 정도도 측정을 했는데 한국인 전체 평균치가 29.51Hz로 부하 수준(19.52Hz~30.256Hz 사이)에서 높은 것으로 나타났다. 그런데 더 높게 나온 이들이 있었다. 가장 높은 수치는 40대 여성(32.92Hz)에 이어 40대 남성(32.39Hz)으로 나타났는데 이는 부하 수준을 초과하여 "과부하" 상태에 해당한다. 그만큼 40대 여성들의 스트레스가 심하기 때문에 이를 풀어줄 수

있는 매개체나 수단이 필요한데 미술관이 도움이 될 수 있을 것이다.

반드시 기존의 순수 문화예술 분야만 생각할 필요는 없을 것이다. 디지털 콘텐츠일 수도 있다. 산업연구원이 통계청의 〈가계 동향 조사〉를 분석한 결과 2013년 기준 1인 가구 중 콘텐츠에 지출을 많이 하는 연령대는 30대(71.7%)가 가장 높았고, 40대(60.9%), 20대(50.8%)가 그 뒤를 이었다. 이 가운데 30대와 40대 초반이 바로 90년대 학번들에 속했다. 극장이나 공연에 많이 가는 것은 여성으로 생각할 수 있지만 이는 현실과 다른 점이 있다. 남성 1인 가구가 여성 1인 가구보다 "공연 및 극장"과 "콘텐츠" 항목 지출 비중이 높게 나타났다. 콘텐츠 지출 비중은 남성(65.7%)이 여성(25.3%)보다 40.4%p 높았다. 남성들이 콘텐츠, 즉 인터넷을 통한 콘텐츠 소비가 많고 아울러 공연과 극장 이용이 많다는 것을 알 수가 있다. 반면 1인 가구 여성은 남성보다 문화 강습(11.2%)과 기타 문화 서비스(43.4%) 등에 지출을 많이 했다.

이를 어떻게 해석할 수 있을까. 즉 남성은 주로 공연 및 콘텐츠로 문화생활을 하지만 여성은 상대적으로 문화 강습 및 기타 문화 서비스를 통해 문화생활을 하는 것임을 짐작할 수 있다. 문화 강습을 선호하는 것은 단지 수동적인 입장에서의 관객이나 유저가 아니라 능동적으로 자신이 직접 체험하는 것을 말한다.

한편 공연 및 극장 항목에 지출한 비중은 1인 가구(17.6%)가 3인 가구(26.0%)보다 낮았고, 콘텐츠 항목의 지출 비중은 1인 가구(39.8%)가 3인 가구(25.0%)보다 높았다. 1인 가구가 다가구보다 콘텐츠 중심의 문화 소비를 하고 있는 것을 알 수가 있다. 3인 가구 이상이 공연 및 극장에 가는 경우에 전체 매출액은 증가하게 될 것이다. 3인 가족들은 물리적 공간에서 문화 활동을 하는 것을 더 선호하고 1인 가구는 아무래도 혼자 콘텐츠를 이용하는 것을 더 선호할 가능성이 크다. 물론 앞으로 40대들도 유튜브 등을 통해 적극적으로 콘텐츠를 소비하고 파급 효과를 만들어낼 주체 세력이 될 것이다. 그들의 경우 혼자만 보는 것이 아니라 가족과 함께 혹은 가족들에게 영향을 미치는 시청 행태를 가지고 있기 때문이다.

공지영 작가조차 자신의 자녀를 위해서는 문화 예술 활동에 나설 수밖에 없다. 그렇더라도 자신의 존재감, 세계관을 잃어버렸다고 생각할 수 없다. 그것은 비단 그 작가에만 한정되지 않는다. 자아의 실현과 문화적 실현을 같이 병립시키는 세대가 분명 존재한다는 점에 눈길을 줘야 할 뿐이다.

대한민국 최초의
배낭여행 세대

해외여행을 향한 대한민국의 목마름

코로나 19로 지금은 해외여행이 어렵지만 그 전까지 해외여행에 큰 어려움은 없었다. 하지만 과거에는 해외여행이 쉽지 않았고 그런 상황에서 해외에 나간다는 것은 여러모로 기회를 갖는 일이기도 했다. 물론 그때는 해외여행이 스펙으로 거듭나게 될 줄은 몰랐다. 여행은 이제 일상화되었고 그때와 달리 혼자만 가는 것도 아니게 되었다.

1994년 10대 이상 국민 2,000명을 대상으로 한 문화체육관광부의 〈문화 향수 실태조사〉에서는 해외에 나간 경험이 있다고 응답한 사람은 총 293명이었다. 지금 생각해보면 어이가 없는 숫자일 수 있다. 구체적으로 해외여행을 한 번 한 사람이 136명, 2번은 57명, 3번은 29명이었다. 그만큼 해외에 나간 사람이 적다는 것은 해외 의존도가 높았던 당시에 해외에 다녀온 사람들은 한국 사회에서 유리한 입지를 가질 가능성이 높다는 것을 의미했다. 물론 그것이 가능하려면 경제적인 토대가 다른 이들보다 우월해야 한다.

1994년에 나온 전여옥의 《일본은 없다》라는 책이 인기를 끈 것은 이 때문이라고 할 수 있다. 가까운 일본에 가 본 사람이 없으니 당시 방송사 특파원으로 간 저자가 쓴 책이 이렇게 크게 히트를 할 것이라고 생각지도 않았다. 하지만 이 책의 저자도 결국에는 표절 시비에 휘말리는 등 일본을 그렇게 잘 알 수 없을 만큼 해외 방문은 제한적이었다. 당연히 지금이야 일본을 이웃 동네 가듯이 가는 경향이 있는 것을 생각하면 격세지감이라고 하지 않을 수 없다.

1994년이 되어서야 해외여행 자유화가 이뤄졌는데 광주시가 여권 발급 업무 대행을 개시한 1988년에는 3,730건(하루 평균 12건)을 발급했는데 1995년에는 2만 8,308건으로 하루 평균 96건으로 크게 늘어났다. 구체적으로 전남의 경우 1993년 1만 2,658건이었는데, 1994년은 두 배 이상으로 뛰어 2만 881건, 그리고 1995년 2만 8,759건 등을 기록하게 된다.

1990년대 초반 이후 유학과 어학연수, 해외여행이 급속도로 늘었는데 물론 여유가 있는 이들이 패키지 형태의 여행을 떠났다. 한편 대학생들은 경제적인 여유가 없었기 때문에 다른 방식의 여행을 꿈꾸었다. 바로 배낭여행이다. 경비를 아끼기 위해 혼자 여행을 떠나는 것인데 혼자만의 여행을 즐길 수 있는 장점이 있다. 그만큼 조직이나 집단적인 억압이나 제한에서 벗어나고 싶어 했고 배낭여행을 통해 능동적인 세대의 면모를 보여주었다. 이런 해외 경험들은 국내적인 시야에서 벗어나 넓은 사고를 갖는 계기가 되었다.

낭만과 실용을 같이 추구한 90년대 학번

또한 90년대 학번들은 어학연수를 통해서 실용적인 목적의 여행도 떠난다. 해외에서 학위 과정을 진행하는 것은 아닐지라도 더 좋은 직장을 잡기 위해서 1년짜리 단기 어학 코스에 나섰던 세대들이다. 배낭여행과 어학연수를 본격적으로 떠난 첫 세대라는 평가에 지나침이 없다. 낭만과 실용이라는 두 가지 가치를 같이 추구한 세대라고 할 수 있다.

하지만 외환위기 때문에 타격을 입은 세대이기도 하다. 남들은 다 가는데 경제적인 사정 때문에 가지 못해서 다른 이들보다 뒤처짐을 경험한 세대이기도 하다.

경북의 예를 들면 여권 발급 건수가 1994년 3만 2,335건이던 것이 1996년 4만 7,879건으로 사상 최고를 기록했으나 IMF 체제의 1997년부터 4만 5,587건으로 줄기 시작해서 1998년에는 1만 6,536건으로 급감했던 것을 보면 알 수가 있다. 비록 1999년 3만 28건으로 회복세로 돌아서기는 하지만 이는 1994년에 미치지 못했다.

그들은 방학 기간 동안 농활보다 배낭여행과 어학연수를 갔다. 이 때문에 선배들은 90년대 학번들을 이해하지 못하고 의식이 없는 이들로 규정하고 비난하기에 이르렀다. 80년대 학번들은 90년대 학번보다 사회 의식이나 정치적 관심, 참여 의사가 높았다. 하지만 다른 면으로 생각해보면 이미 선배들이 강력하게 지배하다시피 했기 때문에 후배들이 비집고 들어갈 틈이 없었던 게 아닌가 싶다. 담론들은 그들이 이미 만들어놨고 운영도 마찬가지인데 청년들이 그 틈바구니에서 수동적으로 응하는 것은 자신들만의 정체성을 찾으려 하는 청년기 심리학의 일반 이론에도 맞지 않았다. 80년대 학번들이 대학을 다니던 때는 낙제를 해도 취직이 되던 시기였다. 90년대 학번들은 어학연수라도 갔다 와야 취직을 더 잘할 수 있었다. 심지어 배낭여행을 다녀오면 외국어 능력이라든지 견문을 넓힌 사람이라는 인식이 되어 취직에 유리할 수 있었다. 지금 세대에 비하면 수월한 면은 있었다. '스펙'이란 말이 없었고 대학은 자격증 모으기의 전당도 아니었다. 일반적으로 해외 출국 경험은 대개 어학연수는 아니어도 배낭여행이 일반이었다.

　해외여행 전문 업체인 하나투어에 따르면 2017년 패키지여행을 신청한 40~50대는 전년 대비 11.8% 늘었다. 2017년 자유여행을 즐기는 40~50대는 2016년보다 71.3% 증가했다. 무엇보다 전 연령 평균 증가율(45.7%)보다도 높은 수준이라는 점이다. 하나투어는 "4050세대는 1990년대 청년기를 보낸 해외여행 1세대로 해외여행에 거부감이 덜하다."라고 지적을 했다. 여기에서 50대는 50대 후반보다는 초반이라고 보는 것이 적절할 것이다. 지금 세대에게 해외에 나간다는 것은 실용적인 목적에 경도되어 있고 견문이나 교양을 넓히는 쪽에 있지만은 않다. 휴식이나 자기만족이 더 크다고 할 수 있다. 자신이 어떤 만족을 얻는가가 중요하다.

워라밸과 여행의 상관관계

그렇다면 40대들도 그러할까? 여행은 학습이나 지식 축적이 아니다. 한 설문조사에서 전체 응답자 중 85%가 관광이나 체험이 아닌 오로지 휴식만을 위해 여행한 적이 있다고 답했다. 주 52시간 근무제와 일과 여가의 균형이라는 '워라밸' 경향 때문이라는 분석이 있었다. 여행을 가서도 편히 '쉬는' 여행을 선택하는 경우가 늘고 있기 때문이다.

세대별로는 선호하는 휴식 여행 스타일이 달랐다. 20대의 경우 호캉스 선호도가 가장 높아 40대보다 두 배 이상 많았다. 20대는 '혼여(혼자 하는 여행)'에 대한 관심도 컸다. 30대는 액티브 홀리데이에 관심이 많았다. 액티브 홀리데이는 액티비티 스포츠와 레저를 즐기며 스트레스를 해소하는 여행을 말한다.

온라인 여행사 익스피디아는 20~40대 남녀 300명을 대상으로 설문조사를 했는데 40대는 가족 여행과 웰니스 여행을 희망했다. 2020년 호텔스컴바인이 2545세대 남녀 1,000명을 대상으로 한 해외여행 트렌드 설문조사를 보면 동반자로 가족과 함께하고 싶다는 응답이 51.3%로 가장 높았다. 30대(58.4%)보다 40대(82.2%)의 응답률이 높았다.

40대가 가족 여행을 중시한다는 것은 어떤 의미일까. 결국에는 비용이 더 증가한다는 것을 의미한다. 40대가 움직이면 여행사에서도 좋아할 수밖에 없고 현지에서도 경제 효과가 발생한다.

그런데 40대는 반드시 가족을 위해서만 여행 경비를 지출하지는 않는다. 그들은 자신의 휴식을 위한 지출도 한다는 점을 생각해야 한다. 그렇기 때문에 그들은 20대가 선호한다는 호캉스에도 관심을 많이 가지고 있다. 더구나 웰니스의 관점에서 편하게 쉬는 여행을 중시한다. 용어를 풀어보면, 웰니스wellness란 웰빙well-being과 건강fitness을 합친 말로 몸과 마음을 모두 건강하고 행복하게 만드는 것이다. 최근에는 관광에까지 적용되고 있다. 온천, 스파, 요가 등을 즐기고 주변 풍광도 즐긴다. 패키지 상품 여행처럼 무리하게 일정을 소화하는 여행은 멀리 두려 한다. 익스피디아의 또 다른 조사에 의하면 가장 선호하는 가족 여행의 유형을 묻는 질문에 30대는 푸른 바다에서 즐기는 휴양지 여행, 40대는 자연 속 힐링 여행을 꼽았다. 상대적으로 조용한 곳을 찾고 그곳에 가족과 함께 가고 싶어 한다. 그렇기 때문에 전반적으로 그들의 여행에 대한 관심과 선택은 다른 어떤 세대들보다 더 많은 부가가치를 창출할 가능성이 높아지는 것이다.

연령별로는 20~30대의 31.8%가 객실 내에 머물기를 선호했고 반면 40대는 8.3% 외에는 야외 활동을 선호했다. 20~30대는 IPTV, 욕조, 스피커 등 객실 내에 갖춰진 시설과 설비를 중시했지만 40대는 호텔이 위치한 마을과 주변 지역의 볼거리와 즐길거리를 모두 고려했다. 이런 점을 생각했을 때 현지에서는 40대들을 적극적으로 유치하는 것이 바람직하고 낫다는 것을 알 수가 있다.

익스피디아는 2019년 12월 한국인의 즉흥 여행 수요와 구매 트렌드를 알아보고자 설문조사를 실시했는데 결과를 보면 40대는 친구나 가족의 제안(56.9%)으로 즉흥 여행을 떠나는 것으로 나타났다.

익스피디아의 2017년 가족 여행지 관련 설문조사를 보면, 연령대별로 20대는 일본, 아이 동반 여행객이 많은 30대와 40대는 괌이었다. 괌인 이유는 그곳이 미국령이고 영어를 쓰기 때문이라고 할 수가 있다. 괌이 매우 먼 거리에 있음에도 불구하고 이국적인 경치와 실용적인 자녀 교육 목적이 고려의 대상이 되는 것으로 볼 수 있다. 그렇다고 해서 그들이 혼자만의 여행을 원하지 않는 것은 아니다.

종합쇼핑몰 G9의 설문조사 결과를 보면 혼자 해외여행을 떠나는 이유에 대해 20~30대의 경우 "혼자만의 시간을 갖고 싶어서"(47%)라는 응답이 가장 많았다. 40대 이상은 "편해서"(42%)라는 응답이 1위를 기록했다. 조사 관계자는 "무한 경쟁과 취업난에 지친 20~30대는 치유와 자아 성찰을 위해, 40~50대는 편의성 때문에 혼자 여행을 떠난다."라고 했다. 40대도 혼자 여행을 가고 싶어 한다. 상대적으로 가족이나 주변 사람들을 생각하는 마음이 크거나 그러한 생활 속에 있기 때문에 한편으로는 그러한 상황 속에서 벗어나기를 원한다는 것을 알 수가 있다.

40대는 여행을 많이 다니고 싶어 하지만 이는 경제적인 여력에 따라 달라지는 것이 현실이기도 하다. 2015년 NH투자증권 100세시대연구소의 보고서에 따르면 3년간 외국여행을 다녀온 횟수를 보면 전체 평균이 중산층, 고소득층이 각각 0.9회, 1.8회였는데 40대는 각 0.7회, 2회였다. 한번 움직이면 많은 액수를 쓸 수 있는데 경제적인 여력이 안 되면 움직일 수 없게 된다. 그렇기 때문에 여력이 되는 40대가 누구보다도 더 많은 액수를 쓸 수 있는 것이다.

마지막으로 여행 경비에 대해서 조사한 결과를 하나 보도록 하자. 익스피디아의 2017년 조사 결과를 다시 한번 보면 가족 경비에 대한 생각이 각 연령대별로 다른 것을 알 수가 있다. 가족 여행 경비를 주로 본인이 부담한다는 응답은 50대(65.6%), 30대(57.6%), 20대(22.8%) 순으로 많았다. 가장 많은 부담은 40대였고 그들의 부담은 73.2%에 달했다. 그렇다면 해외여행을 언제든지 갈 것 같고 그것을 실행하는 이들로 보이는 20대는 어떨까. 20대의 경우 아버지가 부담한다(42.4%)는 사람이 가장 많았다. 결국 여행 소비의 주축은 40대라는 것을 알 수가 있다.

아무리 바빠도,
즐길 건 즐기고 산다

30년 전에도, 지금도 여전히 문화 세대

흔히 90년대 학번들을 문화 세대라고 규정한다. 문화 세대라고 하면 대개 자신이 좋아하는 것을 마음대로 즐긴다고 생각한다. 음악이나 공연, 영화 등을 생각하면 그럴 수 있을 것이다. 또한 그들은 문화예술 생활에 모든 것을 쏟는 것처럼 생각되기도 한다.

다른 세대들도 그렇겠지만 한 세대 전체를 규정하는 것은 현실 왜곡을 낳을 수 있다. 반드시 혹은 전부라는 규정은 자연 현상에서도 예외를 통해서 얼마든지 아니라는 점을 확인할 수 있다. 백조만 있는 게 아니라 흑조도 있다는 '블랙 스완' 현상이 이를 잘 말해주고 있다. 자연 현상도 그러한데, 사람 사는 세상은 더욱 그럴 수밖에 없다. 90년대 학번이 문화적인 측면이 강하게 부각된다고 하지만 이런 특성은 이전 세대에게도 존재한다. 80년대 후반 학번들도 문화에 관심이 많았다. 다만 정치적인 이슈가 그것들을 덮어버렸기 때문에 드러나지 않았을 뿐이었다. 감히 그들은 그것을 드러내 놓고 이야기하지 못했기 때문에 한쪽에서는 억울해할 수도 있다.

386세대들이 정치적 이슈에 민감할 상황이었다고 해도 민중 문화론 등을 통해 문화적 작품에 대한 관심 환기를 했기 때문이다. 다만 그들이 선호하는 작품이나 콘텐츠는 좀 다르다. 사회적, 정치적 가치 의식이 개입되어 있을 때 훌륭한 작품이라고 여긴다. 90년대 학번들은 이것보다는 좀 더 포괄적인 개인의 처지와 감정에 초점을 맞추고 사회 정치적인 가치에 연연해하지는 않지만 의미 있는 평가 요인으로 인식하기는 한다. 90년대 초반 서태지와 아이들, 뉴키즈 온 더 블록 팬덤 현상이 보여주듯이 90년대 학번들은 본격적인 팬 문화 체계화 세대이기도 하다. 정치적 사회적 요인과 관련 없는 문화예술 수용에 유연한 태도를 보여 왔다. 대중문화에 대해서 비판적 담론을 애용하던 이전 세대와 다르게 반응했고, 파인아트 같은 순수 예술에도 마찬가지였다. 계급적 성격이 탈색된 이런 예술 분야에도 격의 없는 태도를 보이기 시작했으며 정부의 문화산업 정책의 중심축을 형성하기 시작했다. 이들은 싱글이든 가족이든 문화 소비에서 핵심적인 역할을 해왔다.

서울디지털재단의 〈세종문화회관 매표 데이터를 이용한 이용객 특성 분석〉 연구에 따르면, 2017~2019년 3년간 세종문화회관에서 표를 가장 많이 구매한 고객은 40대 여성이었다. 구체적으로 보면 2017년 초부터 2019년 11월 15일까지 세종문화회관에서 티켓을 1회 이상 구매한 전체 이용객 가운데 연령대별로는 40대가 29.4%로 가장 많았다. 여성(71.4%)의 비중은 높아서 남성(28.6%)보다 약 2.5배 많은 숫자였다. 남성들은 독자적이기보다는 여성 때문에 작품을 감상했다고 보는 것이 맞고 여성이 좌우했다고 보는 것이 적절할 것이다.

결국 성별과 연령대를 모두 고려하면, 40대 여성 비중이 전체의 22.3%를 차지해 가장 많았다. 그 뒤로 20대 여성(17.5%), 30대 여성(16.4%), 50대 여성(9.2%) 순이었다. 특히 남성 가운데 40대 남성이 두드러졌는데 7.1%로 다른 연령대를 모두 제치고 가장 많았다. 결국 40대가 세종문화회관을 가장 많이 찾은 것으로 나타났다. 이러한 세종문화회관의 이용객 현황은 이 공연장에서만 그렇다고 볼 수는 없을 것이다. 더구나 대표 공연예술기관이기 때문에 상징적이면서 실체적이라고 할 수 있다.

비중도 중요하지만 얼마나 다시 찾았는지 즉 재구매도 그 특성을 파악하는 데 중요한 기준이 된다. 연구 팀은 2회 이상 구매한 경험이 있는 재구매 고객 1만 2,471명의 데이터 분석 결과도 공개했는데 우수 고객 그룹은 40대가 차지하는 비중이 26.5%로 가장 높았다.

40대, 장르를 가리지 않고 문화를 즐기다

그렇다면 이들은 전체 매출에 어떤 효과를 낳는지도 궁금해진다. 우수 고객과 준우수 고객 그룹은 고객 수로는 각각 1.7%와 9.5%에 불과했는데 하지만 인당 매출이 높았다. 매출 비중으로는 각각 6.7%, 19%를 차지했기 때문이다. 이들의 평균 구매 빈도는 각각 21.2회와 9.5회로, 다른 그룹의 2.5~3.0회보다 높은 것을 알 수 있다. 따라서 40대 여성들이 세종문화회관의 매출액을 좌우했다고 보면 된다. 선호한 장르를 보면 클래식을 가장 많이 선택했고 그다음으로 뮤지컬을 많이 관람했다.

젊은 층은 어떨까. 관람 빈도는 낮은 일반 고객 중 비교적 지출 금액이 큰 일반 고객 A 그룹에서는 20대의 비중이 30.3%로 가장 높았다. 이들이 선호한 장르는 좀 달랐는데 주로 뮤지컬을 관람했다. 구매 빈도는 인당 3.1회였다. 클래식보다는 대중적인 뮤지컬에 더 관심을 보이고 있었다. 관람객 수가 적은 클래식에서 40대의 역할을 알 수가 있었다. 당장에 반응이 즉각적이라고 할 수 있는 대중적인 장르에 더 관심을 보이는 20대에 비해서 순수예술 장르까지도 포괄할 수 있는 포용력을 갖고 있고 대중적 장르도 즐긴다.

공연 장르 중에서 가장 매출이 높은 뮤지컬에서도 일찍부터 40대 관객이 높은 비중을 차지했다. 티켓 평균 가격이 10만 원을 넘는 〈오페라의 유령〉〈위키드〉〈맘마미아〉〈아이다〉〈레베카〉〈엘리자벳〉 같은 대극장 흥행 라이선스 뮤지컬에 40대 이상의 관객 비율이 오래전에 이미 20%를 넘어섰다. 뮤지컬은 2004년 배우 조승우가 〈지킬 앤 하이드〉에 출연해 매진 사례를 기록한 이후 자리를 잡았다. 당시 티켓을 산 대부분의 관객이 20~30대 여성이었는데 그들이 90년대 학번들이었다. 이제 그들은 40대 이상 여성으로 여전히 고정 관객을 이루고 있고 이 나이대의 남성 관객 비중도 늘었다. 뮤지컬 관객 변화에 대해 분석한 2013년 3월 29일 자 〈시사IN〉에 실린 "뮤지컬에서도 40대 바람났네" 기사를 살펴보자.

이렇듯 뮤지컬에서 관객층이 변화하는 이유는 무엇일까? 아마도 뮤지컬이 우리나라에 대중화된 1990년대 후반 이후 약 15년의 시간이 흐르면서 당시 20~30대 열혈 관객이 이제는 자신의 시간을 문화로 소비하는 가장 여유로운 세대가 되었기 때문일 것이다. 특히 지금의 40대 초반 세대는 1990년대 서태지 현상을 지켜보며 열광했던 이른바 'X세대'다. 그들은 규제 없이 해외여행을 시작했고 허울뿐이었지만 '문민정부' 시대를 맛보았으며 달러 환율 800원대의 호황 속에서 취업을 했고 남는 시간을 취미로 활용했던 세대다. 문화적으로 기성세대와 구별되는 풍요로운 20대를 보냈고, 비민주적 체제에서 메마른 젊음을 보낸 기성세대가 외환위기를 맞아 이중의 시련을 겪는 모습을 지켜봤고, 또한 김대중, 노무현 정권에서 본격적으로 경제 활동을 하며 자신의 생각을 당당하게 발언할 수 있는 제대로 된 민주주의 체제를 경험한 세대이기도 하다.

전반적으로 문화생활을 할 수밖에 없는 내외적인 요인과 맥락을 짚어내고 있다. 1990년대 서태지를 경험한 X세대로 불리는 건 맞다. 하지만 호황 속에 취직을 한 이들은 386세대였다. 남는 시간을 취미로 활용했고, 정치 투쟁에 참여했다. 모두가 정치 투쟁에 참여하지는 않았고 많은 이들이 시간이 남아서 낭만과 취향을 생각했는데 다양하지 못하고 문화적이지 않았을 뿐이다. 기성세대만이 외환위기를 맞은 것이 아니라 온몸으로 같이 견뎌내야 했다. 취직은 안 되고 비정규직이라는 전대미문의 고용 시스템에 적응해야 했다. 다만 정규직화가 더 많았기 때문에 희망적이었다. 김대중, 노무현 정권 시기에 사회 진출을 했기 때문에 민주주의 경험을 실제로 하고 조직 문화를 점차 바꾸어 갈 수 있다고 체험한 세대였다. 일상생활의 민주화, 문화적 생활을 실현해 나간 세대들이기도 하다. 생각과 말로는 민주주의를 주장하고 실제는 가부장적인 생활 태도를 보이는 세대들과 구별 짓기를 했는데 그 가운데 하나가 문화생활이었다.

주로 90년대 학번들은 대중문화에서 두각을 드러냈다. 그렇기 때문에 그들은 대중문화만 좋아한다고 생각한다. 예컨대 아이돌을 좋아하고 그들의 패션을 좋아하는 것에 한정되고 만다. 지금 복고 열풍을 낳고 있는 가수들이 모두 90년대에 활동을 했던 이들이라고 해서 90년대 학번들의 특징을 잘 나타낸다고 할 수는 없다. 우리나라 가요사의 황금기라고 할 만큼 다양한 노래와 장르, 뮤지션들이 활동했던 시기이고 주체적으로 우리 대중가요의 토대를 구축했기 때문에 그것이 동력이 되어 케이팝을 만들어낸 측면이 있다고 부인할 수 없다.

하지만 실제로는 클래식에 대한 선호도 여전하다는 것을 알 수가 있고 그것은 비단 여성에게만 한정되는 것도 아니다. 발레 공연장에 나타난 중년 남성들이라는 매체의 언급도 있었지만, 최근 문화 활동 참여도가 가장 낮은 것으로 알려진 중년 남성을 전시나 공연에서 자주 볼 수 있다. 2019년 10월 설문조사에서는 국립현대미술관을 자주 방문한다는 남성 응답자 중 40대가 39.2%였다. 20대(24.9%)보다 높았고, 50대도 2위(38.2%)를 차지했다. 50대 초반일수록 더욱 이러한 경향이 강하다.

남성과 여성을 불문하고 그들은 대중문화는 물론이고 파인 아트 즉 순수예술도 충분히 수용가능한 세대라고 할 수 있다. 그들은 그 둘의 융합을 선호하는 세대이고 융합 콘텐츠와 상품 그리고 서비스를 좋아한다. 우리가 흔히 말하는 패러디물이 범람하게 만든 것도 90년대 말 2000년대 초반의 인터넷 문화였다. 그들은 대중문화와 순수예술을 넘나드는 컬처 퓨전세대라고 보는 것이 적절하며 그 토대에서 콘텐츠 경제와 소비가 형성되고 진화한다.

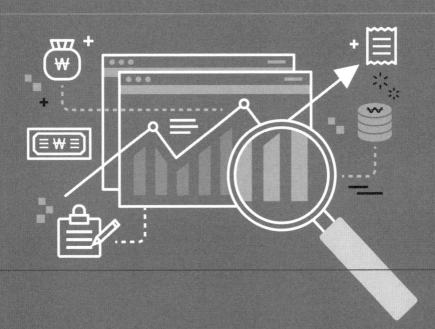

3장

카멜레온처럼 어디든 잘 어울리고
다양한 색상의 소비 취향

70년대생들은 참 신기하다. 때로는 초등학생 자녀들보다 더 자유롭게 노는가 하면, 때로는 자기 이전 세대보다 꼰대같이 굴고는 한다. 어떠한 환경에서도 잘 적응하고 잘 어울리는 그들은 그에 걸맞은, 다채롭고 자유로운 소비 성향을 가지고 있다.

친구 같은 남편, 친구 같은 아빠

부와 기회를 독점하는 '아들'

가부장제 가족주의가 깨지고 있다. 이를 좀 더 풀어보면 아들을 중심으로 한 가족 승계가 깨짐을 의미한다. 남아선호사상이 사라진 것이 바로 외환위기 이후라고 할 수 있다. 남아선호사상이 인권이나 양성 평등 차원에서 바람직하지 않고 특히 낙태를 양산하기 때문에 문제가 있다는 지적이 많았지만 실체적인 효과는 없었다. 그런데 왜 외환위기 이후에 남아선호사상이 깨진 것일까.

한국은 산업화 시기를 거치면서 많은 아이들을 도시로 보냈다. 권위주의 정부 주도의 산업화 추진으로 특정 도시를 중심으로 개발이 이뤄졌고 그 도시에서 기회를 찾기 위해 많은 가정에서 자녀들을 보냈다. 그렇지만 집에 여유가 없었기 때문에 경제적 지원을 한 사람에게 몰아주었다. 보통은 여성이 아니라 남성이었고 장남인 경우가 많았다. 만약 장남이 없는 경우에는 막내가 그 대상자가 되었다. 남자아이를 낳기 위해서 딸딸딸… 이는 그래도 양호한 수준이었다. 여아들을 낙태하는 불법 시술이 너무나도 자행되었기 때문이다.

　남자아이를 중심으로 가문을 이어야 한다는 생각은 유교와는 별개로 가부장제의 특징이라고 할 수 있다. 전통적인 사회 시스템과 세계 여러 나라에서 관찰되는 현상이다. 유교와 관계가 없다면 왜 가부장제가 자리를 잡게 되었는지 생각해 볼 필요가 있다. 약육강식의 사회에 가까울수록 수컷, 남성들이 더 지위를 갖게 된다. 부와 권력을 얻는 방식이 폭력적이었기 때문이다. 승자 중심의 사회구조에서는 승리한 소수에게 권력과 부가 모아졌고 그것을 중심으로 결혼과 자녀 출산도 우위가 정해졌다.

　하지만 여기에는 비밀이 있었고 아무도 말하지 않는 진실이 있다. 가부장제는 남성이 지배한다는 이유로 비난을 받는데 사실 소수의 남성들이 지배한다. 거의 대부분의 남성들은 도태되는 시스템이다. 오로지 승리한 수컷 사자나 공룡이 특정한 지역을 지배하는 것은 초기 인간 사회에서도 마찬가지였다. 사실상 일부일처제는 그 밖의 남성들이 살아남기 위한 제도이다. 남성들이 일정한 자기 역할을 강화하며 여성들을 좀 더 배려하는 것이 이 제도이며 상대적으로 가난한 남성들의 한 여성에 대한 신뢰와 충성을 전제로 한다. 아직도 중동 지역에는 많은 여성들을 거느린 부호들이 존재한다. 그렇게 한 사람이 많은 여성들을 거느리게 되면 분명 결혼을 못 하는 남자들이 존재하게 된다. 이러한 시스템에서는 여성들에 대한 배려가 적고 여성들의 활동을 통제하고 제한한다. 이러한 현상은 한국 전통 사회에서도 마찬가지였다.

전통 사회일수록 소수가 부를 독점했다. 경쟁은 격하고 위험했다. 전쟁도 있었고 범죄도 극심했으며 권모술수가 판을 쳤다. 그렇기 때문에 이런 거친 환경에 좀 더 유리한 남성들을 입신양명을 시키는 일이 당연해 보였다. 여성들은 아예 배제되는 시스템이었고 여성들은 자신의 능력을 시험할 기회조차 없었다. 이런 사회에서는 부와 권력을 쌓기 위해 모험을 해야 했고 위험을 감수해야 했다. 결과는 장담하기 힘든 경우가 많았다. 하지만 보상은 컸다. 이른바 하이 리스크 하이 리턴이었다. 결과에 따라서 가족은 풍비박산이 나고 이 과정에서 아이들과 여성들이 매우 고생할 수 있는 취약한 시스템이었다.

그나마 농업경제가 지배적이던 때는 가난할지라도 위험 부담이 덜했다. 일정하게 예측이 가능했기 때문이다. 산업화 시기가 되면서 정주 공간에서 이동을 해야 했고 기회를 잡기 위해서 교육의 기회를 누군가에게 주어야 했는데 그 대상이 남성들이었다. 만약 도시에서 장사를 해야 했다면 그것도 마찬가지였다. 여성들은 배제되었다. 그럼에도 자본주의에서 요구하는 것은 노동력이었고 상대적으로 저렴한 여성 노동력을 원했기 때문에 여성들의 도시 참여를 자극했다. 하지만 부양의 책임이 없다는 이유로 여성들을 저임금에 몰아넣고 탈출시키지 않았다.

권위적인 남편은 이혼당하는 시대

대한민국 경제사회에서는 민간이나 공공 조직 모두 가부장제의 남성 리더십이 주도했다. 그것이 결정적으로 한계를 보였을 때가 바로 1997년 외환위기 사태였다. 집안의 가용자원을 모두 몰아주었던 가장은 실직을 하고 명퇴를 당했으며 하던 사업이 망해 빚더미에 올라앉고 가족이 뿔뿔이 흩어지게 만들었다. 한 사람에게 특히 남성에게만 집중하여 몰아주는 것이 매우 위험하다는 것을 체화하게 되었다. 그것을 온몸으로 겪고 목도한 것이 청춘기의 70년대생들이었다.

1998년부터 사회에 진출한 75년생들을 분석한 김혜경의 〈부계 가족주의의 실패?: IMF 경제위기 세대의 가족주의와 개인화〉라는 연구는 아들을 중심으로 한 양육이 깨졌다는 것을 밝혀냈다. 실제로 이들은 아들을 중심으로 한 양육에서 탈피하기 시작했다. 이런 점은 남아 출생률의 감소로 드러났다.

가족계획 캠페인이 많은 여아들의 낙태로 이어졌다는 사실은 많이 알려져 있지 않은 듯하다. 이전 세대들은 형제자매가 많았지만 가족계획 운동이 벌어지면서 자녀 수가 제한되었다. 예전처럼 아들이 나올 때까지 무한정 낳을 수가 없었다. 만약 두 자녀를 낳을 계획이라면 첫째가 딸인 경우 둘째는 반드시 아들이 나와야 했다. 그렇지 않으면 낙태하는 일이 빚어졌다. 그래도 아들은 있어야 한다는 생각 때문이었다. 한 자녀를 낳을 경우에도 이는 마찬가지였다. 1990년대까지만 해도 출생아의 성별은 남아가 압도적으로 많았다. 그러다가 외환위기를 겪고 90년대생들이 결혼하고 출산하면서 여아와 남아의 비율은 안정적인 흐름을 보이게 된다. 통계청의 출생 성비 추이에 따르면 출생 성비는 여아 100명당 남아 수를 나타낸 개념인데 출생 성비가 103~107이면 정상 범위에 해당한다. 2003년 이후 출생 성비가 지속적으로 낮아지기 시작했고, 2007년이 되어서야 106.2로 정상 범위에 들어섰다. 단지 여성을 선호하는 수준이 아니라 여성 중심으로 흐르는 추세이다. 통계청의 〈장래인구특별추계 2017~2047년〉 중위 추계 결과를 보면 2029년 한국의 여성 인구수는 2,598만 1,454명이며 남성 인구수는 2,595만 9,144명이다. 1960년 추계 시작 시점 이후 처음으로 여성 인구가 남성 인구를 넘어설 것이라고 전망하고 있다. 이른바 여초 현상의 지속이다.

그렇다면 외환위기와 남아선호사상 감소와는 어떤 상관이 있는 것일까. 공교롭게도 외환위기는 새로운 천 년이 시작된다는 밀레니엄을 앞두고 터졌다. 20세기를 마감하고 새로운 21세기를 열어야 하는 시점에서 벌어진 외환위기로 많은 기존 시스템들에 새로운 표준이 적용되었다. 일방향적이고 권위주의적인 리더십은 종말을 고해야 했다. 가부장적인 권위주의 리더십도 공감받기 힘들었다. 이런 리더의 역할은 가정에서도 마찬가지였다. 아버지의 입지가 깨지면 가정에 위기가 온다는 사실을 통해 아버지의 역할에 모든 것을 집중하는 것이 얼마나 위험한지 깨달았다. 더 이상 아버지의 권위는 자동적으로 부여되는 것이 아니었다. 그들이 어떻게 하느냐에 따라

카멜레온처럼 어디든 잘 어울리고 다양한 색상의 소비 취향

달라졌는데 제대로 아버지 역할을 하지 않을 경우 배우자로부터 저항을 받게 되고 이는 이혼율의 증가로 이어졌다.

아들에게 지나치게 집중하지 않고 성별을 구별하지 않고 낳아서 잘 기르자는 모토가 더 설득력을 얻었다. 자녀 교육을 통해 전통 사회처럼 덕을 본다는 것은 불가능했다. 오히려 고비용 사회가 되면서 양육과 교육에 들어가는 돈이 늘어나서 출산율은 낮아졌고 그것을 감내한다고 해도 하나만 낳자는 생각이 강화됐다. 다만 아들 딸 구별하지 말자는 것이고 심지어 딸을 더 선호하는 현상도 벌어졌다. 남자들 입장에서는 상대적으로 여아들이 버텨낼 부담이 적을 것이라는 생각이 들었다. 적어도 아직은 여성들이 전적으로 가족의 부양을 책임지기보다는 보조자 역할을 더 많이 하기 때문이다. 즉 남자가 제대로 살아가기에 힘든 경제 구조가 되었다는 점을 몸으로 느껴온 것이다.

사실 경제 구조상으로 볼 때 한국 사회는 확장의 성장 구조와 거리가 멀어졌다. 저성장 기조는 새로운 분야를 개척하는 모험 수용의 경제모델이 아니기 때문에 남성형의 진취적인 위기 시험 모델은 위축될 수밖에 없다. 하이 리스크 하이 리턴은 사라지고 오히려 관리와 정리 정돈의 소소한 경제로 넘어간다. 21세기가 문화의 시대이고 여성의 시대라는 점은 이러한 맥락에서 이해할 수 있다. 여성 리더십은 세심하고 정리 정돈을 잘하며 행정이나 관리 체제에 능하기 때문에 남성들보다 더 뛰어난 결과를 만든다. 이제는 소통과 대화, 상호 보완의 시대다. 기업의 리더나 집안의 가장인 아버지에게 필요한 것은 프렌드십이었다. 고객과 기업의 관계도 마찬가지였다. 이러한 점은 사실상 바이럴, SNS 마케팅에서 눈여겨봐야 할 점이었지만 쉽게 간과되고는 했다.

딸의 행복을 원하는 친구 같은 아빠

남성들도 친구 같은 스타일이 부각되었는데 그것을 압축적으로 보여주는 것이 바로 초식남이었다. 대개 초식남과 비교되는 것은 육식남이었다. 초식남을 성욕이 없는 남자로 생각하는 경향이 있는데 그렇지 않다. 이 개념은 2006년 일본 칼럼니스트가 처음 썼는데 핵심은 여자 친구에게 돈을 쓰지 않는 남성들을 가리키는 말이다. 이런 유형의 남성들은 자기 자신에게만 관심이 많고 정작 여자 친구에게는 관심이 덜하다. 심지어 성매매 업소에는 돈을 지불하면서 여자 친구를 위해서는 선물이나 식사비 등의 돈을 지불하지 않는다. 또한 결혼에 관심이 없고 연애만 추구하거나 여자 친구들과 연인 관계가 아닌 친구 관계로 지내는 것을 선호한다. 반면 육식남은 가부장제의 남성이다. 여성들에게 돈을 잘 쓰지만 소유욕이 강하고 여성에게 성관계를 요구한다. 그렇기 때문에 창녀가 된 기분을 느낀다며 반발하는 여성들도 있다. 더구나 이들은 결혼을 통해 여자가 자신의 아이를 낳아주기를 원한다. 연인에 대한 소유 의식이 강해 통제도 심하게 한다. 육식남은 바람은 피우지만 가정은 버리지 않는다. 하지만 초식남은 소유 의식이 없다. 친구 같은 관계를 추구하지만 쉽게 가정을 이탈할 수도 있다.

한국의 경우 일본 같은 초식남이 흔하지는 않다. 일본에서는 잃어버린 20년의 부동산 버블 이후에 남성들이 보복성 이혼을 당하고 나자 이를 지켜본 남아들이 나름 자구책을 마련한 것이 초식남 현상이기 때문이다. 한국에서는 친구 같은 남편, 친구 같은 아버지가 등장했다. 문화 콘텐츠 관점에서는 〈아빠! 어디가?〉〈슈퍼맨이 돌아왔다〉 같은 예능 프로그램이 탄생했다. 이런 프로그램의 주요 출연자와 시청자들은 90년대 학번 세대들이다. 실제로 이들은 아이들과 같이 캠핑을 가고 시간을 많이 보내려고 노력한다. 물론 아이들과 아내들은 여전히 불만이지만 말이다. 한편으로 남성들은 경제적인 부분을 여성들과 함께 분담하기를 요구하기 시작했다. 즉 양육과 가사 노동에 남성들이 적극적으로 참여하는 대신 여성들도 경제 활동에 참여하는 이른바 맞벌이 부부에 대한 요구가 커졌다. 이미 경제 구조가 외벌이로는 힘든 상황이라 남성들이 나름 생존책을 모색한 것이다. 맞벌이 가정이 늘어나면서 출산은 더 어려워졌다. 출산을 할 경우 경제 활동에 영향을 받을 수밖에 없었다. 임신과 출산, 육아는 최대의 도전이자 과제가 되었다. 처가와 시가가 나서서 돕지 않고는 불가능해졌으며, 예전에는 그냥 도움을 받을 수 있었지만 이제는 양육비를 드려야 했다. 황혼 육아는 때로 가정에 불화를 일으켰고 시가나 처가의 도움을 받기 불가능한 경우 아이를 낳고 싶어도 낳지 못하는 상황에 이르게 되었다. 아이를 낳지 않으려는 경향보다 상황이 그렇게 만들었다. 결국 국가의 개입을 통해 개인이나 가족의 경제적 부담을 줄이는 정책에 관한 필요성을 절감하게 했다.

어쨌든 여아를 낳아서 당당하게 잘 키우고자 하는 심리는 강화되었다. 여아들에 대한 경제적 지출 부분에서도 남아들과 차별을 두지 않게 되었다. 관련 상품들도 많이 증가하기 시작했다. 여아들에게 도전 기회를 많이 만들어주는 것이 장래에 반드시 결과로 돌아오지 않더라도 부모들은 가용 자원을 투입했다. 그 목적은 판검사를 만드는 것이 아니라 자신의 밥벌이는 하면서 소소한 행복을 누릴 수 있는 고용 상태를 갖는 것이었다. 그렇기 때문에 당사자만이 아니라 부모 역시 공무원 직종을 선호하게 되었고, 삶의 목표는 소확행에 가까웠다. 그렇게 지원을 받은 여아들은 자라서 경제 활동에 일찍 나서기 시작했다. 물론 그것은 과거 세대처럼 가족들을 전적으로 부양하기 위해서가 아님은 분명한 사실이다. 아직도 남아선호사상이 완전히 사라진 것은 아니다. 문화적 관습에 해당하기 때문에 시간이 걸리는 문제이기는 하다. 세대론의 숙명은 결국 생존에 필요한 경제 활동 때문에 바뀌게 될 것이다.

부모님과는 <국제시장>을 보고, 자녀들과는 <겨울왕국>을 보다

<겨울왕국>이 천만 영화가 될 수 있었던 이유

흔히 영화관 특히 멀티플렉스처럼 트렌디한 복합 영화관을 주로 이용하는 이들은 20~30대라고 생각하는 경향이 강하다. 하지만 어느새 40대 관객들은 영화관에서도 흥행을 위해서는 반드시 고려해야 할 존재가 됐다. 독립영화나 스릴러 작품들보다는 흥행 영화들에 초점을 맞추는 극장과 제작사에서는 정말 그렇다고 볼 수가 있다.

40대에게 인터뷰를 하면 다음과 같은 반응이 충분히 나올 수 있을 것이다. 부모님을 모시고는 "국제시장을 함께 봤습니다."라고 말을 하고 초등학생 딸아이를 데리고는 "겨울왕국을 같이 봤거든요."라고 말을 할 수 있다. 40대들이 어떻게 누구와 함께 극장에 갈지 충분히 짐작이 된다. 40대 관객은 한 손은 자녀 손을 잡고, 또 다른 손은 부모님 손을 잡고 영화관에 갈 수 있는 특성을 가지고 있다. 애니메이션이 천만 관객을 넘은 데는 그러한 이유가 있다. 대표적인 사례가 〈겨울왕국〉이라고 할 수 있다. 예스24의 분석 자료에 따르면 〈겨울왕국〉 예매자의 성별 비율에선 여성이 65.1%인데 전체 여성 예매 관객 중에선 30대가 39%로 가장 높았고, 40대가 21.2%였다. 여성 중에선 30~40세대가 무려 60.2%로 나타났다. 그 뒤를 20대(28.2%)가 차지했다.

또한 〈겨울왕국〉 개봉 후 인형, 아동용 잠옷, 색칠용 책 등 영화 캐릭터 상품 매출액이 개봉 전보다 180% 이상 증가했다. 이는 30~40대 여성이 주도했다. 예스 24에 따르면 영어 원서 《Frozen》의 구매에선 40대 여성이 33.5%로 가장 높고, 30대 여성이 28.5%였다. 40대 남성은 17.3%였다. 〈겨울왕국〉의 주제곡 〈렛 잇 고〉가 삽입된 OST 음반 "프로즌" 디럭스 버전도 30대 여성(24.8%)과 40대 여성(23.8%)의 구매 비율이 가장 높았다. 〈겨울왕국2〉를 관람한 관객 중 40대가 33.9%로 비중이 가장 컸다. 이는 가족을 대표해 40대가 티켓을 구매했기에 이런 결과가 나온 것으로 분석된다. 〈조선일보〉에서 〈겨울왕국〉 흥행 결과를 분석한 대목을 보자.

흥행의 구심점엔 40대 여성과 아이들이 있다. CGV에 따르면 관객의 65.6%가 여성이고, 40대는 38.6%였다. 극장가에서 40대 관객은 보통 가족 구성원을 대표해 표를 사는 사람으로 해석한다. 40대 관객이 많다면 아이를 동반한 가족 관객이 많다는 뜻이다. 실제로 〈겨울왕국2〉 예매자 중 47.9%가 세 장 이상 티켓을 한꺼번에 샀다.

*티켓 두 장을 같이 산 경우는 43.8%였고 한 장만 산 경우는 8.3%였
다. 어린이 관객이 워낙 많다 보니 〈겨울왕국2〉의 인터넷 평점 중엔
"떠드는 아이들을 엘사 마법으로 다 얼려버리고 싶었다."는 불평도
적지 않다. "떠들고 화장실에 들락날락하는 통에 정신이 하나도 없
었다. 제발 노키즈관을 만들어 달라."는 아우성도 나온다.*

노키즈존 논란이 일어났던 것은 가족 동반 관람이 많았던 것을 그대로
보여준다고 할 수 있다. 〈겨울왕국〉에서 적극적인 구매 역할을 했던 30대
의 90년대 학번들이 40대에 들어서서 구매 행위들을 이어갔다. 〈겨울왕국
2〉가 천만 관객을 동원할 수 있었던 것은 가족 관람이 많았기에 가능했음
을 알 수 있다. 한 장만 산 경우가 8.3%에 불과했다는 점에서도 알 수가 있
다. CGV리서치센터가 관객 분석을 한 결과, 40대(38.6%)와 여성(65.6%), 3
인 이상(47.9%) 비중이 가장 컸다. 이 데이터를 보고 "엄마들이 자녀들과
함께 표를 끊어 극장을 찾은 경우가 많은 것"이라는 세간의 해석이 틀리지
않음을 우리는 능히 짐작할 수 있을 것이다. 그런데 생각해야 할 것은 단지
이들이 자녀를 위해서 애니메이션을 무조건 보러 간다고 생각하면 곤란하
다는 것이다. 애니메이션 개봉작은 매우 많기 때문에 그 가운데 선택해야
하는데 결국에 자신들의 문화적 취향이 선택에 영향을 미칠 수밖에 없다
는 점을 생각지 않을 수 없다. 자신들이 대학에 다닐 때 접했던 당당한 삶
을 꿈꾸는 페미니즘적 시각이 투영되었기에 이것이 〈겨울왕국〉의 흥행으

로 이어졌을 것이다. 그것을 단적으로 증명한 것이 주제가인 〈렛 잇 고^{Let it} ^{go}〉였다. 아쉽게도 2편에서는 이러한 소망과 세계관을 반영한 주제곡들이 등장하지 않아서 폭발력이 덜한 점이 있다. 어쨌든 40대들의 영향력이 극장가에서 더 커질 것이라는 전망은 낯선 것이 아님은 분명하다.

해마다 늘어나고 있는 40대 관객, 이는 어느 날 갑자기 일어난 것이 아니라 90년대 학번들이 나이가 들어가면서 적극적으로 영화 소비를 하게 되었고, 예전의 중년 관객들에 대한 인식 구조를 깨고 있는 것이며 그것이 실제 콘텐츠 경제 현상에도 영향을 미치고 있는 것이다.

천만 영화 관객의 돌파에서 40대의 관객 확장성은 매우 중요하다. 한 언론사에서 영화계 주요 인사 33명에게 설문 및 인터뷰를 진행한 결과, 최근 영화계에서 주목할 만한 흐름을 묻는 질문에 23명(71.9%)이 40대 이상의 티켓 파워 상승이라고 답했다. 〈명량〉과 〈국제시장〉의 총 제작비는 각각 약 200억 원인데 관객이 최소 600만 명을 넘어야 손익분기점 달성을 하는데 과거 주요 티켓 파워 주체였던 20, 30대를 넘어서 40대 이상의 호응이 있어야 가능한 것이었다.

영화 〈국제시장〉을 다시 자세하게 살피면 이 영화의 최종 관객 수는 약 1,425만 명이었는데, 20대와 30대의 관람 비중도 높았지만 40대 이상에서 31%의 비율을 보였다. 다른 영화에 비해 높았는데, 특히 4인 이상 관람 비중이 15.1%였다. 그 이유를 파악해 보면 가족과 함께 영화관을 찾은 것을 알 수가 있다. 가족 관객이 볼수록 천만 관객을 달성할 가능성이 높은

데 이 가운데 40대가 가족 관람을 통해 기여하고 있다는 것을 짐작할 수가 있다. 2015년 2월 11일 자 〈동아일보〉의 "제작에서 배급까지 '큰손'이 좌우…"라는 기사를 살펴보자.

> 투자 배급 상영을 한 손에 쥔 대기업 입장에선 '최다 관객의 최대 관람 시기'를 노릴 수밖에 없다. 연말, 추석, 방학 등 성수기에 개봉할 대형 영화의 경우 기획 단계에서부터 40대 이상의 입맛에 맞는 작품을 선정한 뒤 다수의 영화관에서 집중적으로 틀어 확실한 흥행을 보장하는 '텐트 폴지지대 영화'로 삼으려는 것이다.

40대가 만드는 소비 현상의 확장성

'텐트 폴Tent Pole'은 텐트 지지대라는 의미를 지니고 있는데 영화 분야에서 자주 쓴다. 이는 유명 감독과 배우, 대규모 자본이 들어가 흥행이 예상되는 상업 영화를 말하는데 충무로에서 1년간의 개봉 영화 가운데 가장 역량을 집중한 작품을 가리킨다. 자신들의 1년 영화 농사를 좌우하는 매우 중요한 작품을 뜻한다. 이 영화의 흥행에 따라서 한 해의 사업이 성공이냐 실패냐가 좌우된다. 이런 영화가 성공하기 위해서는 이제 40대의 기호와 취향을 생각하지 않을 수가 없다. 그들의 과거 경험 그리고 앞으로 지향점이 무엇인지 이를 반영하는 영화가 필요한 것이다. 물론 그것이 다른 가족 구성원들과 보편적인 공감대를 공유할 수 있는 내용이라면 더욱 좋을 것이다.

그렇다면 독립영화는 어떨까. 1억 2,000만 원의 저예산을 들였지만 독립영화의 흥행 기록으로 전무후무한 기록 480만 관객 동원에 성공한 〈님아, 그 강을 건너지 마오〉의 흥행 역시 중장년층 관객의 힘이 컸다. 실제 노부부의 사랑과 이별을 담은 이 영화는 40대 관객이 19.2%를 차지하기도 했다. 하지만 부모님들을 위해 이 영화를 선택하기도 했다.

그런데 위기 상황 속에서는 더욱 40대의 움직임이 영화계에서 중요해질 수 있다는 것이 코로나 19 상황에서 드러났다. CGV에 따르면 코로나 19가 확산되던 시기인 2020년 2~3월 관객 분석을 한 결과 40대 비중은 전년 26.62%에서 17.14%로 연령별로 가장 크게 감소했다. 다른 연령층 특히 젊은 연령층은 이와 반대였다. 같은 시기 CGV 영화관을 다녀간 20대 관객 비율은 전체의 41.58%로 전년 대비 10.42%나 증가했다. 10대는 전년 2.86%에서 3.10%로 소폭 늘었다. 결과적으로 위기 상황이 되면 40대들의 움직임이 크다. 특히 가족의 건강을 생각해야 하기 때문이다.

상영작들의 장르 특징도 영향을 미친다. 이 기간 매출 50%를 나눈 〈정직한 후보〉 〈클로젯〉 〈작은아씨들〉 등 흥행 상위작들은 20대 관객 비중이 각기 40% 안팎으로 절대 다수를 차지했다. 이러한 흥행 영화들은 대규모 상업 영화라기보다는 장르물 혹은 다양성 영화로 봐야 적절했다. 공포물 〈클로젯〉 외에도 할리우드 저예산 공포영화 〈인비저블맨〉이 4주 연속 1위를 했는데 이는 마니아층, 젊은 연령층이 선호하는 중소 규모 장르물이 극장가에 있었기 때문에 젊은 층들이 극장에 좀 더 나오도록 한 것이다. 이러한 장르물은 전체 시장 규모가 많이 작기 때문에 영화관 수익에 크게 영향을 미치지는 않는다.

그렇다고 해서 극장이 건강 위기 시에 부정적이지만은 않다. 미세먼지가 '나쁨' 이상을 기록할 때가 그 예이다. 실내에서 머물러야 하는 멀티플렉스나 영화관, 복합쇼핑몰, 키즈카페의 매출이 크게 증가했다. 멀티플렉스와 영화관의 경우 미세먼지 등급이 '나쁨'일 때는 보통일 때보다 매출이 29% 증가했다. 나빠질수록 더 증가했는데 '매우 나쁨'일 때는 33% 늘었다. 복합쇼핑몰과 키즈카페도 '나쁨'일 때 매출이 그렇지 않을 때보다 다 15%씩 증가했다. 연령대별로 보면 40대(9.1%)는 30대 미만(6.1%)보다 훨씬 크게 늘었다. 40대들이 미세먼지 등 야외 활동이 어려운 상황이 되었을 때 이용하는 공간이 영화관이기도 한 것을 이러한 데이터를 통해서 알 수가 있다. 물론 영화관만은 아닐 것이다. 미세먼지를 피하기 위해 실내에 머무르는 것을 선택하는 것이고 그 대표적인 곳이 영화관일 수 있다. 가장 저렴하고 대중적인 공간이기 때문이다. 하지만 결국 그들이 원하는 콘텐츠가 없다면 그곳을 애써 고집할 이유가 없을 것이다.

90년대 학번들은 젊은 시절 자유로움을 추구했다. 나아가 주체적인 존재가 되고자 했다. 시간의 흐름에 따라 그러한 점 때문에 또 다른 문화적 소비의 주체가 되었다. 혼자만 잘 사는 것이 아니라 다 같이 잘 살면서도 자신의 존재감을 지켜내는 데 더 초점을 맞추고 있으니 단지 개인만 잘 살고자 머무는 스타일이 아니므로 경제 소비 현상도 그들이 만들면 확장성을 갖게 된다.

카멜레온처럼 어디든 잘 어울리고 다양한 색상의 소비 취향

한계를 모르고 성장하는 커피 공화국

커피 시장의 중심축은 40대다

커피를 먹는 것과 커피전문점을 이용하는 것은 같은 목적일 수도 있지만 전혀 다른 목적이 엉거주춤 일시적으로 동거를 하기도 한다. 커피는 아직 한국에서 핫하고 힙하다. 성장률은 다를지 모르지만 계속 한계를 돌파하며 늘어만 가고 있다. 커피 소비는 늘어가고 커피전문점도 수익률에 관계없이 늘어나고 매출액은 순수익과 별도로 늘어만 간다. 우선 객관적인 지표만 정리해서 보자.

국내 커피전문점 규모는 매출액 기준 2조 5,000억 원인데 국내 전체 커피 시장 5조 4,000억 원의 약 47%를 차지하는 것으로 알려져 있다. 1990년대 말 에스프레소커피와 데이크 아웃 커피 문화가 국내에 알려지면서 커피전문점 시장의 급성장이 시작되었다. 2018년 전국에 창업한 커피전문점은 1만 4,000곳. 하루에 38개꼴로 생겼다. 치킨집(6,200개)의 2배 이상의 속도라고 한다.

2019년 11월 KB경영연구소의 〈커피전문점 현황 및 시장 여건 분석〉에 따르면 한국인은 성인 기준으로 하루 한 잔 커피를 마시고 있는데 이는 세계 평균의 3배다. 1인당 커피 소비량은 2018년 353잔으로 세계 평균 132잔의 3배 수준이었다. 2012년 288잔, 2013년 298잔, 2014년 341잔, 2015년 349잔, 2016년 377잔 등이었다. 커피전문점 매출액 규모는 한국이 미국, 중국에 이어 세계 3위다. 2007년 3억 달러 규모에서 2018년 43억 달러로 10배 넘게 급증한 것을 알 수가 있다.

그럼 누가 많이 이용하고 중추적인 역할을 하고 있는지 살펴보자. 대개 커피전문점이 트렌디하다는 점, 그리고 커피의 종류가 매우 다양해지고 있는 점에서 봤을 때 젊은 층들이 상당한 소비 주체가 될 것이라고 생각할 수 있다. 연령대별로는 30~40대가 선호하는 음료 중 커피를 꼽은 경우가 가장 많았다. 적어도 30대는 커피를 즐겨야 트렌디한 것으로 생각할 수도 있다. 조사 주체에 따라 다른 결과가 나올 가능성이 있지만 대체적으로 40대가 커피 시장에서도 중심축을 이룬다. 2018년 닐슨코리아의 왓츠넥스트그룹이 전국 19~70세 1,000명을 대상으로 조사한 〈커피 소비에 관한 한국인의 인식〉에서 30대, 40대 모두 44.9%가 커피를 가장 선호했다. 연령별로는 40대가 제일 많았고, 20대가 제일 적었는데 구체적으로 40대(10.23잔), 50대(9.82잔), 30대(9.66잔), 20대(6.72잔) 순으로 많았다. 눈에 들어오는 것은 '카공족(카페에서 공부하는 사람들)'이라는 신조어를 만든 20대의 소비량은

6.72잔으로 적다는 것이다. 이는 결국 매장에서 커피를 많이 마시는 것이 아니라 다른 작업용으로 공간을 이용하고 있다는 점을 다시 확인하게 한다. 40대가 커피를 많이 마신다고 했는데 2014년 11월 리서치 전문기업 마크로밀엠브레인이 〈국내 커피 소비 실태〉를 조사한 결과도 이미 그러했다. 전국 20~40대 직장인 남녀 510명을 대상으로 조사했는데 40대 여성 응답자 85명 가운데 1명을 빼고 84명(98.8%)이 모두 커피를 마신다고 했다.

물론 여성들이 커피를 더 많이 마시는 것으로 생각할 수도 있는데 커피를 가장 선호한다는 남성의 비중은 39.5%, 여성은 39.8%로 수치상으로는 거의 차이가 없었다. 일주일간 마시는 커피의 양은 남성이 9.56잔으로 여성 9.04잔보다 많았다. 물론 남성들이 노동의 공간에서 잠을 쫓기 위해 커피를 많이 마실 가능성도 없지 않아 있다.

커피전문점 선택 요인은 무엇일까. 커피의 맛이 65.2%로 가장 많았고 매장의 접근성(51.2%), 커피 가격(48.8%) 등의 순이었다. 그런데 덜 고려하는 요인도 있었는데 매장 분위기(37.0%), 할인 혜택(33.3%), 커피 브랜드(29.3%), 다양한 커피의 종류(24.8%) 등이었다. 2012년 다른 조사에서는 "비싼 커피가 맛이 있는가"를 묻는 질문에 대해 응답자 중 75.9%는 "아니다"라고 답했다.

요즘에는 30~40대를 중심으로 스페셜티커피 등 고급 커피에 대해 관심이 많아지고 있다. 스타벅스 커피의 경우 30대와 40대에서는 연유의 달콤함과 커피의 풍미가 조화를 이룬다는 '돌체 콜드 브루'와 '스타벅스 돌체

라떼'가 가장 인기가 높다. 스타벅스의 콜드 브루는 전문 바리스타가 매장에서 직접 신선하게 추출한다. 새로운 방식의 커피라서인지 2016년 이후 가장 가파른 성장세를 보이고 있다. 대개 아이스커피는 젊은 층들이 선호하는 커피 형태라고 할 수 있다. 바리스타의 견해에 따르면 "20대는 일반적으로는 가격에 민감하지만 달콤한 맛의 새 제품에는 거부감이 적고, 화려한 제품에 민감하다."라고 한다. 이러한 점은 40대와는 다른 청년기의 심리를 반영하고 있다. 이들의 커피 선호는 차츰 40대에게 전해질 가능성이 높다.

40대가 가장 선호하는 커피전문점은?

그런데 커피전문점을 왜 가는지 생각해볼 필요가 있다. 마크로밀엠브레인은 2015년 전국 만 19~59세 남녀 1,000명을 대상으로 조사한 결과, 소비자 10명 중 약 4명(37.3%)은 커피전문점의 커피 맛이 모두 비슷하다고 했다. 다 비슷하다는 것은 커피 맛 때문에 매장을 방문하는 것은 아니라는 말이 된다. 더구나 93.9%는 "커피전문점 커피 가격이 비싼 편"이라고 답했으니 맛이 좋아서 능히 가격을 치를 만하다고 생각하지도 않는 것이다.

이 조사에서 커피 자체를 즐기는 것보다 타인과의 관계를 쌓기 위한 목적(64.7%)이라는 응답 비율이 높았다. 이것은 연령대별로 보면 40대(67.2%), 30대(59.2%), 20대(55.2%) 순으로 누군가와 커피를 함께 마신다는 비율이 높았다. 커피전문점에 누구와 함께 가느냐(복수 응답 가능)는 질문에는 친구(51.6%), 직장 동료(31.6%), 혼자 간다(30.6%) 등의 순이었다. 특히 친구와 같이 가서 커피를 먹는다는 것은 대화 혹은 친교를 위한 장소가 필요하다고 볼 수 있다. 이는 결국 커피 자체를 즐기기 위해서 가는 것이 아니라 누군가와 대화를 하러 가는 것이고 여기에서 높은 비중을 보인 40대는 대부분이 누군가와의 대화를 목적으로 커피전문점에 간다는 것이 드러나고 있는 셈이다. 가까운 거리에 있는 커피전문점을 간다는 것은 그러한 맥락에서 볼 수가 있다. 스타벅스의 경우에는 사람들이 쉽게 이용할 수 있는 이른바 목이 좋은 곳에 많이 개장을 하였다. 심지어는 스타벅스 매장이 서로 마주 보고 있는 지역도 있는 것은 그만큼 많은 사람들이 오가는 접근 가능성의 요지라는 것을 알 수가 있다.

맛 때문에 가지 않고 가격을 생각하면서도 대화를 하는 것이 주된 목적인 이들에게 선호하는 커피전문점 브랜드도 달라질 수밖에 없을 것이다. 리얼미터의 〈코리아 톱10 브랜드〉 중 커피 프랜차이즈 선호도 조사에서 20대의 27.2%, 30대의 30.9%가 스타벅스를 1위로 선택했으며 40대는 한 자릿수를 기록했고 대신 40대에서 16.6%를 받은 이디야가 스타벅스를 누르고 1위를 차지했다.

다만 많은 40대들이 대화를 위해서 커피전문점을 간다는 것은 50대나 60대와는 다른 맥락을 가지고 있다. 50~60대들은 예전의 다방이라는 개념에 머물러 있을 수 있기 때문이다. 사실상 다방이라는 곳은 말을 하기 위해서 가는 곳이니 말이다. 단순히 다방에서 커피전문점으로 이동했다는 것은 적절하지 않을 것이다. 그 대화는 어떻게 보면 격의 없는 수다의 성격이 강하다. 커피 한잔을 시켜놓고 수다를 떠는 모습이 90년대 학번 세대들이다.

한편 마크로밀엠브레인의 2014년 조사에 따르면, 40대 남성들이 같은 연령대의 여성들보다 다른 사람과 자주 커피전문점에 간다는 결과도 있다. 그것은 남성들이 직장 생활 등 사회 활동이 많은 관계로 이러한 커피전문점에서 사람들을 많이 만난다고 볼 수 있다. 그런데 남성들은 거의 커피 맛보다는 사무적인 목적이나 사회적인 관계가 우선이기 때문에 커피 자체를 집에서 소비하거나 커피 때문에 전적으로 커피전문점을 이용하는 것이 여성보다는 덜할 것이다. 만약 여성들이 사회생활을 더 많이 하고 육아와 가사노동에서 해방된다면 커피 전문점 이용은 더 많아질 것이다.

커피업계에 따르면 20대는 개성이 뚜렷해 새로운 제품에 거부감이 없다. 화려하고 독특한 제품의 주된 타깃이다. 30~40대는 성인이 되어 커피를 접한 과도기 세대다. 핸드드립도 즐기고 다양한 커피의 맛을 알지만 무난한 메뉴를 선호한다. 직장 동료들과 점심시간을 이용해 커피를 즐기는 게 일반적이고 구매력이 충분해 비싼 메뉴도 통한다. 커피값이 오르면서 연령대마다 커피를 즐기는 방법 또한 점점 달라지고 있다. 커피업계에 따르면 최근 30~40대는 커피를 집에서 즐기는 경우가 많다고 한다. 에스프레소 머신, 캡슐커피 머신과 함께 원두 판매량도 꾸준히 성장세다. 2017년 10월 3일 〈머니S〉에 실린 "좋아하는 커피, 왜 세대차이 날까" 기사를 살펴보자.

이들을 중심으로 단순소비에서 가치소비로, 허세보다 실속을 차리는 문화로 바뀌는 중이다. 커피 한잔을 마시기 위해 강릉의 카페 거리를 찾는 사람도 있다. 아울러 카페에서 주문하는 방법도 달라졌다. 애플리케이션을 활용해 미리 주문하거나 할인카드는 물론 사이즈 업그레이드, 무료쿠폰도 놓치지 않는다. 반면 높은 연령대 소비자는 단지 대화를 나눌 공간이 필요한 경우가 많아 가격이 주된 결정요인이다. 커피 대신 차나 주스를 시키는 경우도 많다.

여기에서 눈여겨봐야 할 것이 30~40대의 특징이라 할 수 있다. 그들은 무난한 스타일도 좋아하지만 한편으로는 비싼 메뉴도 받아들인다고 되어 있다. 또한 집에서 커피 머신을 구매해서 직접 만들어 먹기도 한다는 점도 주목해야 한다. 더구나 허세나 과시 소비가 아니라 실제적인 효용성을 중요하게 생각한다는 점도 눈여겨봐야 한다.

2017년 10월 한 바리스타는 30대에 대해서는 "경제력을 바탕으로 커피의 맛과 향을 즐기고 핸드드립 등 커피문화를 즐기는 사람이 늘어나는 중이고 집에서 커피를 즐기는 인구 또한 증가한다."라고 봤으며 40대는 "30대보다 소극적 성향이며 업무상 커피를 마시는 경우가 많아 메뉴는 무난한 아메리카노를 선호한다."라고 했다. 90년대 학번은 이러한 두 가지 경우를 모두 포함하고 있는 것으로 생각할 수 있다. 업무적으로 커피를 많이 마시기도 하면서 경제력에 바탕을 두고, 다양한 커피를 즐기는데 이는 새로운 트렌드에 많은 관심을 갖기 때문이다. 온전히 대화만을 위해서 커피 전문점을 찾기보다는 나름대로 커피를 즐기려는 의도도 같이 결합되어 있다고 보는 것이 적절하다. 그렇기 때문에 쌍화차를 시켜놓고 대화를 하던 다방 세대들과는 차이가 있다. 더구나 새로운 디지털 기술을 활용한 서비스가 나오는 상황이 벌어져도 언제든지 유연하게 적응할 수 있는 역량이 40대들에게 존재한다는 점을 커피 문화를 통해서도 짐작할 수가 있다.

혼술 세대 VS 홈술 세대

대한민국 주류 소비 패턴이 확 바뀌고 있다

술의 주 소비층은 30~40대다. 그 연령대는 체력도 되고 사회적 활동도 왕성하게 할 때이다. 이들에게 홈술 혹은 혼술이 '대세'가 되고 있다. 혼술은 젊은 층을 중심으로 증가한다고 알려져 있다. 혼자 술을 마시는 것에 대해서 금기시하는 집단주의 문화 때문에 기성세대들은 혼자 술 마시는 것에 좀 덜 친숙하다는 것이다.

살펴봐야 할 것은 전반적으로 40대 이상은 술을 잘 마시지 않는다는 점이다. 특히 남성들 같은 경우 회식문화가 많이 줄었고 예전처럼 3차, 4차까지 향하는 음주 문화가 많이 사라졌다. 30대가 더 술을 마시는 경향도 있어 보인다. 실제로 2013년에는 주류 매출이 40대가 33%로 가장 높았는데 2017년에는 30대 매출이 40% 가까이 되어 1위에 올랐다. 20대 매출도 많이 늘어 10%에 도달했다. 20~30대 매출을 합하면 전체 매출의 절반인

50%에 이른다. 특히 375ml 이하의 소용량 주류 제품의 매출이 크게 증가했는데 20~30대가 차지하는 비중은 70%에 도달했다. 소용량의 술이 증가한 것과 혼술이 상관관계가 있다는 분석이 대체적이다.

기존의 술 문화는 식당이나 주점에서 집단적으로 먹고 죽자는 분위기였다. 개인의 의사보다는 조직이나 집단의 분위기에 부합하는 것이 중요했다. 주 52시간제는 퇴근 시간을 다르게 만들어 회식 문화를 흔들어왔고 소확행은 작고 확실한 행복이라며 소소한 술자리를 찾게 했다. 주로 혼자 먹는 혼술 또는 끼리끼리 마시는 것만이 아니라 집에서 마시는 홈술 문화가 확산하고 있다.

사실 나이에 관계없이 혼자 사는 사람일수록 혼술을 찾는 경향이 있다. 2017년 만 18~39세인 1,000명을 대상으로 세 차례 실시한 설문조사 결과 "한 달 내 집 밖에서 혼밥, 혼술한 적이 있는지"를 묻는 질문에 혼밥, 혼술 경험자의 경우 청년층과 1인 가구에서 비율이 높았다. 연령별로 보면 20대 61%, 30대 60%, 1인 가구 50%인 반면 40대 37%, 50대 36%, 60대 이상 22%였다. 혼술의 경우 남성보다 여성이 더 많은 것으로 나타나기도 했다. 2016년 11월 식품의약품안전처가 전국 17개 시·도에 거주하는 20~40대 2,000명을 대상으로 설문조사를 한 결과 혼술에서 여성(40.1%)이 남성(36.1%)보다 비율이 높았다.

혼술을 하는 이유에 대해서는 "편하게 마실 수 있어서"(62.6%)가 가장 많았다. 그 외에 스트레스를 풀기 위해서, 함께 마실 사람이 없어서, 비용 절감을 위해서 등의 대답도 있었다. 2016년 10월 한 조사에서 전국 성인 남녀 903명을 대상으로 혼술 이유를 물었는데 혼술을 하는 이유는 과음하지 않고 마시고 싶은 만큼만 마실 수 있어서(39.9%), 혼자서 조용히 술을 즐기고 싶어서(39.8%), 영화 감상 등 좋아하는 취미를 즐기며 마실 수 있어서(33.9%), 남의 눈치를 보지 않고 안주 및 주종을 선택할 수 있어서(27%) 등의 순이었다. 이런 결과들을 보면 지극히 개인적인 만족감을 위해서 혼술을 하는 것으로 나타나고 있다.

그럼 어떤 술을 마실까. 20~30대는 맥주를 선호했고, 40대는 소주 등 맥주보다 도수가 높은 술을 마시는 특징이 있었다. 이러한 점은 일단 잘 마시지 않아도 40대는 도수가 높은 술을 선택하는 것을 알 수가 있다.

가볍게, 간단히, 집에서 한잔을 즐기는 그들

그런데 한편으로 혼자 술을 마시는 것이 마냥 즐거운 일은 아닐 수 있다. 솔로 남녀들이 혼자 하기 가장 어렵다고 생각하는 일에 관해, 소셜 데이팅 업체가 20~40대 2만 8,000명의 솔로 남녀에게 설문조사한 결과 남성은 혼술(29%)을 가장 많이 선택했고 여성은 혼여(혼자 하는 여행)에 이어 혼술(29%)을 택했다.

혼자 술을 마시는 것은 가끔 자신만의 시간과 여유, 기분을 내기 위해서 할 수 있지만 매일 혼자 술을 마시는 상황이라면 그렇게 썩 반가운 일은 아니라고 할 수 있다. 혼술은 사실 복합적인 개념이다. 주점에서 혼자 먹어도 혼술이고 집에서 혼자 음주를 해도 마찬가지다. 집에서 술을 먹는 것은 홈술이라고 하는데 이는 반드시 혼술은 아닐 수 있다.

사실 이 홈술은 40대 이상에게서 두드러지고 있는 현상이다. 집에서 주류를 소비하는 이들 가운데 30대 남성이 61.3%로 가장 많았고 40대 여성이 60.4%였는데, 40대 남성이 60%, 30대 여성이 58.7%였다. 주 소비층인 30~40대가 집에서 술을 마시는 홈술을 하고 있는 셈이다.

또 다른 조사 결과를 보자. 글로벌 통합정보 분석기업 닐슨코리아가 2019년 1월 발간한 〈국내 가구 주류 트렌드 보고서〉를 보면 2018년 가구당 연간 주류 구매량이 1년 전보다 17% 증가했다. 집에서 주류를 소비하는 응답자, 전체 경험률 57%인 사람들을 대상으로 연령별로 분석한 결과, 30대 남성(61.3%)이 가장 많았고 40대 여성(60.4%), 40대 남성(60%), 30대 여성(58.7%) 순이었다. 주로 30~40대가 남녀를 구분하지 않고 홈술을 한다는 것을 알 수 있었다. 응답자의 57%가 집에서 마신다고 했고 31.4%는 가족과 함께 마신다고 했다. 주류 음용 횟수는 월평균 약 5.5회였다. 전반적인 통계를 보면 이러한 홈술 트렌드의 영향 때문인지 2018년 국내 가구 연간 주류 구매액은 한 가구당 8만 4,500원으로 전년 같은 기간과 비교했을 때 15% 증가했다. 가구당 연간 구매량도 21.5리터로 13.9% 늘었다. 가구당 회당 구매액도 7% 상승했다. 가구당 주류 구매량은 전년 대비 17%, 전체 구매 가구 수는 3.4% 늘었고 연간 구매 빈도(+0.3회), 회당 구매량(+6%) 모두 전년과 비교했을 때 성장했다. 회식이나 폭주가 줄면서 집에서 가족과 소소하게 술을 즐기는 문화가 확산되고 있기 때문이라고 할 수가 있다. 나들이를 가서도 가족이나 지인끼리 가볍게 한잔하는 음주 문화가 만들어지면서 소용량 술을 더 찾게 하였다.

혼술, 홈술 등 음주 문화가 바뀌면서 술집도 감소하는 것으로 분석되고 있다. 국세청의 〈생활 밀접 업종 사업자 현황〉에 따르면 2017년 1월 기준으로 전국 일반 주점 사업자는 5만 5,761명으로 1년 전 5만 9,361명보다 6.1% 줄었다. 홈술에 따라 안주도 변하고 있는데 편의점 안주의 대명사라고 불리던 오징어, 땅콩 등 마른안주가 냉장, 냉동식품으로 이동하고 있다. 배달 안주는 간편하지만 1인이 먹기에는 양도 많고, 배달료도 부담이다. 이에 비해 요리형 안주는 소용량이 대부분이고 바로 데우기만 하면 먹을 수 있어 간편하다. 물론 홈술에 맞는 간편 조리식품도 부각되고 있다. 결국 편의점 술안주가 점차 다양화되고 있다. 편의점은 경쟁적으로 요리형 냉장, 냉동 안주 신제품을 내놓게 되는 것이다.

비록 혼술, 홈술을 하지만 대인 관계를 생각하는 경향이 아직은 남아 있다. 혼술 경험자들은 혼술로 대인 관계가 나빠질 것(14.2%)을 우려하기도 한다. 이는 홈술을 하는 사람들도 마찬가지일 것이다. 승진이나 사업을 위해서는 다른 사람들과 어울리고 적극적으로 술자리 회식문화에 참여해야 한다는 인식이 오랫동안 자리 잡아 왔기 때문이다.

과거에는 혼술이 드라마나 영화에서 그려지듯이 고민과 고통이 많은 사람들이나 하는 것으로 보였다. 포장마차에 술 한 병을 시켜 놓고 괴로운 표정을 지으며 혼자 술을 먹는 모습 그리고 혼자 고래고래 소리를 지르며 집으로 향하는 모습도 쉽게 연상을 할 수가 있다. 그런 모습은 이제 찾기도 힘들고 그것을 혼술 문화라고 할 수도 없어 보인다. 지금의 혼술 문화는 신세 한탄이나 분노를 터트리며 혼자 술을 마시는 것이 아니라 혼자만의 시간과 여유를 즐기고 재충전하는 계기로 삼기 때문이다. 혼술을 통해 스트레스나 피로가 풀리면 개인이나 집단의 생산성에도 도움이 될 것이다. 오히려 집단적인 술자리 때문에 스트레스를 받는 경우가 많다면 개인은 물론이고 집단에게도 부정적인 영향을 미칠 것은 너무도 당연하다.

건강에 치명적인 혼술, 건강을 챙기는 법도 필요하다

혼자 술을 마시는 것은 과학적 혹은 의학적인 부분에서도 살펴볼 필요가 있다. 혼밥이 의학적으로 몸에 좋지 않을 수 있는 점과 같은 맥락이다. 혼밥은 혼자 밥을 먹기 때문에 빨리 먹을 가능성이 높다. 가뜩이나 한국인들은 밥을 빨리 먹고 일터로 가는 데 익숙하기 때문에 이를 별로 의식하지 않지만 해외에서는 식사 시간이 긴 경우가 많다. 밥을 천천히 먹으면 몸에 부담을 주지 않는다. 또 누군가와 대화를 하는 것이라면 더욱 식사를 느리게 하면서도 정신적으로 충만함을 가질 수 있을 것이다. 혼술이나 혼밥 문화가 유행하는 것은 억압적인 회식 문화라든지 가부장적 식사 문화 때문에 개인의 자유와 기호가 짓눌리거나 외면을 받았기 때문이다. 그렇기 때문에 비자발적 식사 문화도 문제이지만 강제적 혼밥 문화도 문제를 낳을 수 있다.

술을 혼자 마신다는 것은 편하지만 갈수록 그 농도가 진해질 수밖에 없다. 주변의 시선을 의식하지 않아도 되기 때문에 음주 횟수와 양은 쉽게 늘어날 수 있다. 처음에는 소소하게 술을 마시지만 나중에는 중독의 늪에 빠질 수가 있다. 또한 술을 혼자 마시면 급하게 마시기 때문에 빨리 취하게 되어 몸에도 바람직하지 않은 결과를 낳을 수 있다.

그렇기 때문에 혼술보다는 홈술이 낫다. 왜냐하면 1인 가족이 아니라면 누군가와 같이 술을 마실 수 있기 때문이다. 가족끼리 형제끼리 집에서 술을 마시는 것은 40대에게는 편하고 쉬운 일이며 그들의 가치관에도 맞는 일이다. 혼자 술을 마시는 문화와는 아무래도 거리감이 있는 세대 문화를 가지고 있기 때문이다. 그들은 이미 학창 시절부터 집단적인 술 문화를 반대했고 기피했다. 하지만 혼자 술을 마시는 행보로 직행하지 않았다. 마음에 맞는 사람들끼리 소소하게 음주를 하며 대화를 나누는 것에 매력을 느꼈던 것이 90년대 학번들이다.

혼술을 하는 것이 유행을 앞서가는 것처럼 보이지만 다음 데이터를 보면 정말 바람직하지 않아 보인다. 건강보험심사평가원 의료통계정보 자료를 분석한 결과, 2012~2016년 사이 30대와 40대, 50대에서 모두 알코올 중독 환자가 감소했는데 20대에서는 증가 추세를 보였다. 20대 환자는 2012년 4,415명에서 2016년 5,337명으로 20.9% 늘었다. 또한 알코올 도수가 낮은 술이 나오면서 20대 여성 알코올 중독이 급증했다. 특히 혼자 술을 마시는 여성들의 경우 알코올 중독에 빠질 가능성이 높다. 술은 단기적으로 위안을 주고 심리적으로 편안하게 해주지만 정작 문제해결에 도움이 되지는 않는다. 마약류와 같은 위약 효과만 있을 뿐이다.

혼자 술을 먹는 일이 더 많아진다면 관련 경제 소비 사이즈도 작아질 것이다. 건강을 생각하여 마음이 맞는 사람들끼리 삼삼오오로 음주를 즐기며 삶의 활력소로 삼는 것이 중요할 것이다. 무조건 혼술을 지향하는 것이 아니라 개인과 집단 사이에서 적절한 변증법적 대안을 찾는 것이 중요할 것이다. 우리는 혼자 살 수 없고 느슨한 연대라도 서로 어울려 살아갈 수밖에 없는 운명이기 때문이다. 그것을 거부할수록 자유가 아니라 구속이 더 가중될 수밖에 없는 운명이다.

특별한 '나'를 드러내는 자동차

야타족을 선망하던 세대

90년대 학번들에게 야타족은 친숙하면서도 낯설었다. 그 시절 같은 세대라고 해도 야타족은 다른 어딘가의 종족이었기 때문이다. 하지만 막상 다른 세대는 90년대 학번들을 같이 묶어서 규정한다.

야타족은 1990년대 고급 승용차를 타고 압구정동이나 홍대 입구 거리에서 길거리 헌팅을 하던 젊은이들을 가리키는 말이었다. 지나가는 여성에게 창문을 열고 "야 타!"라고 외치고 일부 여성들은 이 차에 동승하는 일이 있고는 했다. 외제차인 경우에는 더 주목받을 수밖에 없었다. 이들이 가진 차는 정말 자신들의 차였을까? 물론 자신들의 차는 아니었고 부모님의 차였다. 당시만 해도 외제차가 흔하지 않았기 때문에 이런 차들은 부유층을 상징했다. 과시하는 도구로 자동차가 사용된 것이다. 강남 지역이 형성되고 여기에서 태어난 아이들이 청소년기를 지나서 대학생이 되면서 이런 일이 일어났다고 봐야 할 것이다. 원래는 부자가 아닌 신흥 부유층들이 고급 자동차를 구입했고 이를 자녀들이 몰고 다녔던 것이다. 이때만 해도 자동차는 대중적이라기보다는 뭔가 신분과 연관되고는 했다. 야타족이 화제가 되었어도 일반 청년들이 모두 야타족처럼 다니지는 않았다. 다만 자동차에 대해서 낯설게 느껴지지 않고 가깝게 더 느낀 것이 90년대 학번이라고 할 수 있다. 자동차 면허를 따서 자동차를 굴려야겠다는 생각을 너나없이 하기 시작했다. 헌팅에 자동차를 사용하기 시작했다는 것은 다른 말로 하면 신분적 가치와 실용적 가치가 결합된 행태로도 볼 수 있다. 이성과 데이트를 하려면 자동차가 있어야 한다는 생각이 더 일반화되기 시작한 세대라고 볼 수 있을 것이다. 물론 모두 고급 자동차를 바랄 수는 없기 때문에 좀 더 돈을 모으면 나도 가능하겠지 정도의 분위기는 형성되었다.

차량 소유주는 40대가 중심이 되고 있다. 2016년 서울연구원이 조사한 "서울 시민의 한 달 승용차 유지비는?"이라는 주제의 인포그래픽스에 차량 소유주 연령별로는 40대가 약 74만대로 전체의 28.3%로 가장 많은 비중을 차지했고 그다음으로 50대(27.1%), 60대 이상(22.3%), 30대(19.8%), 20대 이하(2.4%) 순이었다. 30대가 적극적으로 차량을 구입할 것이고 40대와 비등할 것 같지만 그렇지 않다는 점을 잘 보여주고 있다. 2017년 한국자동차산업협회에 따르면, 승용차 주 수요층인 30대의 신차 구매 비중이 20% 아래로 내려갔다. 전해 같은 기간 대비 11.1% 감소했다. 전체 신규 등록 대수에서 차지하는 비중은 22.3%, 21.1%, 20.6%, 20.0% 등등 해마다 떨어졌다.

2019년 1월 차량 데이터 조사기관 카이즈유 데이터 연구소의 집계에 따르면 2018년 전체 신차 등록 대수는 전년 대비 1.6% 줄었는데 20대와 30대의 감소폭이 컸다. 30대 신차 등록 대수는 28만 1,715대로 5.7% 줄었다. 20대는 같은 기간 3.4% 줄었다. 40대와 50대는 각각 2.8%, 0.2% 하락에 머물러 상대적으로 덜 감소했다. 20대들은 직장을 잡으면 차를 산다는 생각에서 멀어지고 있다. 40대의 비중은 전체 연령에서는 가장 높은 수준을 유지했다. 이유는 무엇일까. 대체적으로 젊은 층 사이에서 차량 공유, 렌털 등 승용차 이용 방식이 다양화되었기 때문이다. 차를 소유하겠다는 생각이 덜한 것이라 생각할 수 있다. 차량 공유 서비스인 '쏘카'와 '그린카'는 회원이 증가하고 있다.

2018년 SK엔카 직영 온라인 플랫폼 SK엔카닷컴에 따르면 연령대별 차량 할부 구입 신청 비중은 30대가 약 42.9%로 가장 많았고 40대가 28.2%로 2위였다. 이는 30대가 좀 더 여유가 없다는 것을 말하고 있다. 이어 20대는 19.9%, 50대는 7%, 60대 이상은 2%였다. 40대는 차를 많이 소유하기도 하고 비용을 많이 치러내는 세대이다. 한 번에 차를 구입한다는 것은 젊은 층에게는 가능하지도 않고 공감되지도 않는 상황이 되었다.

자동차에 감성과 가치를 부여하다

90년대 학번들이 자동차 시장에서 중심이 되면서 그들의 취향에 따라 디자인 색상이 바뀌어 가고 있다. 2019년 12월 현대차에 따르면 더뉴그랜저 사전예약제를 한 달여 한 결과 40대 고객이 31%로 가장 많았다고 한다. 50대(29%), 30대(21%), 60대(15%)가 뒤를 이었다.

과거 모델의 중후한 면보다는 세련된 이미지를 상대적으로 부각했기 때문에 40대를 중심으로 30대까지 선호하게 되었다. 젊은 중년 '영포티 Young 40' 40대들이 선호하게 되면서 그랜저는 장년층이 주로 찾는다는 이미지를 벗어나게 되었다. 40대가 주력 구매 고객이 되면서 생긴 변화는 차량 색깔에도 미쳤다. 10월까지를 기준으로 미드나잇 블랙을 선택하는 비중이 30.7%였는데 이는 10% 가까이 준 것이었다. 대신 어떤 색깔로 바뀌었을까. 화이트 크림(24.4%), 녹턴 그레이(20.2%), 블랙 포레스트(13.8%), 글로윙 실버(5.1%), 옥스퍼드 블루(3.7%) 등등 색깔 선택이 매우 다양해졌다. 그만큼 40대의 성향이 많이 다르다는 것을 알 수 있다. 50대 이상은 흰색, 검정색, 쥐색 등에 머물러 있는 등 무채색을 선호했기 때문이다.

다른 자료를 하나 더 보자. 현대차에 따르면 2020년 3월 말까지 쏘나타 총 1만 8,698대 중에서 레드(플레임 레드) 컬러를 택한 최대 소비자는 40대(26.85%)였다. 30대(16.73%)와 50대(16.34%)가 비슷했는데 비중이 10% 이상 차이가 났다. 40대는 2019년에도 레드 컬러 최대 구매층(21.21%)이었고 그 비중이 1년간 5.64%나 늘었다. "40대는 빨간 쏘나타를 탄다."라는 말도 나왔다. 2019년 쏘나타는 총 10만 3대가 판매됐다. 쏘나타는 무채색 계열이 대표적인 색상이었는데 90년대 학번들은 열정의 색으로 선택하고 있는 것이다. 이는 기존의 인식에서 좀 다르게 접근하는 그들의 하이브리드

카멜레온처럼 어디든 잘 어울리고 다양한 색상의 소비 취향

한 성향을 잘 나타내는 사례라고 할 수 있다. 익숙한 것에 새롭게 개성을 부여하는 것이 그들의 특징 가운데 하나이니 말이다.

한국 사회는 집단주의 사회이기 때문에 다양한 색깔을 취하지 못하고 무난한 색깔만 취한다는 진단이 있는데 비록 조직 생활에서는 그러한 점을 표출하지 못한다고 해도 90년대 학번들은 그러한 문화적 코드들을 여전히 내재하고 있다는 점을 이 사례를 통해서 알 수 있다. 푸조의 플래그십 세단 508 구매 고객을 대상으로 구매 요소를 조사한 결과, 전체 응답자의 64%는 매력적인 디자인 때문이라고 응답했다. 푸조 508은 30~40대 소비자들의 마음을 사로잡았다. 30대와 40대가 각각 35%로 전체 고객의 70%를 차지했다. 그 외에 50대(18.8%), 60대(9.4%), 20대(1.7%) 순으로 나타났다. 50대와 비교해보면 월등하게 디자인 고려 정도에 차이가 나는 것을 알 수 있다. 그러한 점이 386세대와 다른 점이라고 할 수 있다. 특히 3040세대 고객의 약 80%가 508의 디자인을 가장 중요한 구매 요인이라고 했다. 자동차로 자신을 표현하기 위해 감성적인 가치를 중시하는 것을 알 수 있다.

그들은 혼자만의 취향으로 자동차를 구입하는 것은 아니다. 자동차 시장에서 각광받는 차가 스포츠유틸리티차량SUV인데 특히 대형 SUV에 40대의 관심이 많아졌다. 팰리세이드의 경우는 40대가 약 33%, 50대가 27%를 차지했으며, 30대(25%), 60대(14%), 20대(4%) 순이었다. G4렉스턴 연령별 비율은 40대(33%), 50대(28%), 30대(19%), 60대(18%), 20대(4%), 모하비는 40대(33%), 50대(30%), 30대(20%), 60대(15%), 20대(3%) 순이었다.

대형 SUV의 판매 증가는 주52시간 근무제 도입 등 여가 시간 증가 때문이다. 야외 활동을 생각하여 '40대'와 '남성'의 주목을 받았다. 40대는 가족 중심적이기 때문이다. 캠핑이나 낚시 같은 야외 활동을 선호하는 특성도 반영된 것이다. 40대 가장들의 가족을 생각하는 마음도 선호도에 반영되었다. 짐을 많이 넣을 수 있고 차박 캠핑이 대세라 캠핑 카라반, 카고 트레일러 등으로 연결될 수 있다.

가장은 가족을 먼저 생각하기 때문에 자동차 역시 이동하는 수단으로만 보지 않는다는 점이다. 오렌지족의 교훈은 자동차가 이동 수단이 아니라 사랑을 위한 수단이 될 수 있다는 점이다. 즐거운 시간을 갖는 데 자동차가 매우 유효하다는 걸 그들은 잘 알고 있었다. 이는 가족을 위한 부분에서도 마찬가지다. 자동차는 가족을 위한 공간이고 가족은 나의 연장선상에 있다. 조직보다 가족을 위해 더 시간을 할애하고자 하는 그들에게 차를 선택할 때 가족과의 나들이나 캠핑 등은 중요한 요소가 된다. 가족 간 모임을 하거나 행사를 하는 것을 좋아하는 한국인의 정서에 90년대 학번들은 특히 동조하려는 의식을 가지고 있으며 가족을 배려한다.

자동차는 인포테인먼트 공간이기도 하다. 2010년 방송통신위원회는 전국 3,438가구에 거주하는 13세 이상 남녀 6,409명을 대상으로 면접조사 방식으로 〈방송 매체 이용 형태〉를 조사한 결과, 연령별 라디오 청취 경험에서 40대가 45.1%로 가장 높았다. 30대 42.8%, 50대 37.1%였다. 10대는 9.3%였다. 청취 방법이 중요했는데 58%가 자가용에서 듣는다고 했다. 집에서 듣는 비율(32%)이나 사무실이나 학교 등에서 듣는 비율(10%)보다 훨씬 많았다. 아무래도 출퇴근 시간에 라디오를 많이 듣기 때문에 제작자들은 직장인들을 위한 라디오 프로그램을 구성할 수밖에 없다. 라디오 광고 효과도 출퇴근 시간을 고려해야 한다.

포기할 수 없는 자아실현의 상징

자동차를 대하는 그들의 태도는 수동적이지만은 않다. 자동차를 튜닝하거나 수리하는 면에서도 적극적이다. 경제적 독립과 결혼, 출산이 늦어지며 40대가 자동차용품 시장의 큰손이 되었다. 온라인 쇼핑사이트 옥션은 지난 2013년부터 5년간 연령대별 자동차용품 구매 비중을 분석한 결과 주력 구매층이 30대에서 40대로 바뀐 것을 파악했다. 2013년만 해도 전체 자동차용품의 47%를 샀던 30대의 구매 비중은 27%까지 줄었다. 반면 40대의 비중은 2013년 37%에서 41%로 상승했다. SNS에 많은 정보들이 있어서 리퍼 제품 등을 사서 직접 고치는 일도 많아졌다. 40~50대의 리퍼, 전시 제품 비중은 2013년 9%에서 73%로 크게 증가했고 타이어, 오일, 부품 등의 중고 재생용품 구매도 17%에서 74%로 늘었다. 차량 정비 등에 쓰이는 용품 구매는 37%에서 64%로 증가했다. 이렇게 직접 수리를 하는 것은 단지 경제적인 이유 때문만이 아니라 직접 자신이 함으로써 능동적 성취감을 느낄 수 있기 때문이다. 단순히 의무적으로 하는 것이 아니라 그런 과제들을 해결하면서 존재적 가치와 뿌듯함을 느끼게 된다. 더구나 가족들을 위해서 자신이 기여하고 있다는 점은 가장의 역할을 다했다는 점에서 충족감을 더해줄 수 있다.

자동차는 한편 경제적으로 부담을 준다. 삼성카드와 한국교통연구원의 〈대도시 교통비 지출 현황〉에서 대중교통족은 연간 교통비로 평균 50만 원, 자가용족은 연평균 225만 원을 썼다. 자가용족이 4.5배의 교통비를 쓰는 셈이다. 할부금, 주유비, 세금, 정비 비용 등이 포함됐다. 81.4%는 남성인데 연 242만 3,000원, 자가용족 여성(18.6%)은 149만 9,000원이었다. 이 가운데 40대 남성들이 교통비를 많이 썼는데 개인보다는 가족과 여가 활동 때문이었다.

SM C&C 플랫폼 틸리언 프로Tillion Pro의 설문조사에서 4,044명 중 2,309명(57%)의 20~50대 남녀가 자가용이 불편한 이유로 유지 비용(31%)을 들었고 그다음으로 교통 체증(30%), 주차난(28%), 사고 위험(10%)을 꼽았다. 40~50대는 교통 체증을, 20~30대는 유지 비용을 가장 힘들어했다. 40대는 돈이 들어도 자동차를 유지하는 셈이다.

자동차를 많이 타고 다닌다면 건강이 염려된다. 40대는 많이 걷지 않는 것으로 드러났다. 스마트밴드 개발 업체인 직토의 데이터 분석 결과, 연령대별 하루 평균 걸음 수는 50대가 7,994보로 가장 많았다. 30대가 7,910보, 20대가 7,811보로 40대 7,313보보다 많았다. 전체 평균 걸음 수는 7,458보보다 적었다. 40대의 1일 평균 걸음 수가 가장 적은 이유는 뭘까? 조사 결과를 보면 직장 등 사회생활에서 가장 왕성하게 일을 하는 연령대라 평균 노동 강도와 이에 따른 피로도가 높기 때문이라고 분석했다. 사무실에 앉아서 일을 많이 하다 보니 정작 걸어서 이동하는 일이 적다는 것이다. 아무래도 자동차를 많이 이용하는 연령대이기 때문이 아닐까?

걸음 수가 적어진다는 것은 비만과도 관련이 있을 수밖에 없다. 의학저널 〈란셋 당뇨병 및 내분비학Lancet Diabetes and Endocrinology〉에서 영국 런던위생열대의대London School of Hygiene and Tropical Medicine 연구 팀은 2006~2010년 사이에 수집된 40대 이상 성인 남녀 15만 7,000명에 대한 자료를 분석한 결과 승용차로 직장을 오가는 사람들의 체중 및 지방 비율이 다른 수단 즉 걷기, 자전거, 대중교통을 이용하는 사람보다 많았다. 연구 팀은 30대가 지나면 보통 1년에 0.4~0.9kg 정도의 체중이 증가하는데 이를 출퇴근 시간에라도 관리해야 한다고 했다. 30살이 넘어간다면 이른바 나잇살이라는 것이 찐다. 몸의 대사량이 줄어들기 때문에 체중도 불어나게 된다. 따라서 운동을 해야 하는데 하지 않는 사람들이 많다. 일해야 하기 때문에 실내 공간에 머물 가능성이 높아 절대 운동량이 부족할 수 있다. 더구나 자동차로 이동을 하면서 더욱 몸을 움직이는 일에 소홀하게 된다.

자동차는 선망과 과시의 수단이기도 하지만 사람과 사람 사이의 즐거움과 행복을 주는 대상이기도 하다. 부자들만 사는 것으로 알았던 자동차를 사회생활을 하면서 살 수 있다는 것은 자유이기도 하지만 자아실현이기도 했다. 어느새 그들은 자동차 소비에서 중심축이 되었다.

40대는 자동차 소비와 유지에 많은 기여를 하고 있다. 단지 이동 수단으로써가 아니라 문화적 의미를 자동차에 부여하고 있다. 또한 개인적 차원의 취향을 넘어서서 가족 공동의 취향 공간이기도 하다. 자동차에 상당히 많은 비용을 들이면서 그것이 자신의 사회적 역할과 맞물려 있다고 생각하기 때문에 부담감이 있음에도 불구하고 유지한다. 현실적인 어려움, 경제적이거나 건강상의 문제가 불거져도 자동차를 포기하기는 힘들 것이다. 특히 40대 가장의 위치에 있다면 더욱 그러할 것이다.

베스트셀러를 만드는 마지막 세대

서점가를 휩쓰는 40대들

약속 장소에 갈 때마다 책 한 권을 손에 들고 다녔다. 가는 시간에 책을 읽기도 하고 좀 일찍 도착하여 기다릴 때 책을 읽었다. 시내 대형 서점 앞에서 약속 장소를 잡는 것은 적어도 일상이었다. 서점은 친구와 만나는 장소이자 데이트 장소로 손색이 없었다. 청소년기였던 그 시절에는 적어도 책 읽는 사람에 대해서 경탄을 보내는 정도의 분위기는 있었다. 명작도 읽었지만 가벼운 에세이나 로맨스 소설, 하이틴 시도 손에 들고 다녔다. 생일 때는 시집을 사서 그 안에 글귀를 적어서 선물로 주는 것이 나름의 문화였다. 책에서 뭔가 길을 찾고자 했고 청소년 시기의 경험적 선택들은 아직도 남아 있다. 출판 분야에서 40대들이 여전히 영향력을 크게 행사하고 있는 것만 봐도 알 수 있다. 그들은 청춘기에 욕을 많이 먹기도 했다. 고전을 읽는 것도 아니었고 사회과학 분야 책들을 접하며 더 나은 세상을 위한 실천적 모색을 한 것도 아니라 질타도 당했다. 이도 저도 아닌 책들의 선호, 하지만 거기서 새로운 사회는 시작되고 있었다.

2019년 교보문고의 상반기 데이터를 보면 남녀를 불문하고 40대 (32.9%) 고객이 빠르게 늘었다. 남녀 비율로 보면 40대 남성과 여성이 각 각 11.4%, 21.5%였다. 이는 전 연령대 중 남녀 모두 40대의 비중이 가장 큰 것이다. 2010년만 해도 40대 독자 비중은 22.7%에 불과했다. 그 후 매년 40대의 약진이 두드러졌는데 2017년에 처음으로 30%대를 넘었다. 오랜 기간 출판계의 주요 소비층은 20~30대였다. 물론 학습서를 빼고 고려한 영향력이다.

40대가 출판계의 큰손이 된 것은 4~5년 전부터였다. 2000년대 들어 교보문고에서 가장 책을 많이 구매한 연령대는 20대 중반이었다. 하지만 2016년에는 46세(1970년생)로 연령대가 올랐다. 2017년 44세(1973년생), 2018년 40세(1978년생), 2019년 상반기는 41세(1978년생)가 부상했다. 이는 교보문고의 데이터인데 40대의 등장은 좀 거슬러 올라간다. 2014년 11월까지 예스24에서 책을 가장 많이 산 연령대는 40대로 총 구매자의 39.7%였다. 또 30대가 33.0%였는데, 30~40대가 구매자의 70%를 넘었다. 이 가운데 상당수는 90년대 학번들이었다. 반면에 20대는 14.5%, 10대는 3.0%였다. 2013년과 비교하면 30~40대 비중은 0.9% 늘고 10~20대는 3.6% 줄었다. 특히 40대 여성이 25.2%로 가장 많았다. 30대 여성 비중은 22.1%로 줄었다. 교보문고의 또 다른 자료를 봐도 2010년 22.7%에서

2019년 상반기 32.9%로 10.2%p 늘었다. 전체적으로 확실히 증가하고 있는 추세다.

20대의 감소는 스마트 모바일 문화 탓이라고도 할 수도 있고, 경제력이 없어졌기 때문이라는 분석도 있다. 그들이 책을 덜 보게 된 것은 사실이다. 지하철에서 책을 읽지 않는 것은 그들만이 아니고, 약속 장소에 책을 들고 나타나거나 선물로 책을 구입하지 않는다. 대신 기프트콘을 보내거나 아메리카노와 미니 케이크를 카톡 선물로 보내도 책을 보내지 않는 것은 그들만이 아니라 이제 하나의 사회적 무드가 되었다. 어쨌든 40대는 책을 사고 있다. 40대의 약진에 대해서는 대개 자녀들을 위한 책을 사기 때문에 40대 여성들이 많이 차지한다고 한다. 그렇게까지 책이 아이들에게 도움이 된다고 생각하는 사람들이 앞으로 얼마나 남아 있을까 싶기도 하다. 지금의 20대는 책보다는 앱이나 다른 영상 콘텐츠를 선물할지도 모른다. 아무튼 40대들은 책을 사는데, 자녀를 위한 선택이 가장 활발하다고 볼 수 있다. 하지만 그런 점만이 작용하고 있는 것은 아니다.

자녀들을 향한 헌신이 아닌, 나 자신을 위한 독서

2019년 3월 교보문고 데이터를 보면 철학서를 읽는 연령대별 비중은 40대(24.6%), 30대(23.63%), 50대(21.49%) 순이었다. 2014년(21.5%) 이후로 처음으로 철학서 판매율이 다른 인문서를 제친 것인데 구매 고객 연령대 가운데 40대가 가장 많았던 것이다. 철학책이 팔리지 않는 시대라고 아우성이었는데 40대들을 중심으로 철학책이 판매된 것은 자녀들을 위한 것이 아니다. 상반기 소설 구매자 가운데 여성 비율은 60.7%, 연령별로는 40대 독자가 32.9%로 나타났고, 40대 여성이 21.5%로 가장 큰 비중을 차지했다. 2020년 4월 소설분야 전체로는 40대 독자의 구매가 27.6%로 나타났다.

코로나 19의 확산으로 감염병에 대한 관심이 많아지면서 카뮈의 소설 《페스트》가 많이 판매되었는데 40대의 비중이 컸다. 역시 다른 연령대보다 고전에 대한 관심이 있었다. 40대에서 특히 인기를 얻었으며 전체 구매자의 34.3%를 차지했다. 이어서 30대(26.5%), 20대(18.1%), 50대(14.9%), 60대 이상(4.7%), 10대(1.5%) 순이었는데 30대는 물론이고 50대와는 더 확연한 차이가 있다. 기성세대가 책을 많이 읽는다는 생각과는 다른 통계라고 할 수 있다. 이른바 386세대가 책을 더 많이 읽고, 90년대 학번들은 영상 세대라고 규정했던 것들이 현실과 다를 수 있음을 짐작하게 한다. 이런 소설들을 자녀들에게 주려고 샀다는 것은 명확한 배경 분석은 아닐 것이다.

40대들은 아이와 같이 텔레비전 예능을 볼 수 있는 세대였다. 〈무한 도전〉을 같이 보면서 아이들을 양육했다. 아이와 함께 본 또 다른 프로그램인 〈1박 2일〉은 아직도 예능 프로그램으로 장수를 누리고 있다. 이런 경향만 봐도 단순히 아이를 위해서 책을 사 주는 것에서 벗어났음을 알 수 있다. 즉 아이 교육을 위해 전집류를 일률적으로 사 주던 세대들과 다르다는 말이 된다. 자신이 좋아하기도 하고 공유할 만하기 때문에 구매한다는 점에서 보았을 때 다르다는 것이다. 자신의 세계관과 아이들의 세계관을 같이 만들어가기보다는 공통분모나 공약수를 찾는다고 봐야 한다.

연령별로 선호하는 세계문학에서 좀 차이가 있다는 데이터 분석 결과가 눈길을 끈 적이 있었다. 10~20대와 40대는《데미안》, 30대는《위대한 개츠비》, 50~60대는《그리스인 조르바》를 선호했다. 교보문고 소설 전문 팟캐스트 '낭만서점'이 2008~2017년 10년간 주요 10개 세계문학전집 데이터를 연령대별로 분석한 결과였다.

10~20대에서 최애의 세계문학 소설은 헤르만 헤세의《데미안》이다. 청춘기의 고민과 정서를 반영하고 있는 작품인데 아이돌 그룹 방탄소년단이 앨범 제작 동기와 아이디어가 되었다고 해서 10대와 20대의 사랑을 받았다. 30대에서는 F. 스콧 피츠제럴드의《위대한 개츠비》가 독보적이었다. 20세기 가장 뛰어난 미국소설로 꼽히는 작품으로 1920년대 사치와 향락의 미국을 배경으로 자신의 꿈을 위해 분투하는 개츠비의 낭만과 이상이 담긴 작품이다. 그런데 40대는 어떨까? 10~20대와 같이《데미안》을 많이 선호했다. 데미안은 40대들도 청춘기에 많이 접했던 책이기 때문에 낯설지가 않다. 그렇기 때문에 단순히 아이가 원해서 사 준다고 볼 수는 없을 것이다. 2위《위대한 개츠비》, 3위《그리스인 조르바》도 있었다. 30대와 공통적인 면이 있다는 점에서 문화적으로도 중간 허리에 속한다고 볼 수 있다.

영화 서적도 마찬가지로 해석할 수 있다. 봉준호 감독의 책도 대표적이라고 할 수 있다. 2020년 2월 미국 아카데미상 시상식에서 봉준호 감독의 영화 〈기생충〉이 감독상, 각본상, 작품상, 국제 장편영화상 등 4개 부문에서 수상을 하면서 서점에서는 관련 책의 판매가 급등했다. 예스24에서 봉준호 감독의 《기생충 각본집 & 스토리보드북 세트》가 무려 이전보다 20배나 판매되었다. 연령층을 구체적으로 보면 40대가 39.8%로 가장 많았고, 30대(29.2%), 50대(16.1%), 20대(11.5%), 60대(3.2%) 순이었다. 30대와 40대의 차이가 많이 나는 것을 보면 관심도의 차이가 확연하다는 것을 알 수 있다. 이 역시 40대가 자녀 교육을 위해서 이 책을 샀다고 분석할 수 있을지 모른다. 하지만 봉준호 감독 영화의 주요 팬으로서 함께 호흡해 온 것이 40대라고 할 수도 있다. 봉준호 감독의 세계관과 40대의 가치관은 상당 부분 공유가 가능하기 때문이다. 작품의 경우 이미 아카데미가 인정했듯이 장르적이면서도 대중적이다. 또한 순수예술적 가치나 사회적 메시지를 더 강조하는 영화들과는 다른 작품 세계를 구축해 왔기에 이전 세대들과 달리 90년대 학번들이 선호하게 되었다. 봉준호 감독이 만화를 그렸던 세대이기 때문에 시각적으로도 대중성을 얻을 수 있었다.

90년대 학번들은 만화에 익숙하다. 만화책의 경우에도 30~40대로 구매자가 이동하고 있다는 교보문고의 데이터 분석도 있다. 40대들이 자녀에게 학습 만화책을 많이 사 준다는 것은 많은 곳에서 지적하고 있다. 사실 이전 세대에서는 그것이 학습 만화라고 해도 잘 사 주지 않는 경향이 있었다. 책이라는 것은 텍스트로 이뤄져야 한다고 봤기 때문이다.

역사책에 관해서도 좀 이야기할 필요가 있다. 2019년 7월 교보문고 3

주간 베스트셀러 순위에는 막 출간된 설민석의 책이 급상승했다. 이때 책을 산 사람들을 분석해보니 40대 여성 독자가 35.4%였다. 전체적으로 40대 독자가 51.5%였다. 개인 독서뿐만 아니라 방학을 맞은 자녀를 위해 구입한 것으로 생각된다. 역사책 구매에서 40대가 두각을 나타낸 것은 갑작스런 일은 아니다. 2016년 교보문고에서 한국사 책이 20만 권 판매되었는데 역대 최다였다. 구매자들의 연령대를 보면, 40대가 32.6%의 점유율로 가장 높았다. 30대는 26.1%를 차지했는데 전체적으로 30~40대가 절반이 넘는 점유율이었다. 성별로는 20대와 30대는 여자가 더 높았고, 50대와 60대 이상은 남성이 더 높은 비중을 차지했다. 20대의 구매율을 보면 여성들도 역사에 대해서 관심이 많아서 역사가 단지 남성들만의 전유물이 아니라는 점을 알 수 있다.

아이들에게 책을 사 주는 마지막 세대

40대는 미디어셀러media seller의 영향을 많이 받는 세대이기도 하다. 미디어셀러는 미디어에 노출된 후 흥행해 베스트셀러가 된 도서를 말하는데, 그만큼 40대는 텔레비전 시청을 많이 하는 세대이다. 물론 본방을 사수하지 않을지라도 미디어에 나온 책들을 구매한다. 설민석이 〈무한 도전〉을 비롯해 방송 출연이 많아진 후 그의 책 판매가 많아진 것도 이런 예이다. 방송을 통해 높인 인지도가 책 판매에 영향을 미친 것이다. 역사에 관심이 많은 60대 정도의 연령대라면 애써 설민석의 책들을 구매할 이유가 없다.

설민석은 역사학자도 아니고 학원에서 역사를 가르치는 강사이며 연구보다는 어떻게 대중적으로 전달하느냐에 치우쳐 있기 때문이다. 90년대 학번 세대들은 텔레비전을 포함한 대중미디어에 익숙하고 그에 따라서 취사선택을 하고 있다. 30대 이하에서는 텔레비전에 연연해하는 비중이 많이 낮아지고 있는데 90년대 학번들은 미디어 중간지대의 소비자이기 때문에 골고루 소비한다. 다만 워낙 출판 시장이 전체적으로 위축되었기 때문에 그들의 작은 움직임도 크게 보인다. 출판계가 베스트셀러 중심의 시장 판도에서 여전히 자유롭지 못한 부분이 있기 때문에 40대들의 선택은 작은 출판사나 저자들에게는 크게 힘이 될 수도 있다.

자녀들에게 책을 사 주는 것은 부모의 역할이고 이것이 서점과 출판계에 영향을 미치고 있다. 한편으로는 자신을 위해서 여전히 책을 많이 사는 것이 40대이다. 40대와 20대의 접점도 생각할 수 있다. 새로운 세대들은 온라인보다 오프라인 매장을 선호한다는 데이터도 있다. 교보문고 조사에서 20대 독자들은 인터넷보다는 실제 매장을 찾았다. 20대의 24.8%는 인터넷교보를 이용했지만, 29.9%는 실제 매장을 찾아 책을 봤다. 오프라인 매장 구입 비율이 온라인 구입보다 높은 연령대는 10대와 60대 이상을 제외 20대가 유일했다. 교보문고 조사에 따르면 매장을 직접 찾는 이유는 수험서나 외국어 교재, 참고서 등을 직접 볼 수 있기 때문이다. 더구나 교보문고는 복합공간으로 책뿐만 아니라 다양한 쇼핑, 문화 체험을 즐길 수 있다. 결국 온라인을 강조하지만 오프라인 매장이 갖는 장점은 온라인 시대에 더욱 부각이 될 것이다. 물리적 공간에서 책을 즐기는 문화는 40대와 20대가 공유 가능하다는 점에서 출판의 미래에 시사하는 바가 있다. 어쨌든 40대 90년대 학번들은 아직 책에 길이 있다고 믿기에 자신을 위해서도 책을 구입하고, 아이들에게도 책을 사 주는 마지막 세대이다.

워라밸을 위해
편의점을 찾는 사람들

편의점에서 고급 도시락을 먹는 오팔세대

편의점은 경제 법칙에 어긋나는 존재다. 호모-이코노미쿠스 관점으로

보면 더욱 그러하다. 이 관점은 사람들은 가격이 저렴한 물건을 사려고 한

다는 것이다. 따라서 다른 물건과 비교했을 때 저렴하지 않다면 사지 않을

것이다. 편의점에 있는 물건들은 같은 제품인데도 다른 곳보다 비싸다. 그

런데 왜 사람들은 편의점에서 구입을 하는 것일까. 편의점은 24시간 영업

을 하기 때문에 늦거나 이른 시간에도 이용을 할 수 있다. 특히 젊은 사람

들은 야간에 활동하는 경우가 많기 때문에 일반 마트를 이용할 수가 없다.

또한 대형 마트에서 한꺼번에 물건을 구입해서 쓰기보다는 그때그때 필요

할 때 구입해서 사용하는 행태가 강하다. 더구나 혼자 사는 경우에는 다른

가족 구성원들을 생각할 이유가 없기 때문이다. 처음에는 단지 24시간 언

제든지 이용할 수 있는 편의성의 대가로 가격이 좀 높아도 용인될 수 있었

카멜레온처럼 어디든 잘 어울리고 다양한 색상의 소비 취향

다. 그런데 편의점은 갈수록 편의점만 갖출 수 있는 상품을 구비하기 시작했다. 삼각김밥, 샌드위치, 샐러드, 찐 계란 등은 매일매일 공급되는 신선 식품으로 다른 마트에서는 볼 수가 없었고 언제든 요기를 해야 하는 이들에게 좋은 상품이었다.

그런데 대개 이런 제품들은 기성세대보다는 젊은 세대들이 주로 찾는 것으로 인식되었다. 하지만 근래에는 다른 세대들이 이용한다는 분석이 나오고 있다. 이른바 '오팔세대OPAL, Old People with Active Lives'라고 불리는 소비자들이 편의점을 적극적으로 이용하고 있다고 업계에서는 판단하고 있다. 오팔세대는 활기찬 인생을 살아가는 새로운 노년층을 말하는 것으로 이들이 경제 소비에서도 구매력을 갖추고 활약하고 있다.

편의점에서 근래에 가장 많이 확장한 품목은 도시락이다. 편의점 도시락은 간단하게 줄여 '편도'라고 부른다. 편도는 예전에 편도 티켓이라는 단어에 등장했지만 오늘날 편의점 도시락에 사용된다는 점은 구분이 필요할 만큼 편의점은 도시락 판매의 중요한 거점이 되었다. 편의점에서 도시락을 먹을 수도 있지만 적극적인 도시락 판매장이 되었고 도시락의 종류도 갈수록 늘고 메뉴도 다양화되고 있다.

본래 편의점에서는 라면을 많이 먹었다. 그것도 끓인 라면이 아니라 컵라면. 언제나 편의점에는 뜨거운 물이 있었고 라면 국물까지도 깔끔하게 처리할 수 있었다. 그렇기 때문에 편의점에서 먹는 라면은 편리함과 실용적인 목적까지 충족시켜주었다. 그러나 2016년 편의점 CU에 따르면 도시락 52.1%, 컵라면 47.9%로 도시락이 컵라면 매출을 처음으로 앞지르기 시작했다.

편의점 CU에 따르면 3년간 연령대별 도시락 매출 비중 분석에서 40대 이상의 도시락 구매 비중은 2014년 27.0%, 2015년 31.1%, 2016년 상반기 32.9%를 차지했다. 20대는 192.8%, 30대는 185.9%였고 이는 많이 증가한 것이지만 40대 이상은 이보다 더 높아서 236.6%의 신장률을 보였다. 그동안 편의점을 이용하지 않던 40대까지도 편의점을 이용하고 있는 것이다. GS25에서 2019년 1~10월 전체 도시락 매출 중 40대 이상 소비자가 차지한 비중은 36.8%다. 3년 전인 2016년(26%)에 비해 10%p 이상 증가한 것이다. GS25의 전체 도시락 매출은 전년 동기간 대비 33.4% 증가했는데 이것을 견인한 것이 40대 이상의 도시락 구매였던 것이다. 단지 도시락을 많이 찾았던 것일까. 아니면 어떤 도시락 메뉴가 작용을 했기 때문일까. 특히 젊은 층들이 이용하는 것과는 차이가 있었다. 그들이 구입한 도시락은 5,000~6,000원대 고가이며 고품질의 반찬으로 구성되어 있었다. 예컨대 임금님표 이천 쌀밥과, 갈비찜, 전, 묵 무침, 오징어젓갈 등으로 반찬을 구성하여 브랜드와 건강함을 모두 챙겼다. 단지 기름지고 고기가 많아 젊은 이들이 선호하는 도시락과 다르면서 가격으로 구분을 지었기 때문에 이용이 증가하고 매출액도 늘어가는 것을 볼 수가 있었다. 이런 종류의 도시락은 40대 이상 고객들의 매출구성비가 60% 이상을 차지했다.

원인은 여러 가지가 있다. 일단 편의점은 어디나 있기 때문에 접근이용이하다. 많았던 슈퍼조차 밀어냈다. 이제 많이 확산된 간편함을 추구하는 문화도 원인으로 꼽을 수 있다. 경기침체로 소비 여력이 줄어들었기 때문이라고 할 수도 있다. 편의점이 합리적인 가격대로 가성비 면에서 뛰어나기 때문이라는 지적도 나왔다. 여기에 건강을 생각하는 이들과 차별성을 위해서는 지역 특산품이나 제철 식재료를 사용하는 도시락이 나오고 있다. 다른 요인도 있을 수 있다. 40대 이상 혼자 사는 사람들이 늘어났기 때문이라는 점이다. 또한 가족을 이룬다고 해도 반드시 집에서 온 가족이 밥을 차려 먹는다는 개념이 많이 사라지고 있다.

도시락만 잘 나가는 것은 아니고 특화된 것도 아니다. 여러 제품이 선호되고 있기 때문이다. 2019년 한 통계를 보면 삼각김밥(12.2%), 샌드위치(37.5%) 매출 증가율도 있었다. 1,000원대 편의점 커피도 선호도가 높은데 즉석원두커피 매출 증가율이 2017년 33%, 2018년 42%였다. 3,000원대 편의점 디저트도 커피전문점이나 베이커리 디저트를 대체할 만했다. CU에서는 직수입 모찌롤이 2019년 초 기준 700만 개 이상 판매됐다. 디저트 전체 매출도 2018년에 비해 4배 가까이 커졌다.

결제 수치를 통해서도 편의점을 이용하는 그들의 선택이 드러나고 있다. 그런데 그 결제 수단은 신용카드가 아니라 스마트 결제이다. 이른바 QR결제는 스마트폰으로 언제 어디서나 모두에게 편리한 결제 서비스라고 할 수가 있다. 그런데 이것도 젊은 청춘보다는 40대가 더 많이 사용한다. 2019년 5월 BC카드 빅데이터센터 분석에 따르면 QR결제 서비스를 20대보다는 30, 40대가 더 많이 이용한다. 20대와 40대를 비교해보면, 연령대별 결제 건수는 40대(27.3%), 20대(21.4%), 50대(4.7%)가 뒤를 이었다. 결제 금액도 40대(28.7%), 20대(14.3%)가 뒤를 이었다. QR결제는 결제 건수 기준으로 편의점(85.2%)에서 가장 많았다.

편의점에서 가성비를 누리다

전체적인 기조 면에서 워라밸이 편의점 이용에 영향을 미쳤을 것이라는 분석이 있다. 삶의 균형 즉 삶의 질을 더 우선하는 워라밸에 따라 어떻게 편의점의 이용이 늘어나는 것일까. 그곳은 인스턴트식품에 고칼로리 제품이 많은 곳 아니었나. 이런 음식을 많이 먹기보다는 유기농 제품에 제철 한식이나 집밥을 많이 먹어야 워라밸의 취지에 맞지 않나 싶기 때문이다. 그러한 생각도 이전 세대가 만들어 놓은 프레임인지 모른다.

우선 데이터를 보면, 2018년 7월 주 52시간제 시행 후 이른 저녁 시간대에 편의점을 찾는 30~40대 소비자가 크게 증가했다. 6개월간 오후 5~7시 편의점 GS25를 이용한 30~40대 소비자가 2017년 같은 기간보다 135% 늘었다. 사무공간이 있는 건물의 편의점은 더 늘어서 178%가량 늘었다. 피크타임고객 몰리는 시간도 한 시간이 빨라졌다. 많이 팔린 품목을 보니 도시락, 김밥, 디저트 등 간편 식품류 매출은 21.8%나 증가했다. 이는 간단하게 식사를 하는 빈도가 늘어난 것인데 한편으로는 자기 개발을 위해서 이동하는 와중에 구입할 수도 있다. 유연근무제로 시간이 조율되기 때문에 저녁을

카멜레온처럼 어디든 잘 어울리고 다양한 색상의 소비 취향

간단하게 때우고 일을 하는 경우도 존재할 수 있다. 집단이나 삼삼오오 식사를 하는 풍경이 많이 사라졌기 때문이라고 할 수 있을 것이다.

　주 52시간 근무제 시행 이후 숙취 해소제 매출이 하락할 것이라는 전망이 다수였다. 이유는 회식문화가 없어질 것이라고 생각하기 때문이다. 회식에는 술이 빠질 수 없는데 회식 자리가 없어질수록 술은 적게 먹고 애써 숙취 해소제를 찾을 이유가 덜해질 것이기 때문이다. 하지만 편의점 매출은 상승했다. 왜 그럴까. 혼자 술을 마시는 이들이 늘어났기 때문일까. 핵심은 술 마시는 청춘들의 증가였다. 2017년만 40대 이상 매출이 48%로 가장 큰 비중이었다. 2019년에 들어서는 2030 청년 매출 비중이 61%를 기록하여 40대 이상에서 줄어든 부분을 채웠다. 술을 마시는 청춘들이 늘어났다는 통계를 그들의 사회적 스트레스와 연결 짓는 경향이 있기도 하지만 그들이 건강을 챙기기 때문이라고 해석할 수도 있을 것이다. 워라밸은 이제 누군가만의 전유물은 아니기 때문이다.

　워라밸과 함께 주류는 어떤 변화가 있을까? 한 편의점 통계를 보니 맥주, 소주 매출은 6.3% 증가했다. 그러나 오피스 상권에서는 이 품목 매출 증가율이 1.8%에 그쳤고 오히려 주거 상권에서는 10.4% 늘어났다. 주거 상권에서 상대적으로 컸다는 것은 무엇을 의미할까. 그것은 일이 끝나고 일터 주변에서 음주하는 일이 그만큼 줄어들었다는 것을 의미한다. 차라리 집에 와서 술을 먹는 일이 더 많아진 것을 의미한다. 앞에서는 주로 약한 술을 언급했는데 독한 술로 인식되는 양주 매출은 어떨까. 역시나 전체적으로 2.7% 감소했는데 이 같은 수치는 결국 음주문화가 약해지고 있다는 것을 말하며 상대적으로 편의점이 수혜를 보고 있는 것이다. 비록 제품의 가격이 약간 비싸더라도 말이다.

사실 편의점에서는 한동안 인스턴트식품을 주로 판매했었는데 식재료 부분을 강화했다. 그 이유 가운데 하나는 늘어나는 1인 가구를 겨냥했기 때문이다. 이들은 소량으로 포장된 식재료를 구입해서 주거공간에서 요리를 간단히 해 먹기도 한다. 편의점에서 식재료를 구하는 비율도 달라지고 있다. 2018년 3월 25일 편의점 CU에 따르면 연령별로는 40대(27.4%)가 편의점에서 가장 많이 구매했다. 편의점 주요 고객이라고 하는 20대와 30대는 각각 21.2%, 23.1%를 차지해서 오히려 40대가 편의점에서 주로 구매하는 것으로 나타났다. 간단 포장의 식재료를 사는 것이 그들에게는 경제적이다. 혼자 사는 사람들에게는 말할 것도 없다. 집에서 만들어 먹는 횟수는 많지 않기 때문에 많이 사면 냉장고에서 썩어서 버리게 되고 이는 돈 낭비, 자원 낭비 그리고 시간 낭비다. 필요할 때 조금씩 사서 먹는 것이 오히려 경제적이고 기회비용을 잘 활용하는 것이라는 점을 잘 알고 있다. 단지 저렴하고 비싸고의 문제가 아닌 것이다.

사실 40대는 어느 날 갑자기 등장한 연령대가 아니다. 그들은 편의점 초창기부터 편의점을 이용했던 이들이다. 그들은 이제 편의점이 매우 친숙할 뿐만 아니라 그들의 일상 속에 편의점이 깊숙하게 들어와 있다는 점에서 분리할 수 없다. 그렇기 때문에 늘 이용하면서 부가적으로 소비하는 품목이 달라지고 있는 것이다. 그들은 예전에 핫바와 소시지, 라면에 김치를 먹기 위해 편의점을 찾았다. 더구나 그들은 야행성이었다. 밤에는 마트가 열지 않지만 편의점은 밤에도 관계가 없었다. 그런데 그 청춘들이 나이가 들면서 필요한 것이 많아졌다. 도시락도 단순한 수준이 아니라 미각과 영양을 생각해야 했다. 건강 관리를 위해 보양식이 들어 있는 도시락도 고려할 수 있다. 디저트까지 생각해야 하는 품격의 나이가 되었다. 어쨌든 이제는 20대 청춘기보다는 좀 더 구매력이 증가한 것이 평균적이었다. 더구나 현금이 아니라 스마트 결제를 통해서 얼마든지 저렴하게 구매할 수 있는 노하우도 생겼다. 오히려 편의점은 비싼 공간이 아니라 그들에게는 저렴한 공간이 되었다. 저렴하고 비싸고는 절대적인 것이 아니라 상대적이라는 것을 편의점 법칙으로 삼아도 될 만하다.

이러한 편의점 현상은 비단 편의점에만 한정되는 것이 아니다. 40대들의 소비는 상권을 좌우한다. 2019년 5월 5일 서울연구원의 서울도시연구 〈서울시 골목상권 매출액에 영향을 미치는 요인에 관한 연구〉(김현철 · 이승일)에 따르면 서울 골목상권은 20~40대 매출 비율이 평균 65.56%로 이외 연령대 매출 비율 21%보다 3배 많았다. 20~40대의 매출 비율이 높은 상권일수록 상권 전체 매출도 높았다. 소득이 있는 40대들이 30대나 20대보다 더 소비 액수가 크다는 것은 널리 인지된 사실이다. 그렇기 때문에 그들이 많이 있는 곳일수록 골목상권도 살아나기 때문에 그들을 생각하는 상권의 서비스 전략이 필요하다고 할 수 있다.

4장

키덜트 산업과 영포티,
영원한 젊음을 꿈꾸는 피터팬들

현재 국내 키덜트 산업은 70년대생들이 주도하고 있다. 마치 자신들은 영원히 늙지 않는, 피터팬 같은 존재라도 되는 것처럼 말이다. 그러한 특성은 세대 전체를 대표하는 아이콘을 심심치 않게 탄생시키거나 마케팅 전략의 주요 타깃이 되기도 한다.

새로운 세대와 소통하는 키덜트 세대

텔레비전은 바보상자

90년대 학번들은 키덜트^{Kidult} 세대들이라고 일컬어진다. 어른이 되어 서도 아이들이나 좋아하는 만화 영화를 보고 로봇 프라모델이나 인형 등을 갖고 놀기 때문이다. 하지만 그것은 이미 이분법적인 사고가 개입된 것이 기 때문에 민주적 다양성 측면에서 적절하지 않고 경제 현상에서 별로 도 움이 되지 못한다. 우선 이 개념들을 좀 딱딱하게 다뤄나가야 그 본질을 공 유할 수 있을 듯하다.

우선 X세대라는 말은 스스로 규정한 것이 아니라 타자가 붙인 말이다. 기성세대일 가능성이 높다. 이 말은 1991년 캐나다 작가 더글라스 커플랜 드의 소설《X세대, Generation X》에서 왔는데 미국이 아니라 한국의 청춘 들을 규정했으니 견강부회가 될 수도 있었다. 어쨌든 87년 민주화운동 이 후에 문화운동이 필요했고, 90년대는 문화에 대한 주목이 있었다. 하지만 기존의 운동권들이 생각한 문화가 아니었다. 그것은 자본주의 상품을 중심으로 한 대중문화였다. 그 가운데 별종이라고 일컬어졌던 X세대 담론이 등장하게 된 것이다. 조직과 단체보다는 개인적이고 자신을 더 중요시했으며 정치 이슈보다는 문화에 더 관심이 많았다. 엄밀하게 말하면 그들에게는 대중문화가 더 중요한 관심사였다. 그런데 90년대 청춘들을 부정적인 측면에서 X세대라고 부른 이들의 무의식에는 자본주의 모순을 인식하지 못하는 개념 없는 애들이라는 세계관이 가득했다. 〈한겨레21〉 2014년 4월 18일에 다음의 내용이 실렸다.

《대한민국 40대 리포트》(함영훈 외)는 이들을 베이비부머 세대와 88만 원 세대 등 주변 세대에 긴 한때의 'X세대', 하지만 지금은 잊힌 세대forgotten generation라며 'F세대'라고 지칭한다. "진보적 이데올로기와 함께 폭발적인 대중문화 세례를 동시에 받은, 후기 자본주의 사회와 소비사회의 새로운 욕망을 보여주기 시작한 첫 번째 세대"로 꼽는다.

진보적인 이데올로기는 무엇일까. 전두환 군사독재에 항거한 민주운동 시민세력이 제안한 각종 다양한 사회 담론이 여기에 속할 것이고 때로는 문화 운동 차원의 담론도 있었을 것이다. 대체적으로는 개인보다는 집단이나 공동체, 사회 나아가 국가를 더 우선하는 것들이었다. 후기 자본주의 사회라는 것은 초기 자본주의 사회와 달리 개량화가 되었는데 사실 좀 더 나아진 것 같지만 착취 구조가 은밀해졌다는 개념을 내포하고 있다. 그런 대표적인 논리 가운데 하나가 소비욕망이다. 사람들의 소비욕망을 충족시켜주면서 후기 자본주의 사회는 더 교묘하게 사람들을 착취하는데 오로지 개념 없는 이들이 여기에 속아 넘어가고 있다. 그러니 이를 계몽해야 한다는 관점이라고 할 수가 있다. 그런데 이러한 관점을 과연 일반 시민들이 얼마나 공유하고 있을까. 그것은 독재 시대에 정치 과잉의 산물로 합리화, 정당화되었던 담론의 부산물이었다. 90년대 학번들이 보인 태도들은 시간이 지나면서 일반화되었다. 후기 자본주의의 상품화에 소비욕망 때문에 이용당한다는 식의 담론은 이미 폐기 처분된 지 오래다. 그것은 단지 시장에서 수요자와 공급자의 상호성에 기반을 두고 있고 디지털 시대에 들어서면서 90년대 학번들의 태도가 맞았다고 동의하게 되었다. 오히려 386세대들은 90년대 학번 497세대들을 생활 문화적으로 따라 하는 일들이 많이 있었을 뿐이다. 물론 직접적으로 인정하지는 않겠지만 말이다. 또한 여기에서는 대중문화 세례를 받은 세대라고 말한다. 그렇다면 그 대중문화는 누가 만들었을까. 2015년 1월 8일 〈매일경제〉에 실린 "다시 돌아온 X세대⋯ 우리 40대가 달라졌어요"라는 기사를 살펴보자.

40대는 이른바 긴 세대였다. 경제 성장의 혜택을 누린 베이비부머 세대와 세기말에 태어난 88만 원 세대의 갈등이 1990년대에 사회로 진출한 이들의 설움을 유행가 가사처럼 흩날리게 했다. 찬찬히 살

펴보면 우선 초 · 중 · 고등학생 시절, 그들은 컬러 TV와 프로야구, 88 올림픽을 경험하며 윗세대가 이뤄놓은 달콤한 성장의 과실을 크게 한 입 베어 물었다. 당시만 해도 시위와 분노는 돌아오지 않을 것만 같은 추억이었다. 하지만 그게 전부였다.

컬러 TV와 스포츠, 올림픽 등은 모두 독재 권력이 만들어 놓은 3S정책이라고 386세대 등은 비판했다. 물론 그들만이 아니라 그들보다 약간 앞선 베이비부머 세대들도 그렇게 주장했다. 그렇기 때문에 텔레비전에 대해서 매우 비판적이었다. 바보상자라고 불렀으며 그것을 보지 않는 것을 뭔가 의식 있는 행동이라 생각했다. 그러한 의식의 잔재가 텔레비전은 욕하고 게임이나 스마트폰 중독은 방치하게 했다. 구글이 진보적이기 때문에 유튜브의 문제점을 간과하게 하는 맥락으로 이어졌다. 대중가요나 영화는 당연히 이런 유형에 속했기 때문에 그들은 매우 비판적으로 대했고 그것을 훈계했다. 잊힌 세대forgotten generation는 그때 발생했다. 정치적 발언도 세력화도 없이 그들은 일상을 살았을 뿐이다.

사전심의 폐지와 표현의 자유

90년대 중반에는 문화사적으로 매우 중요한 사건이 벌어지게 된다. 1990년대 초에 사전심의 폐지운동이 전개되고 1996년 헌법재판소가 가요 사전심의 위헌 결정을 내린다. 또한 공연윤리위원회의 사전심의를 규정한 영화법(현행 영화진흥법) 제12조와 13조 1항을 위헌으로 결정했다. 이를 통해서 한국은 다양한 음악과 영화 작품이 시도되고 향유되는 나라가 되었다. 물론 이는 정치적 민주화의 연장선상에서 반독재 투쟁의 산물이지만 세대의 정체성과 세계관을 이해하는 데 매우 중요한 사건이었음에도 주목되지 않는 경향이 있었다. 오늘날 방탄소년단의 케이팝을 포함해 봉준호 감독의 영화가 세계적으로 주목을 받을 수 있었던 것은 이런 대중문화에 대한 관심과 그것을 더 다양하게 만들어줄 수 있는 제도적 기반의 정비가 있었기 때문이다.

가부장제 시대에 그것의 최정점에 있던 독재를 타도하는 방식도 가부장적이었다. 폭력적이었고 일방적이었다. 협상보다는 투쟁, 성장보다는 파괴도 합리화하고 정당화했다. 그것은 또 다른 독재였고 불통이었다. 대의와 명분을 위해서라면 개인의 감정과 정서, 바람은 별로 중요하지 않았다. 이분법적인 사고법이 팽배해 가진 자와 못 가진 자, 독재와 반독재, 나쁜 자와 옳은 자의 태도는 결국 유연한 사고를 가로막고 오히려 역이용당했다. 독재 세력을 타도하고 새로운 세상을 모색하는 데 많은 대안들이 나올 수 있었지만 하나로 획일화되는 것은 바람직하지 않았는데도 말이다. 세상을 이데올로기나 몇 권의 사회과학 서적 그리고 학생회 동아리방에서 배우지 않은 세대가 90년대 학번들이었다. 거리에서 보는 것은 뜨겁기는 하지만 그 뜨거움이 전부가 아닐 수 있다는 세계를 인식하기 시작했다. 아이러니하게도 독재 권력에 가려졌던 문화를 통해서 말이다. 그들이 보기에 세상은 더 넓었고 눈여겨봐야 할 분야는 더 많았다. 그것을 매체와 미디어, 콘텐츠를 통해서 접할 수 있었다. 그들은 그렇기 때문에 문화적으로 예민했고, 그것 속에서 나 자신도 중요하다는 것을 인식했다. 조직의 논리보다 개인의 세계관도 중요할 수 있으며 획일적인 가치관보다 다양성이 존재할 수 있음을 일상에서 찾으려고 했다. 이미 이러한 내용을 다룬 콘텐츠들은 너무나 많이 존재했다. 단지 한국에만 없었을 뿐이었다. 그것이 비로소 90년대 들어 폭발을 했고 민주화의 산물로 표현의 자유가 보장되었다. 표현의 자유라는 것은 광주항쟁을 말하고 4.3항쟁을 제대로 말하는 것만이 아니라는 것을 90년대 학번들은 인식해나가기 시작했다. 특히 1997년 외환위기를 겪으면서 조직이 더 이상 자신들을 지켜주지 못한다는 것을 알았다. 그리고 금융을 모르면 어처구니없게도 모든 생존 기반을 다 잃을 수 있다는 사실을 알게 되었다. 자신을 방어하는 것은 개인 방어가 아니라 가계 경제를 방어하는 것이었다. 90년대 학번들은 가족을 중시한다. 그러나 그들이 꿈꾸는 가족은 가부장제가 아니다. 아이들을 일방적으로 훈육하고 계도하는 것이 아니다. 대신 아이들과 장난감을 공유하고 함께 프라모델을 조립하고자 한다. 또한 애니메이션을 같이 보고 그것과 관련된 파생 콘텐츠를 같이 구매하고 갖고 놀기를 원한다. 여기에서 탄생한 것이 바로 키덜트 종족이라는 단어이다. 2014년 4월 18일 〈한겨레21〉에 실린 기사를 살펴보자.

언론에서는 "과거 장난감이나 갖고 노는 '철없는 20대'로 치부되

던 키덜트^{Kidult}족"이라고 했다. 또한 이렇게 X세대는 "여전히 소년의 취향을 간직한 키덜트 세대로 남아 있다." 기성세대들은 이들을 가리켜 피터팬 신드롬이라는 용어에서 말하는 것처럼 뭔가 성숙하지 못한 이들이라는 진단을 내리기도 했다. 이런 표현도 있다. "놀이 문화에 뛰어든 남성, 소비시장의 키워드로 떠오른 중년 남성, '어른 아이'를 지향하는 남성을 조명했다."

겉으로 보면 장난감, 만화, 애니메이션, 레고, 인형, 피규어 등을 가지고 노는 것으로 보일 것이다. 어른과 아이라고 하는 이분법적인 사고 체계를 갖고 있는 이들은 전혀 이해하지 못할 행태라고 생각할 것이다. '소년의 취향'이라고 언급하는 것 자체가 이미 그렇게 판단하고 있는 것이겠다.

문제는 후기 자본주의와 소비욕망이 아니었다. 그들이 나온 세상은 기성세대가 말하던 세상과 달랐다. 오히려 자본주의가 문제가 아니라 일상적인 비민주성이 더 문제였다. 하지만 모든 것이 자본주의 탓이고 독재세력의 탓이라고 하기에는 설명이 되지 않는 일들이 너무 많았다. 이상적으로 꿈꾸었던 것이 현실에서 붕괴될 때 상처를 받을 수밖에 없다. 그들이 꿈꾸었던 문화적 이상향은 정말 현실에는 없는 것일까. 그것이 90년대 학번들의 고민이었고 처음 온몸의 충격으로 다가온 것이 외환위기이기도 했다.

《트렌드코리아 2014》(김난도 외)에서는 "안정을 갖출 시기지만 여전히 흔들리고^{fragile}, 놀이와 재미^{fun}를 추구하는 영원한 피터팬$^{forever \, peter \, pan}$"

이라고 해석하기도 했다. 안정을 갖춘 사람이 한국 사회에 얼마나 될까. 여전히 모든 세대가 흔들리고 있는 것이 대한민국이다. 놀이와 재미를 추구하는 것은 어느 세대만이 아니라 전 세대가 모두 추구하는 시대적 존재 이유가 되었다. 이솝우화가 그렇듯이 우화는 하나의 전달 양식일 뿐 피터팬도 우리 안의 캐릭터에 불과하니 더 낫다 그르다는 식으로 접근하는 것은 20세기 방식이라고 할 수 있다. 그렇게 규정하지 않아도 기성세대와 달리 새로운 세대들은 키덜트 방식으로 아이들과 소통하고 있다. 그것은 정치적 소통, 권력적 소통이 아니라 문화적 소통이라고 할 수 있다. 어느새 하나의 산업으로 탈바꿈하고 있는 키덜트. 처음에는 누군가 말을 붙였지만 그것은 누구나 함께 공유하는 '童心'이자 '同心'이다. 사람이라면 누구나 갖고 있는 바람직한 가치들이 응집되어 있는 콘텐츠나 캐릭터들이 공유될 뿐이다. 그렇기 때문에 더 이상 애니메이션 〈겨울왕국〉이 어른 영화냐 아이 영화냐 따지고 논쟁할 수 없는 것과 같다. 〈겨울왕국〉을 매개로 새로운 세대와 같이 공유 소통할 수 있는가가 중요할 뿐이다. 그 작품에서 우리 세상이 어떻게 나아졌으면 좋겠는지 아니면 어떤 것이 합일될 수 있는지 마음을 나누면 된다. 그 첫 시작은 바로 90년대 학번 세대들이 했다. 그렇기 때문에 거꾸로 그들은 잊힌 적이 없으며 잊힐 이유도 없다. 그들의 선택은 이데올로기, 정치적 담론의 규정과는 관계없이 마음과 마음이 한 곳을 바라보며 새로운 세상을 꿈꾸는 것이다. 그게 바로 문화예술이고 그곳에서 정치적 운동과 선택도 시작된다.

아저씨 아니고
영포티예요

거울을 보는 40대

2018년 아이유(26)와 이선균(44)이 주연으로 나온다는 드라마 〈나의 아저씨〉가 제작된다는 소식이 알려지면서 크게 화제가 되었다. 사실 거센 반발에 부딪히게 된다. 나이 차이가 거의 스무 살이나 났기 때문이다. 40대 남성과 20대 여성의 사랑이 자칫 왜곡된 현실 인식을 낳는다는 것이 반대하는 사람들의 논리였다. 〈나의 아저씨〉라는 드라마 제목이 문제일 수도 있었다. 어린 여성이 무조건 아저씨를 좋아한다는 가부장 시대의 설정이 나올 듯싶어 놀랐을 수도 있었다. 사실 아저씨라는 말이 그리 썩 좋은 이미지를 갖고 있지 않은 것이 한국 사회이다.

이 드라마만이 아니라 이병헌, 김태리가 주연을 맡은 작품도 비슷한 시기에 논란이 되었다. 김은숙 작가의 〈미스터 선샤인〉이었는데 김태리(28)와 이병헌(48)은 스무 살 차이였다. 역시 나이 차이 때문에 불편한 시선이 있었다.

키덜트 산업과 영포티, 영원한 젊음을 꿈꾸는 피터팬들

〈나의 아저씨〉가 그러했듯이 〈미스터 션샤인〉도 높은 시청률을 기록했고 좋은 평가 속에 끝났다. 사실 이 드라마들이 남녀의 애정관계에만 초점을 맞추었다면 이런 좋은 반응이 나왔을 리 없었다. 사람 사는 모습들 그리고 역사적인 장중한 서사가 개인들의 서사와 감정에 맞물려 들어갔기 때문에 긍정적인 평가를 받을 수 있었다. 물론 이선균이나 이병헌이기 때문에 가능했다. 그들은 40대임에도 불구하고 남성적인 매력을 갖고 있다. 40대 남성들이 그냥 아저씨가 아닌 남성의 매력적인 존재일 수 있다는 가능성은 드라마 〈신사의 품격〉(2012)에서 보여준 바 있다. 그들은 더 이상 아저씨가 아니었다. 품격과 매너도 갖추고 있으면서 외모와 패션도 매력적이었다. 그들이 바로 90년대 학번들이었다.

40대는 교복 자율화 세대이면서 교복 첫 세대였다. 캐주얼 패션과 정장 패션을 모두 소화할 수 있는 역량을 가지고 있다는 뜻이다. 검정 교복세대처럼 획일성에 갇혀 있지도 않으면서 그렇다고 완전히 자유로운 복장만 추구하지도 않는다. 단지 90년대 초반의 학번들에게서만 그러한 자유분방함이 남아 있을 수 있지만 모든 90년대 학번들은 정장과 캐주얼을 동시에 멀티플하게 구사하였다. 그렇기 때문에 예전의 아저씨 패션이나 취향과는 다르다. 많은 90년대 학번들은 나름 자신을 문화적으로 꾸미고 가꾸는 데 관심을 보이기 시작한 첫 세대라고 할 수 있다.

평균 수명이 늘면서 이제 40대는 중년이 아니라 청년이라고 말한다. 그러니 로맨스의 주인공이 될 수 있는 나이가 된다. 또한 예전보다는 40대의 나이에 미혼으로 사는 이들이 많다. 물론 기혼남이라고 해도 애아버지처럼 살기만 바라지도 않는다. 여성 40대들이 그런 것처럼 말이다.

이러한 맥락에서 현재의 40대 남성들을 가리켜 '영포티Young Forty'라 고 한다. 통계청에서 작성한 '지금은 아재 시대, 대세는 영포티!'라는 리포 트 때문에 주목받게 되었다. 그에 '개저씨'나 '아재'로 놀림을 받던 40대 이 상 남성들에게 특히 산뜻한 닉네임이 하나 생긴 셈이다. 그 리포트에서 영 포티들은 1972년 전후에 태어나 내 집 마련에 집착하지 않고, 결혼이나 출 산의 관성을 받아들이지 않으며 가정적이고 합리적인 사람들이다. 좀 넓혀서 영포티는 젊은 감각을 유지하며 트렌드를 좇는 '젊은 중년'을 의미하는데 이 를 가능하게 하는 것은 경제적 안정감이라고 분석하기도 한다. 하지만 경제 적인 소득과는 관계없이 그러한 성향이 다른 세대보다 낫다고 할 것이다.

유행을 소비하는 구매력 있는 영포티

과거에는 마흔 살이라면 헝클어진 머리에 수염이 덥수룩한 남성의 이 미지가 강했다. 육아에 치인 여성도 그것에서 그렇게 멀지 않다. 마흔 살이 중년이 아니라고 생각하는 것은 1980년 이후 세대도 마찬가지다. 1981년 생 응답자의 대다수는 40대가 중년이 아니라고 생각했다. 이유로는 "아직 젊다고 생각해서"(55%)라는 답이 반 이상을 차지했다. "100세 시대, 50살 은 돼야 중년"(22.5%)이라는 답도 있었다. 흔히 마흔을 '인생의 전환점'이 라든가 '제2의 청춘'이라고 하는 것은 평균 수명의 증가와도 맞물린다. 영 포티에 관해서 매체에서는 이런 분석이 많았다.

영포티 세대들은 기성세대의 가치관에 얽매이지 않는다. 트렌드에 민감하며 실용성을 중시한다. 무엇보다 구매력을 바탕으로 자신에 대한 투자를 아끼지 않는다. 외식 메뉴를 선택함에 있어서도 가성비와 가치소비를 중요시한다.

사실 이러한 특성은 영포티가 아니라고 해도 젊은이들 사이에서 흔히 볼 수 있는 것이다. 90년대 학번들은 X세대로 불리던 그때도 기존 가치관에 얽매이지 않으며 트렌드에 반응이 빠르다고 했다. 실용성을 추구하는 것이 좀 다른 점일 수 있을 것이다. 여기에다가 그들은 구매력을 갖춘 것이다. 구매력이 갖춰지지 않았다면 단지 대학생들의 기호나 취향에 불과해 보일 것이다. 구매력이 있는데 가성비를 따진다는 것은 어떻게 보면 모순일 수도 있으나 실용적이라는 키워드와 맞닿아 있다. 또 하나 가치 소비를 한다는 점도 특징적이다.

패션, 뷰티업계에 영포티라는 말이 나오는 이유는 패션이나 뷰티 트렌드에 민감하다고 보는 것이다. 그것은 새로운 현상이나 취향을 수용하는 능력이 높다는 것이고 끊임없이 자기 관리 특히 외모를 젊게 가꾸고자 하는 것을 말하는 것이니 20대가 가지는 유행을 40대도 수용하는 이들이 많다고 할 수 있다. 하지만 그들은 이미 20대부터 인터넷과 SNS에서 패션과 뷰티 정보를 얻어왔다. 이제는 어느 정도 경제력까지 더해졌다. 패션, 뷰티업계는 40대를 주요 소비층으로 생각하지 않을 수 없다. 50대에서는 간간이 외모를 중시하고 투자를 하는 이들이 있었고 이들이 주목의 대상이 되었다면 40대들은 하나의 군집 현상을 일으키고 있다.

그들이 외모를 가꾸는 현상은 근래의 일만은 아니다. 이미 10여 년 전부터 시작됐다. 공식적으로는 2006년경 매체에 '그루밍grooming족'이 등장하면서부터였다. 이때는 주로 20대 말에서 30대 초반의 젊은 층들이 외모에 관심이 많고 투자를 아낌없이 한다는 내용의 보도와 분석기사가 매체에 실리기 시작했다. 사실상 90년대 학번들 사이에서 이러한 현상이 일어났다고 보면 된다. 그루밍족은 '몸치장을 하다'라는 뜻의 영어 단어 'groom'에서 나온 말로 원래는 말의 갈기를 빗겨주는 마부의 행위를 가리켰다. 외모 관리에 집중하고 투자를 적극적으로 하는 남성들을 가리키는 말이며, 요즘 오르내리는 그루밍 성폭력과는 다른 맥락의 개념이라고 할 수 있다.

그들은 미용실에 들르고 피부 관리를 받으며 비비크림이나 선크림을 바르기도 했다. 나아가 간단한 성형 시술에 나서기도 했다. 이때 이미 남성용 화장품이 5,300억 원의 시장을 형성한 것을 볼 수 있다. 인터넷 쇼핑몰 옥션에서 남성의 화장품 구매액은 2007년에 비해 2008년에 64%나 증가했고, 여성 화장품 구매액 증가율(47%)이나 전체 화장품 판매액 증가율(52%)보다 높았다. 또한 화장품만이 아니었다. 2008년 3월 G마켓이 네티즌 2,800여 명을 대상으로 한 설문조사에서도 남성 응답자 중 24%가 눈썹 정리기를 사용해 보았다고 답했다. 1월에는 옥션에서 2,344명의 남성에게 설문조사를 한 결과, 비비크림이나 파우더 등 메이크업 제품을 산 남성은 472명(20%), 남성용 마스카라를 구매한 사람도 105명이었다.

그러한 그루밍족이 이제 나이 40을 넘어서 본격적으로 자신의 외모 관리에 나서게 되었다. 단지 나이 40대에 이르러 자신이 젊음을 잃어버리게 될까 부랴부랴 외모에 투자를 한다거나 단지 젊게 사는 것이 유행이기 때문에 이에 편승하는 소비행태를 보이는 것이 아니다. 더구나 20대부터 생각은 있었지만 경제력이 없어서 뒤늦게 40대에 들어서서 뷰티나 패션 관련 상품 구매에 나서는 것은 아니라는 점이다. 오랫동안 점차 성장해 왔다는 것을 알 수가 있다. 그렇다면 이는 단지 기초적인 미용과 뷰티 상품을 소비하는 데 그치지 않고 좀 더 수준이 있는 상품과 서비스를 찾을 가능성이 높다는 것을 의미한다.

요즘 영포티가 유행하고 있고 그들이 외모 관리에 투자를 하고 있다는 것은 어느 날 갑자기 나온 현상이 아니기 때문에 반대로 말하면 섣불리 대하게 되면 상품 개발과 유통사들이 큰코다칠 수 있다는 것을 의미하는지도 모른다. 또한 그들의 가능성은 단지 외모에만 있지 않을 것이다. 즉 영포티는 한순간 외모 관리에만 집중하는 이들이 아니다. 〈신사의 품격〉에서 그러했듯이 〈미스터 선샤인〉과 〈나의 아저씨〉에 등장했던 남성 캐릭터들은 외모로만 여성들의 호감을 이끌어내지는 않았다. 분이나 바른다고 여성들이 좋아할 리도 없다. 결국에는 가치적인 측면에 외모가 같이 추구될 때 매력이 있다는 것을 그들은 잘 알고 있다. 기성세대처럼 미백을 한다고 해서 젊어졌다고 서로 추켜세우며 기분 좋아하게 만드는 수준에서 마케팅이 이뤄진다면 하나 마나 한, 아니 오히려 역효과가 나타날 수가 있다.

나를 위해 돈을 쓰는 '포미족'

진짜 포미족은 20대? 40대?

대개 젊은 층일수록 자신이 사고 싶은 물건을 과감하게 산다. 왜냐하면 자신이 제일 중요하고 자신을 사랑하기 때문이다. '포미FORME족'은 스스로 가치를 두는 제품에 과감히 투자하는 소비 행태를 보이는 사람들을 묶어서 설명하는 신조어다.

포미족은 2009년 등장한 밀레니얼 세대의 소비 성향이라고 대개 말을 한다. 이 말은 축약어인데 건강For health, 싱글One, 여가Recreation, 편의More convenient, 고가Expensive의 영문 앞 글자를 조합해서 만들었다. 대체적으로 혼자 살고 건강을 우선하며 여가를 즐기는 것은 물론이며 편한 것을 추구하는데, 가격에 상관없이 이런 생활에 필요한 물품을 구입하는 사람들을 가리켜서 포미족이라고 말한다. 이 포미족에 대해 〈한경비즈니스〉 2019년 7월 2일 자 "해시태그 경제 용어"에서는 다음과 같이 해석하기도 한다.

자기만족적인 성향이 강한 포미족은 좋아하는 일이나 물건을 구매하는 것이라면 굳이 돈에 구애받지 않는 특징을 갖고 있다. 건강을 위해 월 이용료가 수십만 원이 넘는 고급 피트니스클럽에 가입하기도 하고 개인 트레이닝까지 받는다. 좋아하는 옷이나 가방을 구입하는 데도 많은 금액을 기꺼이 지불한다. 또한 스트레스를 풀기 위해 해외여행을 다니며 여가를 즐기는 것은 물론 자신의 삶에 편의성을 더해주는 제품이 출시되면 제아무리 고가라도 주저 없이 구매한다.

기업들 역시 최근 이처럼 '통이 큰' 포미족의 소비 패턴을 겨냥해 다양한 제품들을 출시하는 모습이다. 예컨대 유통업계에서는 고가의 재료를 사용한 고급 디저트나 커피 제품을 내놓고 있다. 가전업계에서도 제품의 가치를 향상시키는 노력과 함께 '이 제품을 사는 것은 과소비가 아닌 가치에 투자하는 것'이라는 방향으로 다양한 마케팅 전략을 구사하며 포미족을 사로잡기 위한 노력을 기울이는 모습이다.

이처럼 포미족은 자기 자신이 우선이기 때문에 돈을 생각하지 않고 물품이나 서비스를 이용하고, 기업 측에서는 이러한 포미족에 관심이 많을 수밖에 없다. 더구나 이는 가치 소비 차원이지 단순히 돈을 무조건 사용하는 것은 아니라는 점도 부각하고 있다. 자기 자신을 위해서라면 과감하게 소비를 하는 것은 바람직한 가치라고 생각해야 하는 것이다. 물론 그렇게 생각할 수는 있을 것이다. 누구보다도 더 소중한 것은 자기 자신이라고 생각하는 것은 나이를 불문하고 현대인들의 특징이라고 할 수 있기 때문이다. 그런데 과연 마음은 그렇게 하고 싶어도 실제로 그렇게 할 수 있는가 하는 점을 생각해봐야 한다. 무엇보다 포미족이라고 하면 젊은 세대를 떠올리는데 정작 젊은 세대들이 실제 과감하게 소비를 하고 있는가 하는 점을 생각해보지 않을 수 없다.

〈허프포스트〉는 전국 20대 직장인 남녀 250명, 40대 직장인 남녀 250명 총 500명을 대상으로 설문조사를 진행했는데 "꼭 사고 싶은 고가의 물건(자동차, 가전, 옷 등)이 있을 경우 어떻게 하느냐"는 질문에 신용카드나 대출을 이용해 구매한다는 응답이 20대는 24%였는데 반면 40대는 38.8%였다. 반대로 구매할 수 있는 돈을 모을 때까지 기다린다거나 포기한다고 응답한 사람은 20대가 76%, 40대가 61.2%였다. 40대들은 자신이 사고 싶은 물건을 사기 위해서 돈을 모으지 않는다. 달리 말하면 먼저 사버리는 성향이 좀 더 높다는 것을 알 수가 있다. 20대보다는 40대가 고가 물건 소비에 대해서 즉시 반응을 보인다는 것으로 해석할 수도 있다. 물론 20대는 돈이 없기 때문이 아닐까. 직장인이 아닌 경우도 많고 대개 취준생일 수도 있다.

20대에 소득이 없는 대학생이 많아서 그런 결과가 나온 것은 아닐까? 20대라 해도 직장인만을 좁혀 물었을 때 20대의 27.9%가 신용카드나 대출을 이용했다. 40대 직장인은 37.6%가 신용카드나 대출을 이용했다. 신용카드를 좀 더 많이 사용하는 것을 알 수가 있다. 20대의 50.4%는 어떠한 경우에도 신용 대출을 이용하지 않는다고 했다. 34%는 생활비 등 급한 일이 있을 때만 이용했다. 여행이나 물건 구입 등의 소비 생활에 대출을 사용하겠다는 응답은 16.8%에 불과했다.

40대는 긴급할 때라도 신용 대출을 이용하지 않는다는 응답은 32.8%로 20대보다 낮았다. 반대로 생활비 등으로 이용하는 경우는 52.4%로 20대보다 높았다. 신용 대출에 대해서 40대가 좀 더 관대하다는 것을 알 수가 있다. 이는 직장 생활을 하는 이들을 포함하면 더 확연해진다고 할 수 있다.

직장인의 경우 신용 대출을 이용하지 않는다는 의견이 20대에서 52.1%였던 반면 40대는 36.4%였다. 여행이나 물건을 사는 데 돈이 많이 들어가는 소비 생활에 대출을 이용했거나 이용할 수 있다는 대답은 20대 직장인이 14.3%, 40대 직장인은 16.8%였다. 40대 직장인이 좀 더 높은 것을 알 수가 있다. 물론 신용 대출이라는 것은 빚이고 빚을 지고 나서 그것을 적절하게 갚아 나가야 한다. 따라서 자신이 좋아하는 물건이나 서비스가 있다면 40대들은 빚을 단기적으로 지고서라도 구입하는 점이 더 많다는 것을 알 수가 있다. 40대들은 빚을 활용해서 자신이 원하는 것을 충족해 나가는 데 20대들보다 더 경험이 많다고 할 수 있다. 꼭 돈이 수중에 있어야 물건이나 서비스를 구매하는 것은 당연히 아니며 그것에 연연해한다면 효율적인 소비 생활을 할 수 없을 것이다.

같은 조사에서 "자기 소유의 집이 꼭 필요하다고 생각하느냐"는 물음에 20대의 48.8%가 40대의 54.8%가 반드시 필요하다고 했고 "있으면 좋지만 필수는 아니다"라는 답변에는 20대가 46.4%, 40대가 40.4%였다. 이 둘을 합치면 내 집 마련 필요성에 동의하는 20대와 40대 모두 95.2%로 동일했다. 그렇다면 이들은 어떻게 집을 장만할까. 아마도 40대들은 대출을 활용하여 적극적인 집 구매에 나설 것이다. 하지만 20대들은 어떠할까. 돈을 모으면서 구매하기는 힘들 것이고 대출은 생각하지 않고 포기하는 면이 강할 것이다. 이미 자신은 돈이 없기 때문이다. 또한 빚을 잘 활용하여 집을 산다는 것에 대해서 덜 생각할 것이다. 이러한 태도라면 헬조선이나 흙수저라는 말이 먼저 나올지도 모른다. 과연 40대들이 온전히 부모의 혜택을 받고 집을 장만하거나 자신이 원하는 물건들을 목돈을 주고 샀을까. 그렇게 생각한다면 포미족이 될 수 없을 것이다.

기업이 주목할 고객은 40대 포미족

포미족이라는 것은 결국 젊은 20대들에게는 가능하지 않은 것을 말한다. 포미족은 결국 마음이나 의식의 문제가 아니라 경제적인 소비 생활을 적절하게 할 수 있는가와 밀접하게 연결이 되어 있다. 단지 소득이 많기 때문이 아니라 대출조차도 잘 활용하여 살 수 있는 것이다. 무조건 자신의 수중에 돈이 있어야 하고 그것을 위해서 돈을 모아야 한다는 개념이 40대들에게는 덜하다고 할 수도 있다. 20대의 포미족이 아니라 40대의 포미족이 기업에게는 마케팅의 대상이 될 수밖에 없다.

젊은 층들이 포미족으로서 할 수 있는 것은 아마도 맛집일 것이다. 자신을 위해서라면 그 정도의 보상은 해줄 수 있기 때문이다. 20대는 맛집이라면 $10km$ 이상 먼 거리도 찾아간다는 분석이 있다. 2018년 3분기 신한카드 빅데이터 연구소가 고객 카드 이용 내역을 분석한 결과 집에서 $10km$ 이상 떨어진 음식점에서 결제한 비중이 20대가 27%였는데 전 연령대에서 가장 많았다. 다른 연령대를 보면 30대가 22%, 60대 이상은 20%였고, 50대는 19%였다. 40대의 경우에는 20%에 미치지 못했고 16%에 불과했다.

$10km$는 어느 정도의 거리일까. 서울시청에서 직선거리로 사당역까지를 말한다. 물론 대중교통이 가능한 거리에 한해서 움직인다고 할 것이다. 교외에 나가서 지출을 할 확률은 줄어들 수 있다. 집에서 $1km$ 이내 음식점에서의 결제 비중은 누가 높았을까. 40대가 40%, 50대 35% 등이었다. 20대가 25%로 가장 적었다. 어떻게 보면 40대는 집 주변의 식당을 더 잘되게 한다고 할 수 있다. 물론 집 근처에서 밥을 먹는다는 것은 결국 가족과 함께 먹는 것이므로 지출하는 비용이 높다고 할 수 있다. 그렇다면 왜 20대는 집 근처가 아니라 멀리까지 가서 그렇게 맛집을 찾는 것일까. 이를 SNS와 연관하여 분석할 수도 있을 것이다. SNS에 올리기 위해 맛집을 찾아가는 것이고 집 근처에 있는 맛집이라면 이미 가 봤거나 현시를 할 수 있는 대상도 아니라고 할 수 있다. 테마 놀이로 즐기는 마카롱 도장 깨기, 빵집 투

어 등을 신한카드 측에서는 들고 있는데 이러한 점은 20대 포미족의 특성이 무엇인지를 말해주고 있는 것이다. 돈이 많이 들지 않으면서 재미를 추구하고 힐링도 될 수 있는 것, 어쩌면 소확행에 더 가까운 행위들이라고 할 수 있다. 소소하지만 확실한 행복을 위해서 마다하지 않고 오가는 것이 젊은 세대의 특징이라고 생각할 수 있기 때문이다. 물론 소확행이 나쁘다는 의미는 아니다. 포미족에 비하면 경제적 비중이 크지 않을 수 있다는 것을 말하는 것일 뿐이다. 그렇다고 해도 십시일반 조금씩 모여 큰 산을 이룰 수 있음을 부정할 수는 없다.

탑골공원에
지드래곤이 나타났다!

10대, 20대가 열광하는 30년 전 반짝 스타

복고적이지만 현재적인 트렌드 현상을 가리키는 뉴트로newtro라는 말이 세간에 많이 돌았지만, 이를 만든 사람들이 실질적인 구매력과 경제 현상의 중심축을 형성하지 못했단 점은 어쩌면 당연한 현상이었다.

뉴트로는 복고나 복고 스타일과는 다른 말이다. 복고는 단지 예전 것을 다시 불러내어 추억하는 개념에 가깝다. 복고 스타일은 예전의 스타일이 다시 유행하는 현상을 말한다. 뉴트로는 얼핏 예전 것이 다시 부활되는 것으로 보인다. 하지만 그것을 향유하는 이들은 그것을 알고 있거나 경험한 세대가 아니다. 그렇기 때문에 기성세대가 자신들의 문화가 다시금 찾아왔다고 좋아하는 것은 이해는 하지만 본질은 아닌 것이다. 뉴트로의 주체는 그 문화를 경험한 이들이 아니라 전혀 모르는 이들이다. 그들은 모르지만 자신의 기호와 취향에 맞을 때 옛것 상관하지 않고 호응을 보내고 그것을 공유하면서 자신의 취향으로 드러내는 경향을 갖는다.

그들은 예전의 가수들도 소환한다. 그들이 좋아하는 취향이나 문화 기호에 관계가 없다. 비록 나이 차이가 20~30살 나도 말이다. 대표적인 사례가 양준일인데, 그의 화려한 복귀를 누가 가능하게 했는지 살펴보면 된다. 1991년 싱글 〈리베카〉로 데뷔한 양준일은 앞서가는 음악과 스타일로 그때는 낯설어했지만 지금 다시금 그것도 젊은 층들에게서 인기를 얻게 되었다.

2019년 온라인 탑골공원이라는 플랫폼을 통해서 양준일은 일약 스타로 다시 소환되었다. 온라인 탑골공원은 1990년대 후반에서 2000년대 초반에 이르는 가요순위 프로그램의 영상을 공유하는 온라인 공간이었다. 그것을 주도하는 것은 그 세대의 사람들이 아니었다. 오히려 전혀 그 경험이 없는 신세대들이었다. 양준일의 스타일은 지금 봐도 전혀 뒤떨어지지 않기 때문에 하나의 스타일로 받아들이고 이 때문에 앞서간 천재라는 말이 입에 오르내리게 되었다.

흥미로운 건 그에게 열광하는 팬이 10~20대 중심이라는 사실이다. 〈슈가맨3〉 방송에서도 30~40대보다 10~20대 방청객이 먼저 그를 알아봤고 호감을 표시한 바 있다. 젊은 세대는 그의 어떤 매력에 빠져든 걸까. 〈중앙일보〉가 전국 10~20대 남녀 520명에게 조사를 실시한 결과 전체 응답자의 48.4%(252명)가 그를 알고 있었고, 그중 절반에 가까운 41.2%(104명)는 '호감'을 표했다. '비호감'을 표현한 응답자는 8.3%(21명)에 불과했다. 양준일 현상의 실체를 가늠해볼 수 있게 해주는 2020년 1월 14일 자

〈중앙일보〉"양준일은 왜 1020세대 패션 아이콘이 됐을까"기사를 살펴보자.

양준일에게 호감을 표한 10~20대는 그의 매력으로 "시대를 앞선 감각"을 꼽았다. "오래전 활동했던 가수인데 지금 아이돌과 비교해도 전혀 촌스럽지 않다", "나이를 믿을 수 없는 간지 폭발" 등의 의견을 내며 그의 음악과 외모, 특히 세련된 패션을 매력 요소로 꼽았다. 고교 3학년 임희진 양은 "그가 90년대 활동할 당시 입었던 옷은 지금 길거리에 입고 나가도 무리가 없고, 50대인 지금 보여주는 패션도 멋지다."라고 말했다.

양준일을 모르는 젊은 층들이 오히려 양준일에 호감을 나타내는 풍경, 비호감이 거의 없다는 사실이 놀라움으로 다가오지만 어쩌면 이는 당연한 것인지 모른다. 양준일에게 관심을 표시하고 방송 출연 현장에서도 젊은 층들의 반응이 빨랐다는 점은 그들이 양준일에 대해서 어떻게 생각하고 있는지를 잘 보여준 사례라고 할 수 있다. 그가 입고 있는 패션이라든지 스타일이 과거에 머물지 않고 지금 현재와 매우 잘 어울린다는 점을 강조하고 있기도 하다. 그렇기 때문에 시간 여행자라는 말이 그에게 붙은 이유가 될 것이다.

'뉴트로'의 진정한 의미

양준일을 둘러싼 소비 행태에서 유의미한 현상이 하나 눈에 들어왔다. 2020년 2월 드디어 가수 양준일의 에세이 《양준일 Maybe》가 출간되었다. 출간 전 베스트셀러가 일찌감치 예견되었다. 정말로 그러했는데 속도가 참 빨랐다. 출간과 동시에 종합 1위(교보문고 집계)에 올랐다. 인터파크에서는 "양준일 에세이는 거의 초당 1부씩 팔리고 있다."라고 밝혔고, 알라딘에서는 10시 판매 10분 만에 1,500부가 판매되었다. 예스24 관계자는 양준일의 에세이가 판매 3시간 만에 약 7,000부 판매되었다고 했다. 그런데 궁금한 것은 누가 이 책을 샀는가 하는 점이다. 40대 여성 독자가 33.5%를 차지해 1위였고, 30대 여성(18.8%)과 50대 여성(18.5%)의 순이었다. 좀 더 구체적으로 평균 연령은 42세로 나타났다. 또 40대 여성이 전체 구매의 45%에 해당했다. 1969년생으로 50줄에 들어선 양준일을 42세의 여성들이 좋아하는 현상은 그렇게 낯설지 않을 수 있다. 사실 양준일을 주목한 것은 40대가 아니었는데 온라인 탑골공원의 주축은 출판시장에서는 잘 보이지 않았던 것이다.

양준일의 팬은 20대부터 60대에 이르기까지 다양하다. 30대 팬들도 상당하다. 하지만 직접 돈을 지불하는 이들은 40대라는 점에 초점이 맞춰진다. 양준일을 소환했던 젊은 층들은 상대적으로 그의 책을 사지 않았다. 그들은 온라인으로만 양준일을 소비했다. 그러한 소비는 말 그대로 돈을 들이지 않는 소비 행위였다. 결국 콘텐츠에 대한 무료 이용은 콘텐츠의 재생

키덜트 산업과 영포티, 영원한 젊음을 꿈꾸는 피터팬들

산에 그들이 기여하는 바가 적을 수 있다는 것을 의미한다.

2019년 12월 31일 세종대학교 대양홀에서 양준일의 팬미팅이 열렸는데 이때 모인 3,600명의 팬들은 40대들이 압도적으로 많았다. 직접 양준일을 눈앞에서 만나기를 열렬하게 바랐던 것은 40대들이었다. 유튜브 관련 콘텐츠에서 뒤늦게 화력을 집중하고 있는 것도 40대들이다.

뉴트로를 트렌디한 복고라고 칭하고 싶다. 단순히 예전 인물이나 콘텐츠를 다시 소비하는 것이 아니라 새롭게 의미를 부여하고 가치를 현재화하기 때문이다. 양준일을 사람들은 '탑골 GD'라고 불렀는데 그것이 의미하는 바는 시각적 기호의 소비에만 초점이 맞춰져 있다는 것을 알게 된다. 빅뱅의 GD와 닮은 외모와 패션 감각을 가졌다는 측면 때문에 붙은 것이니 말이다. 앞서 인용했던 〈중앙일보〉 기사를 이어서 보면 더 확연하게 알 수 있다.

현재를 즐기는 모습 역시 매력적으로 봤다. 부산의 한 20대 응답자는 "처음엔 '탑골 GD'라고 해서 관심이 갔는데 볼수록 자신만의 패션과 음악을 보여주며 무대를 즐기는 모습이 진정한 '힙함'으로 느껴진다."고 했다. 또 다른 10대 응답자는 "개성 강한 화려한 패션과 음악을 하면서도 아저씨 같지 않다."고 했다. 그가 방송에서 했던 말들 "걱정하지 마. 모든 것은 완벽하게 이뤄지게 될 수밖에 없어." "전 미래의 계획을 안 세워요. 순간순간 최선을 다해 살고, 계획이라는 게 그나마 있다면 검손한 아빠이자 남편이 되고 싶다."등은 SNS 에서 회자되고 있다.

90년대부터 지금까지 그의 패션을 모아 보여주는 사진과 영상 도 인기다. 최근 관련 영상을 제작한 패션 홍보회사 KN컴퍼니의 김민정 대표는 "그의 활동을 본 적도 없는 10~20대가 소셜미디어 를 통해 그의 패션에 열광하고 있다. 최근 재등장한 50대의 모습 역 시 호감이라 양준일은 이 시대의 패션 아이콘으로 급부상했다."고 말했다.

양준일은 자신만의 스타일을 가지고 있다. 그의 패션에 관한 영상과 사 진이 인기 있는 것은 결국 시각적인 콘텐츠 차원에서 어필하고 있기 때문 이다. 그것도 누구나 쉽게 무료로 접근할 수 있는 SNS 공간에서 접할 수 있 다. 그것은 화제는 많이 되고 관심도의 잣대는 될 수 있지만 그것 자체가 충성도가 높다는 것을 의미하지는 않을 것이고, 다른 파생 상품에 관심을 둘지 예측할 수 없다. 40대들은 단지 그것만 선호하는 것이 아니다. 10대와 20대들이 주목하는 것은 양준일의 세계관이라기보다는 그가 겉으로 드러 낸 패션과 시각적 스타일이었다. 50대의 패션에도 좋은 점수를 주기는 하 지만 그들이 따를 수는 없고, 주로 20대 활동하던 모습이 그들에게 어필을 많이 했고 그래서 주목을 했다는 점을 간과할 수는 없을 것이다. 그렇게 양 준일은 하나의 장식이 되었다. 그렇기 때문에 그의 정신세계를 공유하는 것을 덜 매력적으로 여기거나 관심이 없을 수도 있다. 양준일이 20대에게 전하는 말도 결국에는 방탄소년단과 같은 동시대 청춘들이 주는 메시지처럼 젊은 층에게 울림을 주지는 않을 것이다.

반면 40대들은 그의 스토리와 삶을 소비하고 있다. 천재적인 역량과 재능을 가지고 있었지만 사회적 편견 속에서 한국에서 살다가 생활고로 영어 강사도 그만두고 미국에서 웨이터 생활을 했다는 파란만장한 스토리. 하지만 그것만으로 그의 소구력이 멈추는 것이 아니었다. 그러한 상황에서도 그는 좌절하거나 우울, 냉소적이지 않으며 때 묻지 않은 순수함으로 언제나 영원할 듯싶은 청춘의 빛을 가지고 있었다. 그에게는 20대 청춘의 소울이 여전히 존재하고 있었다. 그가 틈나는 대로 던지는 말들은 금과옥조 같은 어록으로 남고 회자되고 있다. 버티고 그렇게 그대로 존재하는 것, 그것만으로도 엄청난 위로와 힐링을 느끼는 사람들은 10대와 20대가 아니다. 젊은 층들은 돌아볼 과거보다는 앞으로 살아갈 미래가 더 많기에 양준일의 미래를 보고 싶어 할 수는 있겠지만 그것은 자신들의 앞날과 관계는 없을 것이고 그러니 40대만큼 응원하고 싶은 동기는 덜 생길 것이다. 앞서서 40대가 책을 사는 것은 바로 양준일의 세계관을 더 공유하고 싶어 하기 때문이라고 했다. 잊고 있었거나 지향하고 싶은 가치를 담고 있다고 생각하기 때문이다. 책이 많이 팔린다는 것이 단지 종이책에 익숙한 세대에게 일어나는 당연한 현상이라고 치부할 수 없는 이유다.

양준일이 인기를 다시 얻게 된 것은 분명 젊은 층들 때문이라고 할 수 있다. 뉴트로든 트렌디한 복고 스타일이든 말이다. 디지털 플랫폼도 한몫을 했다. 온라인 탑골공원을 가능하게 했던 유튜브가 활성화되지 않았다면, 양준일의 존재감을 재인식하고 공유하는 일이 불가능했을 것이다. 유튜브 플랫폼은 이렇게 다시금 문화적 재발견을 하게 만드는 동력을 갖고 있지만 한편으로는 치명적인 한계도 있다. 전적으로 문화적이 아니라 경제 수익의 관점에서 더욱 그러하다. 유튜브는 무료 플랫폼을 기반으로 한다. 그렇기 때문에 유튜브에서는 직접적으로 해당 콘텐츠에 대해서 대가를 지불하지 않는다. 돈을 내고 콘텐츠를 볼 필요가 없고 많이 본다고 해서 돈을 나눠주는 곳도 아니다. 크리에이터처럼 구독자를 정기적으로 확보해서 절대 시청 시간이나 주기적인 콘텐츠 지속성이 가능한 경우를 제외한다면 말이다. 그렇기 때문에 이러한 무료 콘텐츠 포맷에 익숙해지면 콘텐츠 구매를 위해 지출하는 일에 인색할 수 있다. 만약 양준일이 크리에이터가 되어 BJ로 활동을 한다면 별풍선을 쏴줄 수는 있을지 모른다.

양준일과 펭수의 차이점

젊은 층들에게는 오히려 펭수가 더 어울린다. 펭수는 양준일과 다른 멘탈 코드를 가지고 있다. 정서적으로도 20~30대 초반 젊은 층들에게 맞을 수 있다. 펭수는 현실에서 억압된 청춘들의 대리자라고 할 수 있다. 펭수는 자기 표현력이 강하다. 위계질서를 따지지 않는다. 그렇다고 해서 양준일처럼 겸손하게 말하지는 않는다. 어떤 때는 쓴소리도 마다하지 않는 직설화법을 날린다. 그렇지만 양준일과 같은 점도 있다. 우선 자기 세계관이 존재한다. 그리고 미래를 위해서 열심히 노력한다. 적어도 다른 이들을 배려할 만한 마음씨는 가지고 있다. 적어도 위해를 가할 수 없는 존재다.

하지만 펭수는 귀여운 펭귄의 탈을 쓰고 있기 때문에 진짜 펭수가 누구인지는 알 수도 없고 알 필요도 없다. 그렇기 때문에 페이크에도 돈을 기꺼이 지불하는 행태를 보인다. 양준일을 좋아하는 40대의 코드는 진정성이다. 무엇인가 뒤집어쓰고 연출하는 듯한 연기력 자체를 즐기거나 그것을 선망하지는 않는다. 당연히 그러한 콘텐츠나 상품에 돈을 쓰는 것에 매력을 느끼지는 못하는 세대이다. 아직은 낭만적 리얼리스트를 꿈꾸고 있을 뿐, 가상 세계의 놀이극에 더 재미와 매력을 느끼는 세계관을 형성하고는 있지 않기 때문이다.

팬덤 문화 소비의 허브

오빠부대의 탄생

오랫동안 기존의 기업과 비즈니스 현장에서는 팬을 무시하고 간과했다. 기껏 스타를 따라다니며 소리를 지르고 심지어 그들의 집에 난입하는 철부지 정도로만 생각했던 것이 현실이기도 하다. 최근 'BTS 현상'이 팬덤의 긍정적 영향력을 보여주면서 팬덤을 고객과 소비의 관점에서 새롭게 바라보려는 움직임이 많아졌다.

책 《팬덤 경제학》에서 데이비드 미어먼 스콧, 레이코 스콧은 "팬이 된다는 것은 공통의 관심사를 가진 다른 사람들과 이를 공유하며 친밀한 관계를 맺는 것으로 그 행동의 결과는 다른 사람들이 거울삼을 수 있는 모델이 되기도 한다."라고 했다. 이는 단지 스타와 팬에만 그치지 않는다는 것이 요즘의 관점이다. 무한 확장이 되어 그 원리가 일반 비즈니스 모델에도 적용되고 있다. 또한 앞선 책에서 "관계를 기반으로 비즈니스를 창출하는 것은 모든 산업 분야에서 핵심적인 성공 전략이 될 수 있다. 심지어 소비자들이 공공연히 혐오하는 산업에서도 마찬가지다."라고 했다. 스타 팬덤을 일반 비즈니스 영역으로 확장하고 있는 점은 팬덤이 더 이상 10대의 전유물이 아니라는 점에서 시사하는 바가 크다. 이 때문에 일반 기업에서도 팬덤 경제학에 관심이 많다. 그렇기에 한국에서 팬덤이 어떻게 형성되어 왔는지 살펴보는 것이 중요한데, X 세대의 역할이 매우 크게 작용했다.

그들의 모습은 때로는 충격적이었다. 1980~1990년대 세계적인 인기를 끌었던 그룹 '뉴 키즈 온 더 블록New Kids On The Block'이 데뷔 20주년 기념 앨범을 가장 먼저 발매하기로 한 곳은 바로 한국이었다. 세계적인 그룹이 왜 기념적인 앨범 발매를 한국에서 최초로 하게 되었을까. 한때 7위권이었던 한국의 음반 시장이 당시에는 디지털 콘텐츠 음원의 발달로 20위권 밖에 위치하고 있었다. 그럼에도 불구하고 그 그룹이 한국에서 첫 발매를 한 것은 수익 관점이 아님을 알 수 있다. 그렇다면 진짜 이유가 있는 것일까.

1992년 2월 17일, 뉴 키즈 온 더 블록을 모르는 사람들이 혀를 차고도 남을 만한 일이 생겼다. 바로 압사 사고였다. 서울 잠실 체조경기장에서 열린 콘서트 현장에서 많은 관객들이 밀려 넘어지면서 50여 명이 병원에 실려 가고 여고생 한 명은 끝내 목숨을 잃고 말았다. 90년대에 유독 이런 사고가 많았는데, 이는 성장하는 팬덤 문화의 한 현상이기도 했다. 기성세대에게는 얼마나 위험하고 철없는 짓으로 보였을까.

부정하려야 할 수 없이 90년대는 본격적으로 한국에서 팬덤 문화가 체계적으로 형성되기 시작한 시기다. 그 중심에 서태지와 아이들이 있었다. 그들은 1992년에 데뷔해 그해 연말 상이란 상은 모두 쓸어 담듯이 했다. 서태지와 아이들은 기획형 아이돌과 팬덤을 확실히 인지시킨 그룹이었다. 당시 서태지와 아이들을 보고 성공을 확신한 사람이 있었는데 바로 SM의 이수만 회장이었다. 그는 아이돌 그룹이 가요 시장을 움직인다는 확신을 하고 본격적으로 아이돌 그룹을 만들었는데 그들이 H.O.T.다. 이 그룹의 멤버 중 한 명인 토니안이 서태지와 아이들의 노래로 오디션에 합격했다는 사실은 그룹 탄생의 배경과 맥락을 이해할 수 있게 한다. SM은 팬 문화를 마케팅에 거꾸로 적극 활용하기 시작한다.

흔히 오빠부대가 팬 문화의 상징으로 대변되고는 한다. 이런 개념은 방송국 등에 몰려다니던 조용필 시대의 팬 문화를 생각할 수 있다. 그런데 팬덤 문화가 조직화되기 시작한 것은 1990년대라고 할 수 있다. 조직화의 수단은 바로 인터넷이었다. 남아 있는 조용필 팬클럽조차 90년대 인터넷 시대의 산물이다. 1997년 결성된 '이터널리'를 비롯해 1999년 '미지의 세계', 2001년 '위대한 탄생'까지 3개의 팬클럽이 이에 해당한다.

이전의 팬클럽들은 오프라인을 중심으로 형성이 되었기 때문에 파급력과 확산성, 기동성 면에서 효율성과 경제성이 떨어질 수밖에 없었다. 하지만 포털 사이트에 인터넷 카페 문화가 확산되면서 조직적 파급력과 확장성이 강화되었다. 스마트 모바일 문화는 이를 더욱 격화시켰다.

이런 체계적이고 조직적인 네트워크로 극단적인 세대 대결도 가능해졌다. 조공 문화가 세대의 상징이 된 점은 이를 말해준다. 조공은 원래 속국이 본국에 바치는 물건들을 가리키는 말이었지만 팬덤에서는 스타에게 보내는 선물을 의미했다. 이전 세대들은 팬레터 같은 편지나 직접 만든 선물을 자신이 좋아하는 스타에게 전달하는 수준이었다면, 90년대 이후의 팬덤은 소비 경제와 적극적으로 융합했다. 비싼 선물을 개인적으로 사는 것을 넘어서서 집단적인 모금을 통해서 자동차 같은 고가의 선물을 하기도 했다. 외양적인 규모를 통해서 자신이 좋아하는 스타의 인기 정도를 부각시키려는 선택들이자 집합적 소비 행동들이기도 했다.

제레미 D. 홀든은 팬덤을 논한 저서 《팬덤의 경제학(Second That Emotion: How Decisions, Trends, And Movements Are Shaped)》에서 이에 관해 언급했다. 구체적으로 보면 "대중들은 본능적 편의를 위해, 쏟아지는 정보들을 삭제하고 편집하며, 구미에 맞는 정보들만을 수용, 새로운 '사실'을 창조한다. 그리고 동조자들과 결속, 자신의 의사결정이 틀릴 수도 있다는 항상적이고 잠재적인 불안을 해소한다. 이처럼 팬덤은 네트워크 세상에서 더욱 강력한 힘을 발휘한다."라고 했다. 그는 팬덤이 자신들에게 유리한 대로 정보를 가공 왜곡한다는 점에서 팬덤을 적극 옹호하는 태도는 아니지만, 그 속성을 잘 파악하고 있다. 팬덤이 네트워크성을 기본으로 한다는 사실이다.

《팬덤 경제학》에서 데이비드 미어먼 스콧, 레이코 스콧은 대중문화의 소비에 대해서 이렇게 말한다. "사람들이 자신의 정체성에 관련된 결정에 대해서는 감정적이 된다는 것을 이해하기에 그들을 가르치는 데에 대중문화를 이용한다." 이어 "어떤 밴드의 음악을 듣고, 어떤 옷을 입으며, 소셜 네트워크에서 어떤 유명 인사를 팔로우하는지가 대부분의 젊은이가 자신이 누구인지를 보여주는 방식이다. 심지어 10대들에게는 어떤 제품을 구매하는지와 같은 매우 일상적인 결정조차도 자기만의 스토리가 된다."라고 분석했다. 이 책을 통해 저자들이 팬덤 네트워크의 확장 심리에 대해 깊게 분석했다는 점을 충분히 알 수 있다. 단순히 취향이라서가 아니라 자신의 존재감을 위해 대중음악, 대중문화를 소비한다는 것이다. 본격적으로 자신의 존재감을 위해 이를 소비하기 시작한 세대가 바로 90년대 학번이다.

영원한 나의 오빠, 영원한 나의 누나

시간이 흘러 그들은 예전에는 상상할 수 없었던 아줌마, 아저씨, 이모 팬 문화를 만들어내고 있다. 예전과 달라진 팬덤 문화 가운데 하나는 SNS의 활성화이다. 유튜브로 자신이 좋아하는 스타의 영상을 보는 것은 물론이고 적극적인 댓글 소통을 시도한다. 관련 유튜브 TV를 구독하고 방송을 실시간으로 접하고 반응을 보인다. 스마트 기기와 음원 이용도 능숙해진 지 오래다.

페이스북에 "나는 강다니엘", "나는 세븐틴!"이라고 자신들이 그들의 팬임을 적극적으로 드러내는 사람들은 대부분 30대 후반에서 40대 중반인 여성들이었다. 워너원도 1020세대부터 40대 중년 주부 팬까지 거느리며 거대한 팬덤을 만들었다. '엄마와 딸'이 함께 콘서트를 보러 가는 풍경도 많아졌다. 팬덤의 연령대 변화는 광고에도 영향을 주었다. 구매력을 갖춘 연령대의 팬덤 덕분에 워너원은 렌즈, 화장품은 물론이고 피규어, 스니커즈, 교통카드, 패딩, 치킨 등등 다양한 브랜드의 모델을 했고 효과도 컸다. 마스크 제품은 워너원 모델 효과로 매출이 300% 이상 급증했다. 워너원을 표지 모델로 내세운 시사주간지가 불티나게 팔려 나갔다. 《주간조선》이 워너원 1위 멤버 강다니엘을, 《주간동아》는 3주 연속으로 워너원을 표지 모델에 올려 시사주간지의 독자층 확대에 성공했다는 평가를 받았다. 이와 함께 스타를 소비하는 팬덤의 영향력이 업계 전반으로 확대됐다는 것을 방증하는 중요한 사례로 기록됐다.

이번에는 BTS 팬덤을 살펴보자. 연령대가 다양하다. 다양하다는 것은 40대도 대거 포함되어 있다는 뜻이다. 이런 점이 매출 상승을 기대하게 했다. 방탄소년단의 인성과 음악성, 팬과의 소통성 등이 40대를 움직였고 그 팬들이 다시 방탄소년단을 자녀들에게 추천하는 일이 생겨나기 시작했다. 가사에 대한 공감만이 아니라 그들이 얼마나 치열하게 노력하는지를 높이 평가하고 학부모 입장에서는 자녀들에게도 교육적으로 크게 도움이 된다는 점을 생각하게 했다. 인생과 삶에 대한 철학적 깊이와 예술적 시도까지 더해지는 모습이 팬덤 형성에 기반이 되었다. 40대는 어린 나이가 아니라 인생 경험과 역정이 체화될 연령대이니 더욱 그러하다. 열성적이고 집중성이 큰 10~20대와 달리 구매력이 있는 30~40대가 늘어난 점은 수익 관점에서 고무적이었다. 2020년 네이버 뉴스 기준 3개월간의 방탄소년단 기사에 30~40대 여성 비율이 2~3번째로 높았다. 이들은 H.O.T.나 젝스키스 등의 아이돌 문화에 익숙한 세대였다. 지갑을 여는 데도 10~20대를 넘어서는 것은 당연해 보였는데 2019년 교보 핫트랙스 자료를 통해 미뤄 짐작할 수 있다. 굿즈 판매 비율은 10대 2.8%, 20대 18.4%였는데 30대 19.7%, 40대 33.9%로 10대, 20대의 굿즈 소비를 30대, 40대가 훌쩍 넘기고 있다. 단순히 나이가 많을수록 굿즈 소비를 많이 한다고도 볼 수 없는데 실제로 50대는 5.5%에 불과했다. 30~40대가 전체 매출 절반 이상을 책임지는데 이는 기존의 조용필 오빠부대와 90년대 이후의 팬클럽 문화 세대와 다른 점이다. 독점 콘텐츠 획득을 위한 팬덤 소비가 이뤄질 때 수익은 극대화될 수 있다.

2020년 1억 5,000만 원 선이었던 광고 모델료가 2억 5,000만 원대로 치솟은 트로트 가수 임영웅의 화려한 등극은 90년대 팬덤 문화의 영향 때문에 가능했다. 단번에 11개의 광고에 캐스팅이 된 것은 30~40대 팬들을 상당수 거느리고 있었기 때문이다. 덧붙여 그를 매니지먼트한 경영자가 90년대 팬덤의 주인공이기도 하다. 더구나 90년대 학번 세대는 장르를 가리지 않고 다양성을 포용하는 세계관을 가지고 있기 때문에 이런 트로트 스타 역시 강력한 팬덤을 형성하게 된 것이다.

그렇다면 90년대 학번 세대가 본격화한 팬덤 소비는 어떻게 될까. 그것은 본래의 정체성에 달려 있을 것이다. 제레미 D. 홀든은 앞선 그의 책을 통해 "팬덤은 네트워크 세상에서 더욱 강력한 힘을 발휘한다."라고 했다. 또한 "팬덤이야말로 약자가 강자를 이길 수 있는, 작은 아이디어로 시장의 흐름을 단번에 바꿀 수 있는 새로운 게임의 법칙"이라고 했다. 방탄소년단의 팬덤 '아미'가 세계적으로 결집할 수 있었던 것은 상처받고 방황하는 세계의 여린 청춘들의 상처를 보듬어주고 힘을 불어넣었기 때문이다. '흙수저 아이돌'이라는 별칭이 오히려 그들에게 막대한 부와 명예를 가져다준 셈이다. 그런데 방탄소년단의 소속사 빅히트는 2021년 사명을 하이브로 바꾸고 케이팝 커뮤니티인 '위버스'를 콘텐츠 유통, 소셜미디어를 넘어 온라인 쇼핑 기능까지 합친 종합 플랫폼으로 만들겠다고 선언했다. 팬덤이 있는 곳에 라이프스타일의 모든 소비가 이뤄지는 상품 소비 플랫폼이 확립된다는 점을 보여주는 대표적 사례다. 이 중심에는 90년대 학번이 있었고 그들은 앞으로도 큰손으로서의 역할을 할 것이다. 팬덤이 일상 모든 곳의 소비 현상으로 진전될 때, 누가 그 역할을 더 많이 할지는 이미 그들의 청소년기 때 정해진 운명이다.

40대는
이직 준비 중

사라진 평생직장

1997년 외환위기 이후에 달라진 가치관 가운데 하나는 한 직장에 오래 머무를 수 없다는 생각이었다. 그 전에는 한 직장에 평생 다니는 것이 옳거나 적절하다고 생각했다. 삼성맨, 현대맨이라는 것이 가능했다. 일본 종신고용제의 장점이 회자된 이유는 여기에 있다. 한 직장에 계속 다닌다면 연공서열이 중요하게 되고 위계질서에 맞춰 조직 충성의 원칙이 매우 중요하게 여겨진다. 따라서 그 조직의 정체성과 세계관을 공유하고 자신의 삶과 일체화했으며 그것이 당연시되기도 했다. 하지만 외환위기는 그렇지 않을 수 있다는 가능성을 확증시켰다. 위기 상황에서 개인들은 보호의 대상이 아니라 처분의 대상이 되기 쉬웠다. 특히 경제적 효율성이 덜하면 언제든 처분된다는 인식이 확립되었다.

반대로 기업은 직원을 끝까지 책임져야 한다는 생각을 하지 못했다. 아무리 대기업이라고 해도 한순간에 폐업을 하거나 인수 합병의 대상이 될 수 있다는 것을 알았기 때문에 불필요하게 인력을 감당하려고 하지 않았다. 인력 운영에서 눈에 띄는 것은 월급제가 아니라 연봉제를 통해서 인센티브 관리 방식을 취하는 것이다. 성과에 따라서 급여는 달라질 수밖에 없고 개인이 상대적 박탈감을 느끼는 것과는 관계없이 기업은 자신들의 수익성을 개선하는 것이 우선이었다. 거꾸로 수익성을 개선할 수 있다면 언제든지 인재 헌팅을 할 수 있고 그렇기 때문에 헤드헌팅이 새롭게 부각이 되었고 관련 업체들도 한때 성황을 이루게 되었다.

이러한 현상을 달리 보면 신입 직원을 뽑아서 그 조직에 맞는 평생의 ○○맨을 길러내는 인재 채용과 훈련 육성의 목표가 수정되는 것을 의미했다. 물론 저렴한 가격에 고효율의 신입 직원도 뽑아야 하겠지만 경력직을 우선하게 되었다. 그렇기 때문에 자신들은 손 하나 대지 않고 코를 푼다는 말도 들리고 취준생들에게는 정말 절망의 한숨이 나오게 하는 행태들이었다. 경력을 쌓은 인재들에게서 더 많은 수익을 얻겠다는 것은 결국 젊은이들의 고용 상황이 악화되는 것을 의미했고 상대적으로 경력을 쌓은 40대들에게는 기회를 의미한다. 하지만 한편으로 그것은 기회가 아니라 고용 불안의 또 다른 현상이라고 할 수도 있다. 젊은 세대와는 다른 경제와 소비구조를 가지고 있고 곧 노동과 사회적 삶의 단절이 올 수 있다는 40대들의 불안 의식은 젊은이들의 불안과 다른 맥락에서 이직 활동을 작동하게 한다.

취업 시장의 새로운 인력

2018년 10월 취업 포털 사람인이 자사 연령대별 온라인 입사 지원 비율 내부 빅데이터를 분석한 결과 실제로 40대 취업 시장이 증가하고 있었다. 2018년 상반기 40대의 온라인 입사 지원 건수 비중은 전체의 14.9%였다. 전년 대비 0.7% 늘었다. 20대는 2016년 상반기에서 2017년 동기 1.3%(8만 3,655건) 늘었다가, 2018년 상반기에는 전년 같은 기간에 비해 4.3%(28만 3,423건) 감소했다. 30대의 온라인 입사 지원 건수는 2018년 상반기 0.3%(1만 5,780건) 증가했다. 40대의 이직은 다른 세대와는 다른 점이 있다. 이제는 정년과 노후를 생각해야 하기 때문이다. 2018년 5월 잡코리아가 40대 남녀 직장인 448명에게 "퇴사 뒤 노후나 정년까지 일을 하기 위해 이직과 창업 중 무엇을 할 것인가?"라고 질문을 했는데 "이직할 것"이라는 직장인이 54.2%로 과반수를 좀 넘었다. "창업할 것"이라는 대답은 45.8%였다. 창업보다는 이직을 하겠다는 응답이 약 10% 정도 많았다. 정년과 노후까지 일을 하고 소득을 지속시키겠다는 생각이 좀 더 많은 것이다.

한편 이직을 위해서 그들은 무슨 준비를 하는지 살펴볼 필요가 있다. 이들이 이직을 바라보는 관점이 담겨 있기 때문이다. 흔히 우리가 생각하는 것처럼 경력과 업적을 쌓아서 이직을 하는 것이 최상의 답이고 현실적인 것인지 가늠할 수 있을 것으로 보이기 때문이다. 40대 직장인 중에서는 이직을 위해 "경력직 채용 공고의 수시 검색"(32.7%)을 한다는 답이 많았는데 그다음으로 눈길을 끄는 것이 "평판 관리를 위해 현재 직장에서 대인관계를 관리한다"(29.8%)였다. 이직을 하기 위해서 흔히 자기 실력을 쌓는 것이 중요하다고 생각하는데 그것과는 다른 결과라고 볼 수 있다. 자기 개발에 해당하는 "직무 분야 자격증 취득을 준비하고 있다"(27.5%)는 답변이 그 다음을 차지했다. 자격증 등 객관적인 스펙을 중시할 것이라 생각하는 것과 다르다.

실제 경력직 채용 때 평판 조회를 하는 기업체가 많다. 잡코리아가 기업 인사담당자 378명을 대상으로 한 조사에서 39.9%의 기업이 평판 조회를 한다고 답했다. 이렇게 평판을 알아보는 것은 객관적인 스펙 외에 다른 요인이 중요하게 작용할 수 있어서다. 신입 사원들은 미래의 잠재성을 보는 경우가 많기 때문에 당장에 드러나는 효율성보다는 스펙을 더 고려할 수 있다. 하지만 연령대가 올라갈수록 개인의 스펙보다는 다른 사람들과 어떻게 잘 융화되어 일을 해내는지가 중요하다. 그리고 먼저 조직에서 이탈하는 이유를 알아야 응시자의 스타일을 알 수 있고 조직에 도움이 되는지 안 되는지도 파악이 가능하기 때문이다.

"인맥 관리를 하면서 이직 시장을 살펴본다"(26.3%)는 대답도 있는데, 이는 보통 이직을 할 때 대개 아는 사람을 통해 구직하기 때문이다. 물론 매우 친한 사람이 아니어도 느슨한 관계를 통해 취직을 하는 경우도 많기 때문에 잘 모르거나 친하지 않아도 40대라면 인맥을 관리할 수밖에 없다. 옷깃만 스쳐도 인연이라는 말처럼 옷깃만 스쳐도 직장이 정해질 수 있다.

"경력기술서 작성을 위해 성과를 정리한다"(24.6%)는 대답은 자신의 업적을 기반으로 구직을 할 때 적용되는데 아는 사람을 통해서 이직에 성공한다고 해도 이런 업적 정리는 필수일 것이다.

2016년 이직에 성공한 직장인들의 이직 성공 비결 조사에서는 실무 지식·경험 실적을 잘 쌓은 것(46.6%)이 1위였다. 다음으로 연봉·직급 등 근로 처우에 욕심내지 않고 적정한 수준 제시(44.3%)가 근소한 차이로 2위, 포트폴리오·경력기술서·이력서 등 평소 꾸준한 경력관리(31.7%)가 이직 성공 비결 3위였다. 면접에서 인간적인 매력·호감을 잘 표출한 것(19.6%), 전 직장에서의 평판 관리를 잘해온 것(16.8%), 꾸준히 인맥을 형성하고 직무 관련 네트워크를 갖춰온 것(16.3%)이 순위를 이었는데 이는 거꾸로 객관적인 경력만으로 이직이 힘들다는 생각이 점점 강화되고 있는 것이다.

그렇다면 마음먹은 이직을 그들은 얼마나 달성하고 있는 것일까. 2017년 잡코리아는 목표 달성에 대한 설문조사를 실시했는데, 조사 결과 직장인이 2017년에 가장 많이 달성한 목표는 40대 이상은 이직(23%), 승진/연봉 인상(12.2%), 운동/건강관리(9.1%) 순이었다. 이직이 그들의 매우 중요한 목표였는데 그 가운데 20% 정도의 희망자만 이직에 성공한다고 읽을 수 있다. 그런데 2016년 잡코리아의 조사에서 이직에 성공한 경우는 53.1%였다. 갈수록 줄어들고 있는 것은 아닌지 따져봐야 한다. 이직 열망은 높아지고 있는데 과연 그에 부합하는 노동 이직 환경이 있는지 미스 매칭에 대해서 더 고려해야 할 개인적 정책적 과제가 있어 보인다. 이직 횟수를 보면, 2017년 조사에 따르면 30~40대 직장인들 평균 이직 횟수는 3회였고 30~40대 직장인 90%는 거의 대부분 이직을 한 경험이 있었다. 그렇기 때문에 단번에 원하는 직장을 구할 수 있는 것은 아닐 것이다. 또한 구직까지 평균 4.3개월로 나타났다. 이런 데이터만 봐도 이직 문제가 단기간에 해결될 문제가 아님을 알 수 있다.

다른 조사 결과를 보자. 2019년 7월 잡코리아에 따르면 상반기에 직장인 10명 가운데 3명 이상이 이직했다는 설문조사 결과가 나왔다. 연령별로는 누가 많이 옮겼을까. 아직은 30대가 많다. 즉 전 연령대에서 30대 직장인의 이직률이 34.3%로 가장 높았다. 20대(28.4%)가 그다음으로 많았고 이어 40대 이상(27.8%)이었다. 그렇다면 연봉은 어떨까. 연봉 상승은 평균 310만 원으로 집계됐다. 40대가 평균 420만 원, 30대와 20대가 각각 270만 원과 240만 원이었다. 연령에 따라 연봉이 올라가는 것은 어쩌면 당연하지만 한편으로 연봉이 올라가면 이직이 어려울 수도 있다. 40대가 이직에 성공한다면 연봉 수준이 다른 연령대보다 높을 것이다. 젊은 층에 비해 40대의 이직은 힘들지만 그래도 보상이 크기 때문에 부지런히 구멍을 뚫어야 한다.

이직 성공 비결은 뭐라고 판단하고 있을까. 매일 채용 공고를 살폈다는 응답자가 49.7%로 최고 많았으며, 그다음으로는 성과 경력과 지인을 들었다. 당연히 정보를 많이 파악하고 있는 것은 중요하다. 그런데 성과와 지인이 같은 비율을 차지하고 있는 것이 인상적이다. 성과와 경력을 정리했다(14.5%)와 이직 준비 중임을 지인들에게 알렸다(14.7%)를 보면 오히려 지인에게 알린 것이 0.2% 많다. 결국 인맥 관리와 평판 쌓기가 중요한 점을 이를 통해서 짐작할 수가 있다. 스펙 쌓기의 전형적인 예라고 할 수 있는 직무 관련 자격증 취득은 9.7%였다. 이는 이직을 위해서 도서관만 간다고 해결되는 시대가 지났다는 것을 의미하는지도 모른다.

불안한 이직 세대

40대가 이직에 대해서 가장 불안한 의식을 갖고 있는 게 현실이다. 통계청이 발표한 〈2019 사회조사〉 결과에 따르면 취업자 10명 중 6명은 가까운 미래에 직장(직업)을 잃거나 바꿔야 한다는 불안감이 있었는데 실직·이직에 대한 불안감은 40대에서 가장 높게 나타났다. 구체적으로 40대 63.0%였고 30대 60.2%, 20대 60.1%, 50대 58.6%, 60대 이상 51.6%였다. 성별로는 남성이 59.7%로 여성 58.2%보다 높았다. 업종을 보면 기능·노무직과 서비스·판매직의 불안감이 각각 66.1%, 62.5%로 높았다. 따라서 같은 40대라고 해도 어떤 직종에 있는가에 따라서 불안 의식은 달라질 수 있고 이직에 대한 태도도 달라질 수밖에 없다. 통계청은 "연령이 낮을수록, 가구 소득이 높을수록, 가구의 재정 상태에 대해 낙관적인 경향을 보인다."라고 분석했다. 연령이 낮을수록 재정 상태에 낙관하기 때문에 40대 이상으로 갈수록 재정에 대해 염려하는데 가구 소득의 불안정한 요소가 이런 염려를 가중시키는 일은 어쩌면 당연한 것이고 젊은 세대의 이직 동기와는 다른 면이 있을 수밖에 없다. 한편 현재 소비 생활에 만족하는 사람의 비중은 19~29세가 20.2%로 가장 높고 연령대가 높아질수록 떨어져 60세 이상에서는 11.9%에 그쳤다. 월급이 많아도 40대는 소비에서 만족을 하지 못할 가능성이 높고 오히려 결핍감을 느끼게 될 수 있다.

물론 전 연령대가 이직을 하는 것은 모두 연봉 때문이었다. 2019년 5월 잡코리아 조사를 보면, 직장인들이 이직을 결심하는 주요 이유는 대개 낮은 연봉이었다. 20대는 연봉에 대한 불만족(48.2%), 복지 제도에 대한 불만족(30.1%), 상사에 대한 불만족(29.8%), 적성에 맞지 않는 업무(27.7%), 더 큰 회사에서 일하기 위해(24.0%) 등의 이유로 이직을 결정했다. 30대는 낮은 연봉 때문에(46.0%), 상사에 대한 불만(26.9%) 순이었다. 40대는 낮은 연봉(42.7%), 복지 제도에 대한 불만족(22.9%) 때문에 이직을 결심했다.

주목해야 할 점은 20대와 40대가 느끼는 워라밸의 중요도다. 확연한 차이가 있는데 20대는 31.6%가 낮은 워라밸 수준을 이직 이유로 꼽았고, 반면 40대는 18.5%로 절반 정도로 나타났다. 40대는 바로 퇴사나 이직을 결심하지는 않는다. 20대는 입사 후 1년 이내 이직이 69.9%, 40대는 31%에 불과했다. 40대는 입사 2년 6개월 이후 이직 생각을 하는 경우가 32.0%였다. 물론 시도하는 이들의 특성이나 성격이 바뀌고 있을 것이다. 2016년 잡코리아 조사에서는 30대가 52.8%로 가장 이직을 많이 시도했는데, 20대가 45.4%로 가장 적었고, 40대 이상의 이직 시도 비중은 48.0%였다. 앞서 데이터를 봤듯이 어쨌든 몇 년 사이에 40대의 이직 시도는 늘어나고 있는 상황이다. 40대들의 불안 의식이 커졌기 때문인데 아이러니하게도 그들의 몸값이 높아지면서 불안이 가중된다는 점이다. 한창 돈을 많이 벌고 써야 하는데 갑자기 소득 절벽 현상이 올 수 있기 때문이다. 당장에 급여가 여유 있다 하더라도 만족할 수가 없는 상황이다. 노후의 길도 기존의 세대가 겪어보지 못하는 상황이 예견된다는 점을 다 인지하고 있는 건 말할 것도 없다.

물론 소득이 좀 낮아져도 노후를 생각한다면 이를 감내하겠다는 생각도 있다. 2016년 12월 잡코리아가 남녀 직장인 532명을 대상으로 한 노후 일자리 계획 설문조사 결과, 77.4%가 정년 후까지 일할 수 있는 직장으로의 이직 의사가 있다고 답했다. 이직 준비 시점은 40대인데 40대 후반(45~49세)이 25.5%로 가장 많았고, 40대 초반(40~44세)이 23.6%였다. 노후 일자리는 정년퇴직 후에 찾는 것이 좋다는 대답은 18.0%였다.

이직이 단순히 과정이 아니라 종착역이라고 생각한다면 연봉은 좀 더 부차적이 될 수 있다고 생각하는 것이다. 이는 정년까지 채울 수는 없고 정년 이후의 삶이 더 걱정되기 때문이다.

40대의 창업 성공률이 높은 이유

한창 일할 나이에 창업을 한다고?

스타트업start-up은 만든 지 얼마 되지 않은 신생 벤처기업을 뜻하는 말이다. 본래 미국 실리콘밸리에서 IT기업을 가리켰는데 이제 다른 분야에까지 확산되었다. 혁신적 기술과 아이디어를 갖고 있는 창업 기업을 말한다. 대개 이런 분야는 젊은 사람들의 신선한 사고와 새로운 디지털 기술이 결합되는 경우가 많기 때문에 젊은 층의 창업을 연상하게 된다. 스타트업 창업이라고 하면 젊은 층에 맞춰져 정책적 금융적 지원이 이뤄지게 된다. 정말 젊은 층들이 이런 창업을 하게 되면 성공 가능성이 높은 것일까. 현실 속에서 창업은 꼭 젊은이들에게 유망한 것일까.

누구나 창업을 꿈꾼다. 2019년 11월 잡코리아와 알바몬의 〈꿈꾸는 직업 현황〉에서 언젠가 이루고 싶은 꿈의 직업이 있는지를 조사한 결과 전체 응답자 10명 중 9명 이상에 달하는 97.8%가 "있다"고 했다. 이들이 희망하는 꿈의 직업 1위는 "창업 성공"이었다. 복수 선택 응답률 32.8%로 가장 많았다. 건물주가 27.3%로 뒤이어 많았다. 전통적으로 강세인 공무원(20.0%), 의사나 변호사 등의 전문직(14.5%)도 있었다. 여기에 새롭게 유튜버(12.0%)도 상당한 비율을 차지했고, 대기업 임원(8.5%)을 꿈으로 꼽는 경우도 있었다. 건물주가 되는 것보다 창업을 꿈꾸는 것은 더 쉬워 보이고 성취감도 클 것처럼 보인다. 사실 창업에 성공해서 건물주가 되고 싶은 생각이 있기 때문에 창업이 1위인지도 모른다.

한국은 나이가 든 상태 즉 50대에 창업을 한다는 말이 있다. 상대적으로 일본은 한국보다 젊다고 한다. 실제로 데이터를 하나 보면 일본정책금융공고JFC의 2019년 신규 창업 실태조사에 따르면 일본 소상공 분야 창업자 연령대는 40대가 36.0%로 가장 많았다. 다음으로 30대가 33.4%로 뒤를 이었다. 30~40대가 전체 소상공 창업자의 70% 정도에 이른다고 보면 되겠다.

우리나라 중소벤처기업부와 통계청의 소상공인 실태 조사를 보면 2018년 소상공 분야 대표자 연령은 50대(34.4%)가 가장 많았다. 40대는 27.0%였다. 그다음으로 60대 이상(23.3%), 30대(12.9%), 20대 이하(2.4%) 순이었다. 20~30대는 적고 50대가 많았다. 40대는 50대보다는 창업을 적게 한다는 것을 알 수 있다.

그런데 한국도 변화하고 있다. 중소벤처기업부의 2019년 창업 기업 실태 조사 결과를 보면, 2015~2017년간 창업자를 조사한 결과 40대가 가장 많았다. 연령별로 보면 40대(32.4%), 평균 창업 비용은 2억 9,000만 원이었다. 아울러 남성이 58.6%로 여성 41.4%보다 많았다. 2020년 잡코리아와 알바몬이 성인 남녀 1,348명을 대상으로 한 설문조사 결과, 현재 창업을 고려하고 있느냐는 질문에 43.3%가 "그렇다"고 했는데, 특히 40대 이상에서 창업 의사가 50.6%로 가장 높았다. 직업군을 보면 직장인의 창업 의사가 46.5%로 높았다. 결국 중장년층 직장인들이 창업을 많이 고민하는데 연령대가 40대로 이동하고 있으며 50대를 능가하고 있다는 것이다.

그런데 이렇게 생각할 수도 있다. 이것이 반가운 소식인가? 한창 직장 생활을 할 나이인 40대에 창업을 한다는데 말이다. 더구나 실패할 가능성이 높은 것이 아닌가. 그럼에도 불구하고 창업에 몰리는 이유는 조선업, 자동차 등 산업 구조조정에 제조업 일자리가 없어지는 현상이 지속되고 있어서이며 더구나 안정적인 일자리에 재취업하는 일이 쉽지 않기 때문이다.

잡코리아와 알바몬 조사에서 창업을 망설이게 하는 결정적인 걸림돌(복수 응답)은 무엇이냐는 질문에 "실패에 따른 비용 손실에 대한 두려움"이란 답이 응답률 51.6%로 1위였다. 본인들도 실패를 하게 되면 더욱 어려워진다는 사실을 알고 있다는 것이다. 2위는 창업 자금 마련의 어려움(33.8%)이었는데 처음에 돈을 마련하는 것이 어렵다는 것은 그만큼 자기 자본이 많지 않다는 것을 의미한다. 3위는 원금 회수 기간까지의 생계비,

수입에 대한 압박감(22.6%)이다. 금전적 여유가 없기 때문에 원금을 다시 뽑을 때까지 생활비 정도는 벌어야 한다는 압박 요인이 있다.

창업 자금 조달 방법(복수 응답)에 대한 질문에는 자기 자금(94.5%)이 은행, 비은행 대출(20.9%)보다 월등하게 높았다. 개인 간 차용(14.2%)도 있었고 상대적으로 저리일 수 있는 정부융자·보증(2.5%), 정부 보조금(1.2%) 등의 비율은 낮았고 간혹 엔젤·벤처캐피탈 투자(0.7%)도 있었다. 애로사항(복수 응답)으로는 자금 확보(71.9%)가 가장 높았다.

중소벤처기업부의 2019년 창업 기업 실태 조사 결과 창업한 10명 중 7명(71.8%)은 처음 단독으로 창업을 준비(82.0%)한 것으로 나타났다. 창업을 해 본 경험이 없기 때문에 미숙할 가능성은 높다. 상대적으로 실패할 가능성이 높은 것이다.

그런데 창업 동기는 절반가량(50.3%)이 "더 큰 경제적 수입을 위해서"라고 답했다. 실패할 가능성이 높은데 돈을 많이 벌기 위해서 창업을 하는 간극이 존재하고 있는 것이다. 더구나 40대 같은 경우에는 씀씀이가 늘어나고 있고 현재로서는 고통을 감내하면서 다녀도 경제적인 이득이 생길 것 같지 않기 때문에 모험을 시도하는 것이다.

그런데 연구 자료에 따르면 조직 안에 있을 때 시험적으로 시도하는 이들이 결국 성공할 가능성이 높다는 분석이 많다. 전적으로 회사를 그만두고 창업하는 것은 더욱 위험할 수 있다는 것이다. 실패에 대한 두려움(44.1%), 지식·능력·경험의 부족(33.6%) 등의 요소는 창업이 가져올 결과에 대한 기대가 크기 때문에 그럼에도 불구하고 창업 추진을 하게 만들 것이다.

경영에서 가장 어려운 점(복수 응답)으로는 영업·마케팅(69.8%)이 있었는데 이는 처음 창업을 하는 사람일수록 더욱 그럴 수밖에 없을 것이다. 오랫동안 사업을 한 이들은 그러한 노하우가 축적되어 있기 때문에 용이하게 사업을 유지하거나 확장할 수 있다. 다져놓은 네트워크가 중요하기 때문이다. 판매납품 단가 인하(37.0%), 재무자금 관리(29.6%)도 결국에는 경험의 유무가 좌우할 수 있다.

통계 자료에 따르면 신생기업의 5년 생존율은 고작 29.2%다. 5년을 넘길 확률이 30%도 되지 않는 것이다. 2017년 기준으로 신생기업의 1년 생존율은 65%로 10개 창업 기업 중 3~4개 기업은 1년을 버티지 못하고 문을 닫는 것이다. 2020년 3월 직장인 5명 중 1명이 과거 창업을 한 경험이 있다고 답했는데 이 가운데 68%가 2년을 버티지 못하고 사업을 접었다고 했다. 그런데 눈길을 끄는 것은 연령이 낮을수록 유지 기간이 짧았다. 잡코리아 조사 결과에 따르면 20대의 52.5%가 1년 안에 폐업했다. 같은 기간 30대는 38.3%, 40대 이상 11.9%였다. 특히 20대 가운데 대학생 75.0%가 1년 안에 접었으며, 2년 안에는 93.8%가 사업체 문을 닫았다.

이런 데이터는 또 있다. 중소벤처기업부의 청년상인 창업 지원 영업 현황 자료에 따르면 2015~2018년 정부 지원 청년상인 점포는 총 549개인데 현재 285개(51.9%)만 유지되고 있었다. 지원업체의 절반 정도가 폐업했다. 특히 시작부터 지원을 받은 최초 지원 점포 중 영업 유지는 162개(29.5%)였다. 그런데 영업 유지 중이어도 285개 점포 가운데 점주가 변경된 대체 입점 점포는 123개였다. 더구나 72개는 점주가 청년이 아니었다. 40대 이상 점주가 운영하는 것들이었다. 결국 청년 창업에 정부 돈을 들였지만 결국 청년들은 떠나고 40대들이 그 자리를 대체하고 있었던 것이다. 청년 사업 육성이 사실상 무슨 효과가 있느냐고 할 만했다. 참고로 청년상인 창업 지원은 40대 이하의 청년 창업 지원 사업으로 2015년부터 시행돼 총 162억 2,700만 원의 예산이 투입되었는데 이런 예산은 과연 어떻게 쓰여야 하는지 고민해야 할 사안이었다. 창업에서도 40대들의 역할이 상당하기 때문이다. 벤처기업 인증 비중이 가장 높은 비율은 오히려 40대 이상 창업가라는 점 때문에 더욱 그러하다. 자신이 하던 일의 연장선에서 창업을 하기 때문에 기업 생존율을 높이는 게 가능했다. 젊은 층들이 실패할 확률이 높은 것은 자신이 하던 일이 아닐 가능성이 높거나 아예 경험이 없기 때문일 것이다.

경험과 전문성을 기반으로 한 숙련 창업이 중요

실제로 창업 기업 대표의 같은 업계 경력을 통해 기업 생존율을 분석한 결과를 보면, 대표의 직전 업계 근무 기간이 길수록 기업의 생존율이 높았다. 5년 이하와 15년 이상으로 나누어 창업 이후 연차가 늘어날수록 생존율 격차는 더 달라졌다. 창업 1년 차가 1.9%였고 4년 차는 8.3%였다. 매출 성장성과 수익성도 15년 이상 그룹이 더 높았다. 결국 어느 날 갑자기 새로운 분야에 진출하기보다는 자신이 경험했던 분야에서 창업을 하는 것이 성공 확률이 높았다.

일자리 창출과 성장률 제고가 목적이라면 현실적으로 어떤 창업 정책 목표를 국가적으로 설정을 해야 할까. 청년 창업보다는 오랜 현장 경험자들의 숙련 창업이 중요할 것이다. 고용과 산업의 다양한 시도, 새로운 먹을거리 창출을 위해 청년 창업을 유도하는데 막대한 정책 자금을 쓰는 것이 얼마나 합리적인지에 대해서 40대 창업론이 묻고 있는 셈이다.

일본의 사례를 다시 보면 일본의 창업 정책은 청년 창업보다는 현장 경험이 있는 전문 인력을 대상으로 창업을 유도하고 있다. 현장 경험자가 관련 창업을 할 경우 3,000만 엔 한도에서 무담보·무보증 융자를 지원하는 것이다. 또 경험자 고용에 최대 200만 엔 한도로 보조금을 지급한다.

창업 정책 방향을 미래 세대(청년 중심) 기준에서 '현장 경험과 전문성' 기준으로 전환하는 것이 왜 필요한지 알 수 있다. 물론 그렇다고 해서 청년 창업이 없어서는 곤란할 것이다. 다만 지원하는 폭을 넓히는 것이 필요하다. 2020년 중소벤처기업부는 지원 대상이 기존 39세 이하였던 것을 40대 이상으로 확대했고 지원 자격도 창업 경험이 없는 자에서 현재 창업을 하지 않은 자로 변경했다. 창업이 없는 자로 하는 것은 당연히 실패 가능성을 잠재하는 것이고 창업 경험이 없다고 해서 차별하는 일은 막으면 된다.

한 조사에 따르면 일본 소상공인은 창업 동기를 묻는 질문(복수 응답)에 가장 많은 53.7%가 자유롭게 일하고 싶었다고 답했다. 자신만의 일을 하고 싶기 때문이라는 점은 공감할 수 있다. 그다음으로 업무 경험·지식이나 자격을 살리고 싶었다(46.6%)는 대답과 수입을 늘리고 싶었다(46.4%)가 비슷한 비율을 보였다. 한국에서는 소상공인들 중 58.6%가 "자신만의 사업을 경영하고 싶어서"를 꼽았다. 그다음으로 수입이 더 많을 것 같아서(31.1%), 취업이 어려워서(7.8%)가 뒤를 이었다. 아쉽게도 자신의 경험이나 업무 지식을 살리고 싶다는 대답이 없었다. 업무 지식, 경험을 살려서 창업하도록 해야 한다. 중소벤처기업부 조사에서는 적성에 맞는 일이기 때문(40.5%), 경제·사회 발전에 이바지하기 위하여(36.3%) 등의 대답도 있었다. 그간 자신이 해온 일이 자신의 적성에 맞는 일이었다면 더 바람직하겠지만 그동안 하지 못했던 일이기 때문에 새롭게 시도를 하는 것이라면 소망하는 결과가 있을지는 장담하기 힘들다.

40대는 현재 직업과 연관된 창업을 선호했다. 〈MENAISSANCE MAN 2016년 대한민국 40대 리포트〉 자료에 따르면 40대 직장인은 특히 창업에 매우 보수적(?)으로 접근하는 것으로 조사됐다. "창업을 준비 중이라면 생각하는 분야가 무엇인가"라는 질문에 응답자 216명 중 52.8%가 "현재 직업과 관련된 창업을 생각하고 있다"고 했다. 보수적 성향은 여성(42.4%)보다 남성(60.5%)에게서 더 두드러졌다. 예컨대 단골 창업 아이템인 커피 전문점은 13.9에 그쳤지만 여성 직장인들은 커피 전문점을 선호했는데 여성 응답자의 21.7%가 커피 전문점 창업을 준비 중이었다. 식당, 기타 프랜차이즈 창업은 각각 11.1%였다. 한동안 폭발적인 신장세의 편의점(5.6%)과 치킨집(2.3%)은 많이 선호하지 않았다. 언론에서 많이 지적했다는 것은 누구나 인지하고 있을 것이기 때문이다. 보수적이라는 말은 나쁜 것이 아니라 체화된 경험과 지식을 말한다. 그것이 누구에게 있으며 열정과 미래 가능성이 남아 있는 것은 누구인지 묻는다면 당연히 40대다.

다만 앞으로 방향은 명확하다. 단지 자신이 좋아하는 것만이 아니라 그동안 꾸준히 해왔거나 정말 오랫동안의 활동이 축적된 분야나 아이템이어야 한다. 2019년 11월 잡코리아와 알바몬의 〈꿈꾸는 직업 현황〉에서는 덕후와 직업이 동일한 "덕업 일치"(41.2%)가 가장 많았다. 덕후는 일본어 '오타쿠'의 한국식 발음인데, 취미를 오래 해서 어느 순간 전문적인 지식과 열정을 갖게 된 이들을 가리킨다. 단지 즐거운 일을 하겠다가 아니라 생계로 직장 일을 하면서도 해온 일들이다. 그렇기 때문에 어느 누구보다 그 분야나 아이템에 대해서 잘 알고 있고 경쟁력도 갖게 된다. 꿈꾸는 직업의 조건으로 안정적(30.3%), 고소득(29.7%), 놀면서 할 수 있고(16.4%) 아울러 시간 제약 없음(13.4%) 등의 답변이 나왔는데 취미를 발전시킬 경우 이런 부분들도 만족시킬 수 있게 된다. 삶과 일의 균형을 맞추는 것이 가능해보이기 때문이다. 40대도 이러한 덕업 일치의 방향으로 갈 수밖에 없다. 그렇지 않다면 존버할 수밖에 없을 것이다.

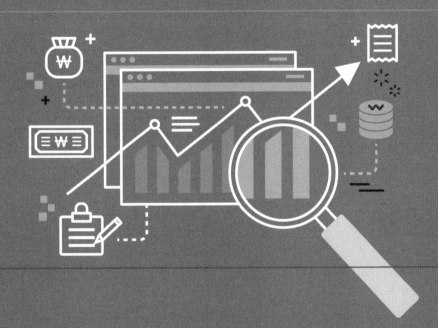

5장

그들은 어떻게 게임 산업계와
디지털 시장의 '큰손'이 되었나

코흘리개 때는 오락실에서 살다시피 하다가, 청소년기에는 PC게임에
매달리더니, 40대가 된 지금까지도 여전히 손에서 게임을 놓지 못하는
70년대생들. 디지털 혁명기 속에서 성장한 그들의 주요 소비 성향에서
'게임'과 '디지털'을 빼놓을 수 없다.

게임은 10대가 밤새워도
큰손 따로 있다

게임에 중독됐던 청소년들, 40대가 되다

어느새 게이미피케이션gamification은 교육, 조직 운영 분야는 물론이고 각종 소비 마케팅에도 적극적으로 활용되고 있다. 게이미피케이션의 확장을 가능하게 했던 배경에는 전자오락게임의 확산이 있다고 해도 지나침이 없다. 인터렉티브 문화가 자리 잡은 21세기에 빼놓을 수 없는 상품 소비의 근본적인 메커니즘이 바로 게임의 통제성, 피드백의 성취감이다. 게임을 단순히 오락 수단으로만 접근하는 방식은 고객의 니즈에 관한 핵심적인 원리를 놓치는 것이다. 지금이야 게임이 다른 대접을 받고 있지만, 90년대 학번들에게는 전혀 그렇지 못했다. 아무리 뛰어난 제품이나 기술도 얼리 어답터만의 전유물에서 그치지 않고 대중화가 되기까지는 정체기를 거친다는 제프리 무어의 '캐즘Chasm' 이론을 적용시킬 수 있을 것이다. 새로운 기술과 상품의 정착에서 언제나 초기에 수용한 이들은 수난을 당하는 것처럼 90년대 학번 세대들 역시 그런 과정을 겪었지만 결국 주류 게임 세대가 되었다.

2019년 세계보건기구가 게임 질병 코드를 도입하겠다고 밝혔을 때 가장 염려한 것은 청소년이었다. 흔히 게임은 10대들에게 문제를 일으키고 나아가 중독 현상을 일으킨다고 보기 때문이다. 바이러스라면 모든 사람들에게 동일하게 적용되어 질병을 일으킬 수 있지만 게임은 다르다. 사람마다 편차가 발생한다. 누구나 다 게임에 중독되고, 질병을 일으킨다고 보기 힘들다.

물론 새로운 게임에 쉽게 열광하고 열렬한 반응을 보이는 것은 10대와 20대들이라고 할 수 있다. 특히 게임을 하는 대상을 연령대로 구분했을 때 위험한 대상으로 규정되는 것은 바로 10대다. 이는 학교는 물론이고 가정, 청소년시민단체에서도 동일하게 적용된다. 많은 심리학 실험에서 자기 존중감이 높을수록 게임 중독에 빠지지 않는다고 밝힌 점은 별로 관심의 대상이 되지 않으니 말이다. 물론 스스로 자아 존중감을 가져야 중독에 빠지지 않으며, 그런 과정을 겪어내고 사회 경제적으로 자리를 잡은 90년대 학번들이 게임 시장의 큰손이 되었다는 점은 시사하는 바가 있다.

게임이 본격적으로 세상에 퍼지기 시작한 것은 1980년대라고 할 수 있다. 이즈음 청소년기를 보낸 70년대생들은 눈칫밥 먹으면서 게임을 접했던 세대라고 불린다. 하지만 눈칫밥 정도가 아니었다. 게임을 하면 불량 청소년이라고 규정되었다. 학교에서 징벌을 받고 낙오자가 될 수도 있었다. 학생부 교사들은 오락실을 돌면서 게임을 하는 청소년들을 적발하고 학생부 칠판에 이름을 적는가 하면 근신이나 정학 등 징벌을 내렸다. 적어도 지금은 이런 딱지 붙이기나 처벌이 이뤄지지는 않는다. 하지만 당시에는 게임을 허락하지 않았던 것은 물론이고 게임기를 사 준다는 것도 쉽지 않았다.

그렇게 꾸중을 듣고 문제아 취급을 받던 어린이 혹은 청소년들은 이제 40대의 경제 소비 주체로 성장하게 되었다. 청소년기의 경험 때문에 이들은 앞선 세대보다는 게임을 덜 부정적으로 생각하게 되었다. 비록 자녀들이 게임에 시간을 많이 할애할까 봐 염려하기는 해도 게임 자체를 금지하지는 않는다. 오히려 자신이 게임에 어떻게 빠져들었는지 알기 때문에 그러한 점에 대해 주의를 기울일 수 있는 세대이기도 하다. 또한 자녀들과 게임을 같이하거나 자녀에게 게임기를 사 줄 수 있는 구매력을 가진 것이 현실이다. 지금의 40대는 수많은 세계인들이 공유한 게임을 만든 장본인들이기도 하다. 그렇기 때문에 게임 문화를 어린이나 청소년에 한정시키는 태도는 매우 현실 착오적이고, 경제적인 측면에서도 큰 오류에 불과하다.

전 세계적으로 게임 산업이 성장하는 이유는 여러 가지가 있다. 그 가운데 근본적인 이유로 게임 인구의 증가를 들 수 있다. 어린이나 청소년이 성장하면서 게임 인구가 40대 중반에서 50대 중반까지 자리 잡았기 때문이다.

게임, 아이들의 전유물에서 온 가족의 즐길 거리로

10대들과 같이 즐길 수 있는 게임 문화가 형성된 점도 빼놓을 수 없는데 세대 간에 같이할 수 있는 게임의 대표 주자는 콘솔 게임이다. 1980년대 후반 국내 기업들도 콘솔 게임기를 자체 제작했다. 게임이라고 하면 연상되는 재믹스(대우전자), 겜보이(삼성전자), 컴보이(현대전자) 등의 출시를 떠올려보자. 바로 이런 게임들이 콘솔 게임이다. 당시에는 콘솔 게임을 주로 오락실에서 할 수 있었기에 앞서 언급한 불량 청소년이나 즐기는 것으로 생각되었다. 시장 확대력도 갖지 못했다. 하지만 불량 청소년 딱지가 붙여졌던 90년대 학번들이 가정을 이루고 아이들을 양육하기 시작하면서 점차 가정 게임 문화가 발달했고 게임 문화 역시 정착할 수 있었다. 더구나 과거에는 마음대로 하지 못했었기에 어른이 되어서 마치 한풀이 하듯이 게임을 구매하기 시작했다. 콘솔 게임이 최근 5년간 40%가 넘는 큰 폭의 성장세를 이뤄온 점도 이 때문이다.

한국콘텐츠진흥원에서 발간한 〈2020 대한민국 게임백서〉에서 콘솔 게임 이용자 특성 조사를 했는데, 30대가 32.3%를 차지했고, 40대가 29.7%를 차지했다. 7.1%를 차지한 10대 이용자를 생각해보면 30대와 40대가 얼마나 큰 폭의 비율을 차지하는지 알 수 있다. 30~40대가 62% 이상의 비율을 차지한다고 볼 수 있다. 2020 게임 이용자 실태조사에서도 전체 게임 이용자 가운데 콘솔 게임 이용률은 20.8%로 나타났는데 역시 30~40대가 큰 비중을 차지했다. 연령별로는 30대가 34.9%, 40대가 27.1%였는데, 그다음이 20대로 22.9%였다. 닌텐도사(社)가 '가족과 함께 즐기는 게임'을 지속적으로 마케팅 해 온 것은 이러한 세대의 특징과 이에 따른 시장의 성장을 예측했기 때문이다. 그렇다고 해서 콘솔 게임만 즐기는 것은 아니다. 모바일 게임의 큰손도 40대이다.

국내 모바일 게임 사용자 가운데 40대가 가장 많은 것은 사실 놀랍지 않고, 데이터로도 충분히 확인할 수 있다. 모바일 앱 분석업체인 아이지에이웍스의 분석 자료를 보자. 모바일 게임 사용자의 연령별 비율을 보면 40대가 28.9%로 가장 많다. 그 뒤로 30대(25%), 20대(18.8%) 순이다. 그런데 모바일 게임 순위가 20대 뒤로 10대가 와야 하는데, 50대가 15.9%로 그 뒤를 차지한다. 10대는 6.2%로 60대(5.3%)의 바로 앞에 있을 뿐이다. 잘못하면 60대에게 뒤질 태세이다. 모바일 앱 트렌드 미디어인 App App LAB에서 발표한 '2018년 연령대별 모바일 게임 이용률'에서는 40대는 10대와 공동으로 많이 했는데 몇 년 사이에 40대가 1위를 차지했다. 또한 2019년 빅데이터 조사기관인 모바일 인덱스의 자료에 따르면, 10대에서 30대까지의 사용자 비율은 비슷하지만 40대 사용자가 가장 많았다. 예컨대 어몽 어스는 전 세계에서 1억 다운로드 이상을 기록했고 일간 사용자 수는 50만 명 이상이었으며 시간당 접속자 수는 7~11만 명이었다.

2020년 모바일 게임 업계에서는 90년대 감성을 재해석한 '뉴트로' 신작들이 대거 출시됐다. 더 킹 오브 파이터즈, 메탈슬러그 등 90년대 인기 게임을 즐기던 청소년들이 이제 어른이 되었다는 점을 고려했기 때문이다.

특히 뉴트로 게임이라는 영역은 40대에게는 향수를 자극하며 1020세대들에게는 현대적인 콘텐츠로 소비된다.

그렇다면 어느 세대가 게임 비용을 가장 많이 사용할까? 게임을 많이 하는 10대일까. 이미 답은 나와 있다. 한국콘텐츠진흥원의 2018 게임 이용자 실태 보고서에 따르면, 총 이용 비용은 40대가 3만 9,981원으로 가장 많았다. 그다음으로 20대(3만 6,265원), 30대(3만 3,220원) 순이었다. 총 비용은 유료 게임 다운로드, 게임 아이템 구매 등이 포함됐고, 통신비나 데이터 요금은 제외한 내역이었다. 특히 총 이용 비용은 연령대가 올라가면서 함께 높아졌다. 20대는 1만 원 이상 지출하는 비율이 55.8%였고 30대는 62.7%였다. 40대는 그럼 얼마나 될까. 무려 70%인 것으로 나타났다. 아울러 20대와 30~40대는 총 이용 비용과 결제 비용에서 차이가 났다. 20대는 총 이용 비용과 게임 내 결제 비용이 비슷했다. 하지만 30~40대는 최소 7,000원에서 9,000원까지 차이가 났다. 이는 무슨 뜻일까. 30~40대가 유료 게임 다운로드 비용(=총 이용 비용-게임 내 결제 비용)을 20대보다도 더 많이 사용하는 것이다. 거꾸로 20대는 게임 내 아이템 구매 금액 외의 비용은 아끼는 대신 아이템 구매 등에 더 소비하는 것을 알 수 있었다.

고정관념을 깨는 40대 여성들의 게임 사랑

그간 게임 업계에서 성별에 대한 고정관념이 있었는데 이 또한 달라졌으며 70년대생 여성들이 약진했다. 모바일 게임 대중화가 성별에 따른 게임 장르나 이용 비중 격차를 많이 줄였기 때문으로 이 중심에도 70년대생들이 있는 것이다. 아이지에이웍스가 2019년 10월 한 달간 구글 플레이를 통해 모바일 게임 시장을 분석한 결과, 게임 사용자 성별 구성은 남성 50.3%, 여성 49.7%로 거의 같았다. 그럼 이들은 어떤 장르를 선호했을까? 여성은 캐주얼 게임, 남성은 FPS(일인칭 슈팅) 게임이나 전략 게임 등이라고 생각하기 쉽다. 10대부터 60대까지 같은 연령대의 남녀는 모두 같은 장르의 게임을 선호하는 것으로 조사됐다. 다만 연령별로 선호하는 게임 장르는 달랐다. 연령대별로 10대 남성들이 FPS 게임 '콜오브듀티'를 가장 좋아했다면, 여성은 '플레이어언노운스 배틀그라운드'를 가장 선호했다. 20대는 남성과 여성 모두 모바일 MMORPG(다중접속역할수행게임) '달빛조각사'를 좋아했다. 30대와 40대는 남성과 여성 할 것 없이 대전 슈팅게임 '브롤스타즈'를 가장 좋아했고, 50대와 60대는 남성과 여성 모두 카드 게임 '피망 뉴맞고'를 가장 많이 선택했다.

독특한 점은 30대 이상 연령층에서는 여성이 남성보다 모바일 게임을 더 즐겼다. 2019년 모바일 인덱스 자료에 따르면, 10대에서 30대까지의 사용자 비율은 비슷하지만 40대 사용자가 가장 많았는데 이용자 성비도 남성 48.01%, 여성 51.99%였다. 오히려 여성이 많다. 대부분 30~40대가 모바일 MMORPG를 즐기고 있다. 여성 30대까지 가장 비슷한 연령대를 이룬다. 예컨대 로한M은 리니지M과 같이 30, 40대가 차지했다.

게임은 원소스 멀티유스로 진화를 계속하고 있다. 영화로도 만들어지고 있고 웹툰이나 음악 시장에서도 그 배경 음악 등이 파생되어 콘텐츠로 소비된다. 최근 코로나 19 때문에 어려워진 영화관들은 상영관에서 e스포츠 대전을 펼치거나 게임 ost 콘서트를 열기도 했다. 이처럼 게임 산업은 무한 확장 가능성을 생각하게 한다.

70년대생들은 콘솔 게임부터 전략 시뮬레이션 그리고 모바일 게임에 이르기까지 대중적 전자 게임의 계보를 두루 섭렵한 세대라고 할 수 있다. 전자 게임의 원형과 맥락을 접하고 이를 체화한 세대이기 때문에 뉴트로 제품만이 아니라 스마트 모바일 게임 신작에도 능히 적응할 수 있는 역량을 지니고 있다. 게임은 단지 게임 자체의 콘텐츠 소비만 일으키지 않는다. 70년대생들은 게이머라고 하는 직업군을 탄생시키고 활동했으며 e스포츠라는 개념을 확립시킨 첫 주자들이었다. 스포츠가 자본주의 소비의 꽃 가운데 하나라는 점을 생각할 때 단순히 전자오락이 불량 청소년들이나 하는 것이라고 규정하는 것이 얼마나 시대에 뒤떨어진 것인지 다시금 생각하게 된다.

최첨단 기기의 소비를 주도하는 디지털 세대

PC통신과 함께 자란 디지털 세대

90년대에 청춘기를 보낸 이들을 대개 전에 없이 강한 개인주의 성향을 가지고 있으며 규정할 수 없는 세대라고 많이 이야기한다. 배낭여행과 어학연수를 본격적으로 떠난 첫 세대이니 글로벌 마인드를 가졌을 것 같고 서구식의 자유주의와 개방주의를 몸에 체화하고 있을 것처럼 보이기도 한다. 개인주의 성향을 보인다는 것은 독재 권력의 타도보다는 대중문화에 관심이 많았기 때문일 것이다. 자본가의 상품을 거부하기보다는 그들의 상품에 관심이 있었기 때문이다. 집회 시위보다는 연애하는 데 관심이 있고 극장을 찾고 콘서트에 가며, 노동가요보다는 대중음악 가수들에 더 집중을 했기 때문일 게다. 그래서 강한 개인주의자라고 한다. 통일과 민주화의 완성과 불평등 분배 정책에 관심이 없을수록 개인주의 세대이면서 규정할 수 없는 X세대라고 했다. 그러나 아무리 관심이 있었던 386세대라고 해도 전부 그렇게 관심이 있었을까. 그들 대부분도 관심이 없었다. 결국 소수의 사람들이 바라보는 예컨대 지식인 운동권 유형의 사람들이 90년대 청춘들을 그렇게 규정했을 뿐이다. 더구나 개인이 없으면 집단이 있을 수 없다는 사실을 너무 외면했기 때문에 집단적 사고에서 이탈하는 386세대도 부지기수였다. 대한민국의 지식인들이나 기업인들은 오히려 90년대 청춘들이 보여준 문화적 행태들 때문에 먹고살고 있다. 자본주의 상품구조를 타도하지 않고 그것을 활용하여 대부분 사업을 하고 있고 입지와 지위를 유지하고 있다. 이는 비단 대중음악이나 영화 영상 기획사에만 한정되지 않는다.

하지만 지금도 90년대 학번들을 규정할 때 기성세대들이 하는 말은 하나도 변하지 않았다. 역사적으로도 비슷한 맥락의 말들은 존재했다. 로제 타석보다 훨씬 오래된 기원전 1700년경, 수메르 시대의 점토판에 "요즘 젊은이들은 너무 버릇이 없다."라는 말이 적혀 있었다. 소크라테스도 "요즘 아이들은 폭군과도 같다. 아이들은 부모에게 대들고, 게걸스럽게 먹으며 스승을 괴롭힌다."라고 말했다. 물론 이렇게 말한 소크라테스도 당대 어르신들에게는 참으로 싸가지 없는 젊은 놈이었다. 예수는 어떠했을까. 마찬가지였으리라 생각한다.

90년대 청춘들은 디지털 첫 세대였다. 그들은 XT도스 명령어와 플로피디스크로 자료를 공유했던 세대였고 손글씨에서 컴퓨터 타이핑을 교차했던 학창시절을 보냈으며 전화선이지만 PC통신부터 데스크톱 인터넷을 섭렵했으며, 초고속 통신망을 활용한 핸드폰 및 모바일 정보기술의 성장과 함께 청년기를 보낸 첫 세대다. 그들은 적어도 디지털 카메라와 필름 카메라 모두를 이해하고 그것을 젊은 세대들과 교류할 수 있는 역량을 가지고 있다.

최첨단 IT 분야의 큰손

사실 스마트폰은 모든 전자기기를 수렴하고 있기 때문에 이를 어르신들의 장난감이라고 할 만하다. 스마트폰 시장에서 40대는 VIP고객으로 불린다. 화석의 과정을 다 체험했고, IT산업의 성장기를 함께했다. 예컨대 10대 시절에는 무선호출기, 20대에는 휴대폰, 30대에는 스마트폰을 소유했기 때문이다. IT 기기 신제품에 대해서 최소한 제품 차원의 거부감이 없다. SK텔레콤 자료에 의하면 갤럭시 S20을 사전 예약한 고객 가운데 30~40대 남성 고객 비중이 40%로 전체 1위였다. 특히 40대는 비율이 문제가 아니라 구매력까지 높다. 요금제를 봐도 LTE요금제보다 비싼 5G 요금제 가입률이 28.3%로 1위를 차지했다.(2019년 기준) 2020년 1월 전체 5G 가입자 가운데 30~40대가 53%를 차지했는데 LTE 가입자 중 30~40대 비중이 32%임을 감안하면, 5G에서는 30~40대 비중이 LTE 대비 높았다. 그들은 신제품이 나오면 적극 소비할 뿐만 아니라 다른 연령대보다 높은 가격대의 제품을 구매한다는 것을 의미한다.

그런데 이렇게 신제품에 관심이 많다는 것은 그냥 문화적으로 과시하기 위한 것일까. 새로운 제품을 먼저 구매해서 다른 이들의 주목을 받기 위해서 말이다. 그러나 그렇게 명품 효과만을 기대할 수 없는 것이 스마트 기기들이라고 할 수 있다.

2018년 이마트몰 모바일 쇼핑 비중이 73.9%로 처음으로 70%를 넘어섰다. 이마트몰의 모바일 쇼핑 매출 비중은 2013년 8.5%에서 2014년 24.6%, 2015년 44%, 2016년 56%, 2017년 63.8% 등으로 계속 상승일로에 있었는데 그 이유로 90년대 학번들이 40대로 진입하면서 모바일 쇼핑의 성장을 이끈 것으로 이마트는 분석 결과를 내놨다. 이러한 점은 실제 데이터를 통해서도 알 수가 있다. 모바일 문화에 익숙한 20대와 비교해 보자.

2016년 35%였던 40대 매출 비중은 2018년 38.1%로 올라섰다. 이에 비해 20대 매출 비중은 8.4%에서 7%로 떨어졌다. 모바일 쇼핑의 최대 소비층인 30대의 매출 비중은 어떨까. 2016년 42.8%에서 2018년 42.4%로 소폭 감소했다. 이렇게 다른 연령대와 비교하면 40대의 성장세를 확인할 수 있다. 전체적으로 10~30대 매출 비중은 2016년 51.3%에서 2018년 49.5%로 줄었는데, 40대 이상 매출 비중은 48.7%에서 50.5%로 증가했다. 모바일 기기 사양이 더 좋아지고 접근하기가 간편해지면서 비중이 늘어났다고 생각할 수 있다. 쇼핑이라는 것은 결국 자신들에게 필요한 물품을 편리하게 구매하는 것이다. 편리한 구매를 위해서라면 스마트 기기의 성능이 좋아야 하는 것은 당연한 일이다.

스마트 헬스케어를 사용하는 40대가 늘어나고 있는 것은 실용적인 목적을 중시하는 그들의 특성을 잘 보여준다. 스마트 헬스케어는 스마트폰을 비롯한 IT 기기로 개인의 건강 상태를 점검할 수 있는 것으로 구체적으로는 건강 관련 서비스와 의료 IT가 융합된 종합 의료 서비스에, 개인 맞춤형 건강관리가 가능하도록 한 개인 중심의 건강관리체계다. 말이 좀 어렵지만 스마트폰 하나로 자신의 건강을 종합적으로 관리할 수 있는 시스템이다.

G마켓에서 스마트 헬스케어 제품은 전년 같은 기간에 비해 205% 증가했다. 40대의 판매 신장률은 스마트 헬스케어 제품의 평균 신장률보다 많은 214%였다. 그 뒤로 30대(201%), 50대(155%), 20대(123%), 60대(73%) 순으로 증가했다. 옥션에서도 인기 있는 밴드형 스마트 헬스케어의 경우 40대의 구매가 2017년보다 200% 증가했는데 30대는 100%, 50대는 67%, 20대는 20% 증가했다. 이렇게 40대의 구매가 많은 이유는 첨단 기기에 거부감이 없는데다가 이제 건강을 관리해야 할 나이라는 의식이 강해졌기 때문이다. 예전에는 40대에 건강을 관리한다고 하면 개인주의적 행동이라는 말을 듣기도 했다. 조직이나 집단의 목표보다 개인의 건강을 챙기니 말이다. 하지만 이제 시대가 바뀌었다. 그렇게 비난을 많이 했던 기성세대들은 뒤늦게 후회를 하거나 건강 챙기기에 나서고 있다. 아무래도 스마트 헬스에 나서기에는 디지털 감각이 좀 떨어지기 때문에 이러한 제품에 대해서는 능동적으로 나서지 못하는 것은 아닐까 한다.

스마트워치나 밴드 구매 사례들도 보자. 이러한 상품 역시 젊은 세대들이 많이 착용할 것이라 생각하기 쉽다. 정말 그럴까. 2017년 정보통신정책연구원KISDI의 〈스마트폰 연동기기의 증가 현황 및 연동기기 보유자의 특성〉보고서에 따르면 스마트폰 이용자 7,984명 중 7.8%에 해당하는 626명이 스마트워치나 밴드를 가지고 있었는데 연령별로는 10세 미만이 7명, 10대 46명, 20대 100명, 30대 140명, 40대 150명으로 나이가 많을수록 증가했다. 하지만 50대부터는 줄어들었다. 50대 138명, 60대 34명, 만 70세 이상 10명이었다. 여기에서 주목할 것은 20대들의 비중이다. 이들은 100명으로 50대보다 적다.

스마트워치와 밴드 등 스마트폰 연동기기를 갖고 있는 사람들은 얼리어답터적 구매 성향을 보이는 것으로 나타나고 있다. 이런 성향을 가장 많이 갖고 있는 것은 젊은 세대가 아니라 오히려 40대였다는 것을 확인할 수 있다. 그렇다면 단지 이들이 신제품을 빨리 사서 주변에 과시하기 위해서 이렇게 하는 것일까. 아니다. 실용적인 목적 때문이다. 스마트폰 연동기기를 가진 사람의 스마트폰 이용량을 비교하면, 음성 무제한 서비스 가입률이 더 높았다. 특히 20대보다 40대 등에서 가입률 차이가 더 컸는데 데이터 무제한 서비스 가입률도 마찬가지였다. 이는 스마트폰 이용량이 많기 때문에 연동기기를 구매했을 가능성이 높다는 것을 의미한다. 아무래도 30대는 물론이고 20대는 40대보다 쓰임이 덜할 수도 있다. 관리자이거나 고소득자일수록 이러한 기기를 사용할 가능성도 높았다. 물론 50대는 40대보다 그럴 가능성이 높기 때문에 40대보다 비중이 높아야 하지만 그렇지 않았다. 스마트 기기에 대한 관심이나 활용 의지도 매우 중요하다는 점을 일단 고려해야 할 것이다.

물론 개인적인 목적도 분명하게 있을 수 있다. 2015년 5월 애플워치를 처음 선보였을 때 관계자는 "명동점의 경우 90% 가까이가 남성 구매자들이었고, 40대 중년층도 절반 가까이 보였다."라고 했으며 "40대 중년층의 경우 시계에 대한 향수와 애플워치의 건강 체크 기능 등이 구매로 이어진 것으로 보인다."라고 했다. 시계에 대한 향수라는 것은 아날로그적인 정서라고 할 수 있고 건강 체크는 세대적인 이용 목적의 특징이라고 할 수 있다. 그것을 새로운 디지털 기술을 활용해서 관리할 수 있다는 점에 매력을 느낀 것이다. 사실 시계는 나이가 든 사람만이 아니라 젊은 층에게도 패션으로 인식된다. 그것을 애플워치로 업그레이드를 한 것이기 때문에 더 이상 아날로그적이지 않다. 40대는 실험적이거나 마니아적인 취향을 갖고 있지는 않다. 어떻게 보면 대중적인 상품과 서비스 콘텐츠를 원한다.

40대들에게 마이너를 지향하는 오타쿠 경향이 많지 않다는 점은 콘텐츠 소비에서도 드러난다. 수많은 콘텐츠들을 볼 수 있는 모바일 기기는 날로 성능과 모델을 업그레이드하고 있다. 그들이 그 기기로 보는 콘텐츠는 무엇일까. 방송통신위원회는 2020년 4월 28일 스마트폰과 PC를 통한 실시간, 비실시간 방송 등 시청 상황을 조사한 〈2019년 N스크린 시청 행태〉 조사 결과를 발표했는데 40대는 스마트폰을 통한 전체 동영상 이용 시간 대비 방송프로그램 시청 시간 비율(11.34%)이 가장 높은 세대였고, VOD 시청도 30~40대가 가장 높았다. 그들은 방송이나 영화를 모바일 기기를 통해 본다. 아마도 10대들은 유튜브를 많이 볼 가능성이 크다. 유튜브는 분산적이다. 하지만 방송은 취향이 집합적이고 대중적이다. 40대들은 대중문화 세대이다. 가장 대중적인 제품이나 서비스 그리고 콘텐츠를 중요하게 생각한다. 거기에서 언제나 새로운 트렌드를 받아들일 준비가 되어 있다. 그렇기 때문에 상품과 서비스 선택, 소비의 중간 허리에 해당하며 중심축이라고 할 수 있다. 새로운 취향과 기호를 결합시키면서 외연을 확장시킬 수 있는 경제적 문화적 역량을 가지고 있는 유일한 세대라고 할 수 있다.

30년 동안, 한시도 손에서 게임을 놓지 않다

오락실에서 PC방으로, 다시 스마트폰 속에서

갤러그, 테트리스, 보글보글, 핵사, 스트리트파이터 등등 추억의 게임이 인터넷에서 회자되었던 적이 있다. 물론 그런 게임은 아직도 복고 스타일이라는 이름으로 눈에 띄기도 한다. 복고 트렌드로 어린 시절 즐겼던 게임을 다시 하고픈 30~40대들이 늘어나자 소니나 닌텐도 등 세계적인 게임 회사들이 과거 자신들의 인기 게임기를 재출시하는 사례가 등장했다. 물론 무한정 파는 것이 아니라 한정판이다.

이런 아날로그 방식의 전자오락실 게임은 적어도 40대들에게는 게임의 추억 전부로 남아 있지는 않다. 오히려 그러한 게임을 추억으로 갖고 있는 것은 386세대들인지 모른다. 40대들은 추억의 게임 이후로도 새로운 게임들이 업데이트가 되었기 때문이다. 전자오락실의 추억은 아주 일부분에 불과하기 때문에 복고 스타일의 한 페이지에 불과하다. 전자오락실은 인터넷 시대가 되면서 많은 아케이드 게임에 밀렸고 온라인 게임으로 변화하게 됐다. 그때 적극적으로 변화에 적응한 것이 90년대 학번들이다. 당시 등장한 온라인 게임의 상징이자 실체는 바로 피시방이었다. 즉 90년대 말과 2000년대 초 피시방을 중심으로 온라인 게임 세대로서 본격적으로 정체성을 형성한 이들이 바로 90년대 학번들이다. 한국 온라인 게임의 성장에 그들의 기여가 분명했다는 것은 사실이다. 모든 이들이 다 같은 고사양의 게임용 컴퓨터를 가질 수 있으면 좋았겠지만 그렇지 못했던 상황에서 그 세대들은 피시방을 통해서 온라인 게임공동체를 이뤘다. 당시 그들은 외환위기 때문에 취직이 되지 않았고, 오랫동안 절망의 시간이 계속될 것이라는 묵시록을 품고 피시방에 드나들었다. 또한 취직을 했더라고 곧 해고의 위협에 시달리거나 비정규직에 종사해야 했던 이들도 피시방에서 지원서를 새롭게 넣거나 정보를 탐색해야 했는데 그 와중에 불안과 스트레스를 게임으로 해소했다.

20~30대의 게임 관련 소비는 항상 있었지만 근래 90년대 학번인 40대가 새롭게 중심으로 떠오른다는 지적이 많다. 학창 시절 메이플 스토리, 군주 온라인, 바람의 나라 등 2000년대를 풍미했던 게임 그리고 스타크래프트 같은 게임을 즐겼던 것이 그들이다. 스타에서는 저그, 테란, 프로토스 등한 종족의 전사로 다른 전사와 싸움을 하는 대결을 벌이는데 개인 대 개인만이 아니라 팀플레이도 가능했고 무엇보다 기존의 게임처럼 주변 사람이 아니라 전혀 모르는 이들과도 함께 게임할 수 있었고 그것은 무한 대결을

통해서 모르는 상대와 지역과 국경을 넘어 글로벌 마인드를 키워주기도 했다. 온라인 게임에 더욱더 빠져들게 만들었던 것은 상호 간 쌍방커뮤니케이션이었는데 이런 상호적 동시성의 변화무쌍함은 게임 문화코드의 신기원이었다. 더구나 이를 업으로 삼는 직업인 게이머가 등장한 것도 게임 산업을 확장시키는 데 큰 기여를 했다. 게이머 간의 승부를 겨루는 대회도 열렸고 스포츠 해설처럼 게임 해설 방송도 가능해졌다. 90년대 학번들은 학창시절을 전자게임, 온라인 게임과 함께 자라온 세대이다. 하지만 게임은 제한적이고 공간도 피시방에서 저렴하게 이용하는 데 머물러야 했다.

그들이 본격적인 사회 활동을 하고 경제적인 여력이 되면서 구매력까지 갖추게 됐다. 그 사이에 온라인 게임은 모바일 게임으로 이동을 했다. 물론 10~20대보다 게임을 즐기는 시간을 무한정 투입할 수는 없다. 다만 짧아도 취미생활에 다른 세대보다 더 크게 투입하는 경향을 보였다. 중요한 것은 게임 구매 액수이다.

게임업계의 성장을 주도하는 '큰손'

한국콘텐츠진흥원의 〈2019년 게임 이용자 실태조사〉에 따르면 2019년 상반기 기준 국내 게임 사용자 중 40대의 모바일 게임 이용 비용은 한 달 평균 2만 8,579원이었다. 전국 만 10세부터 65세 사이의 연령대 중 가장 많은 금액이었다. 그들보다 젊은 30대 사용자들은 얼마를 썼을까. 월평균 2만 4,373원이었고 3위에 랭크되었다. 2위는 20대로 2만 6,088원이었다. 물론 시간은 20대들이 많이 투입하는지 모르지만 역시 전체 액수는 역으로 40대가 가장 많은 것을 데이터를 통해서도 알 수가 있다

이마트가 2017~2019년 3년 동안 1~4월까지 데이터를 분석한 결과 30~40대의 디지털 게임 구매가 55.8%나 증가했고, 전체 디지털 게임 구매 금액에서 30~40대의 비중도 4% 증가한 81%였다. 또한 직접 게임을 체험할 수 있는 '체험형 게이밍'이 유행하면서 대형 유통매장에 체험존이 생겨나고 있는데 여기에서도 40대의 약진이 눈에 들어온다. 이마트가 2019년 일렉트로마트 게임용품의 연령별 구매액을 분석한 결과에서 이 같은 사실을 쉽게 확인할 수 있다. 40대의 1인당 평균 구매액은 20대나 30대보다 10% 이상 높았다. 전체 게임용품 매출에서 연령대별 비중을 보면 확연한데 40대가 34.6%로 가장 높은 비중을 보였다.

2019년 11월 27일 출시한 리니지2M은 주 이용자가 40대 이상인데 와이즈앱에 따르면 리니지2M의 이용자 가운데 40대 이상이 56.1%를 차지했다. 1998년 처음 출시된 리니지 IP는 20년 넘게 사랑받았으며 이용자 충성도가 상당히 높은 게임이다. 2017년과 2019년 출시된 리니지M과 리니지2M은 구글플레이 매출 1~2위를 나란히 차지했다. 이런 충성도 높은 모바일 게임에서도 40대들은 큰 기여를 하고 있는 것이다. 그렇다면 40대는 모바일 게임에 얼마나 많은 비중을 차지하고 있는 것일까.

2020년 1월 모바일 빅데이터 플랫폼 기업 아이지에이웍스에 따르면 월평균 모바일 게임 이용자는 1,961명인데 연령별로는 40대가 30.1%로 가

장 많았다. 30대가 24.9%, 20대가 19.8% 순이었다. 이용자들은 한 달 평균 29.3시간 게임을 했는데 퍼즐, 퀴즈 게임이 월평균 이용자가 가장 많았지만, 롤플레잉게임 이용자들이 가장 많은 시간을 들였다. 이는 게임의 속성상 당연한 것이다. 40대는 온라인 게임이 모바일 게임으로 대체될 때도 견인차 역할을 했다. 기존의 주류였던 온라인 게임을 밀어내고 모바일 게임이 성장하던 2016년 2만 3,473원, 2017년 2만 7,766원 등의 구매액을 보여주었다. 게임업체들은 매출과 순익을 유지하기 위해서는 40대들이 즐길 만한 게임을 계속 만들어야 한다는 전략이 불변으로 필요하다. 다만 연령별 인기 게임 순위를 보면 10대는 1인칭 슈팅 게임[FPS], 20~30대는 RPG, 30~40대는 액션, 50~60대는 캐주얼 게임이 인기라는 점을 참조할 필요는 있는데 RPG 게임은 70년대 중·후반 세대들도 관심이 많았다. 단순히 온라인 게임을 모바일 게임으로 전환하는 것에만 치중한다면 한계가 있을 수밖에 없지만 말이다.

그들은 세대 가교 역할을 한다고 생각할 수 있다. 이제 모바일 시대가 되면서 온라인 게임 시대의 게임 해설은 더욱더 실시간으로 역동적인 상호 소통이 가능해졌다. 그 가운데 단순한 게임 BJ를 넘어서서 하나의 미디어 채널이 된 것이 MCN이었다. 무엇보다 유튜브 크리에이터가 주목을 받은 것은 하나의 경제 현상 비즈니스 모델을 구축할 수 있었기 때문이다. 구독자를 얼마나 확보할 수 있는가가 중요한 이유도 그것에 따라 수익 형성과 배분이 달라지기 때문이다.

대표적인 성공 모델로 꼽히는 이가 유튜브 스타 크리에이터 대도서관인데 그는 스스로 "2018년에는 17억 원, 2019년에는 30억 원을 벌었다."라고 밝힌 바가 있다. 게임 전문 유튜버로서 그는 게임 관련 행사에서 섭외 1순위이기도 하다. 대도서관은 1978년생(43세)이다. 그는 방송에서 직접 게임을 한다. 유명 게임보다는 비교적 알려지지 않은 게임들을 주로 방송에서 다루기 때문에 호평을 받았다. 그는 무엇보다 욕설 등을 사용하지 않아서 다른 막말 방송을 하는 BJ들과 달라서 더욱 좋은 이미지를 형성했다. 또한 마치 예능을 보는 것처럼 방송을 재미있게 해서 많은 구독자를 모았는데 비슷한 또래도 있지만 대부분은 대도서관보다 나이가 어린 경우가 많다. 대도서관은 어려운 가정환경에서 성장했다고 방송을 통해 말한 적이 있는데 그러한 배경을 딛고 성공할 수 있었던 것은 결국 사람들이 원하는 것을 마다하지 않고 열심히 함으로써 수익 모델을 만들어냈기 때문이다.

　　게임도 마찬가지라고 할 수 있다. 게임을 마치 문제아, 불량 청소년들의 전유물처럼 생각했고 그래서 게임을 하지 않으면 모범생이고 인생을 긍정적으로 사는 것이라고 교사들은 훈육했다. 하지만 대다수의 90년대 학번들은 게임을 꺼리지 않고 받아들였으며 게임에 의해 폐인이 되기보다는 긍정의 경제 현상으로 이끌어가는 데 견인 역할을 했다. 물론 WHO가 게임을 질병으로 규정하겠다는 등 문제점을 지적하지만 이는 사실 이용자의 상황과 처지에 따라 다를 수 있다. 더구나 게임의 경우 개별적으로 너무나 천차만별이어서 질병으로 쉽게 분류하기 힘들고, 그것을 중독 물질처럼 규정하기도 난처한 면이 있다. 문화 콘텐츠이기 때문에 내용물을 보고 판단할 수밖에 없다. 이는 마치 아이돌 음악이 문제가 있기 때문에 학교에서 듣지 말라고 했던 시기의 잣대와 다를 바 없는 것이다. 게임이 한류 콘텐츠에서 중요한 비중을 차지할 것이라고는 생각지 못했다. 문체부에서는 적극적으로 게임을 방어하게 된 이유라고 할 수 있다. 더구나 e 스포츠 강국으로 한국이 성장했기 때문에 게임의 판단과 평가에 있어서 단순한 잣대를 들이댈 수 없다. 이렇게 한국의 게임이 성장한 데에는 90년대 학번들의 기여를 빠뜨릴 수 없고 이는 아직도 진행 중이다.

그들의 못 말리는 게임 사랑에는 남녀도 없다

한편으로 여성은 남성보다 게임을 덜 이용할 것이라고 생각하기 쉬운데 모바일 게임에서는 오히려 여성들이 약진한다. 무엇보다 30~60대까지의 여성이 남성보다 모바일 게임을 더 즐기고 있었다. 아이지에이웍스의 설문조사에 따르면 30대 여성은 13.3%, 30대 남성은 12.3%가 게임을 즐겼고, 40대도 여성(15.2%)이 남성(15%)보다 더 많이 이용했다. 이는 모바일 게임이 가지고 있는 가능성을 말해주는 것이기도 하다.

이제 게임은 가족 안으로 들어왔다. 단순히 예전의 간단한 전자오락실 게임이 아니다. 1990년대 바람의 나라, 스타크래프트 등 온라인 게임을 했던 청춘들이 학부모가 돼 자녀와 함께 게임을 공유하고 즐기는 일이 많아지고 있다. 2018년 10월 28일 전 프로게이머 이영호와 김정우가 대결한 아프리카TV 스타크래프트 리그 결승전의 30~40대 시청자 비율은 40%에 이르렀다. 단순히 게임을 하지 말라는 부모와 이를 어기거나 저항하는 자녀의 이분법적인 대결 구도로 게임을 바라볼 수 없는 시대가 되었고 그 중심에 90년대 학번들이 있다. 어떻게 보면 그들은 자신들이 스스로 게임을 조절하고 통제하면서 게임을 즐길 수 있는 노하우를 자녀들과 공유할 수 있다. 만약 게임이 질병이라고 한다면 90년대 학번들은 집단 면역을 가능하게 만들고 있는 것이다.

정작 위험한 것은 중독이 아닐지 모른다. 보건복지부와 질병관리본부의 〈2018년 국민건강영양조사〉에 따르면 1998년 25.1%였던 19세 이상 성인 남성의 비만율은 2017년 역대 최고인 42.8%로 증가했는데 활동량이 줄어서 그렇다는 것이다. 구체적으로 30대 남성의 비만율은 51.4%로 전년인 46.7%보다 4.7%p 증가했고, 40대 남성 비만율도 44.7%에서 47.5%로 늘었는데 그 이유로 게임 등을 하면서 움직임이 줄었기 때문이라는 지적이다. 2019년 5월 한국갤럽 설문조사에서 10~30대 남성이 가장 좋아하는 취미 1위는 게임이었다는 점을 생각할 때 비만과 게임의 상관관계에 대해서 생각하지 않을 수 없다.

콘텐츠만이 아니라 상품과 서비스의 작동 원리에도 게임의 요소가 상당히 많이 반영되고 있다. 이를 가리키는 '게이미피케이션gamification'이라는 용어가 만들어진 것만 봐도 얼마나 게임의 요소가 일상생활에 많은 영향을 미치고 있는지 알 수 있다.

출퇴근하며 전자책을 읽는 세대

자녀 교육과 나를 위한 전자책 구입

독서를 종이책이 아니라 전자책으로 하게 될 것이라는 전망은 아주 오래되었다. 그러한 전망이 실현되었다고 말하는 데 섣부른 감이 있지만 스마트폰이나 태블릿 PC 등 디지털 기기로 책을 읽는 이들이 늘고 있는 점은 사실이다. 편리성과 경제성을 그 이유로 꼽을 수 있다. 전자책은 종이책보다 가격이 저렴하기도 하지만 무겁게 들고 다니지 않아도 된다. 디지털 기기에 많은 책을 저장할 수 있기 때문에 책 보관과 이동에서의 불편함도 최소화된다. 또한 이동 중에 언제든지 접근해서 이용할 수 있다. 그런데 대개 전자책은 젊은 세대가 이용한다고 생각한다. 특히 10대나 20대 말이다. 왜냐하면 새로운 디지털에 익숙하기 때문이다. 이러한 지적은 어제오늘의 이야기는 아니다. 항상 디지털 세대라고 불리는 것은 젊은이들이었기 때문이다.

| 그들은 어떻게 게임 산업계와 디지털 시장의 '큰손'이 되었나

2011년 교보문고의 상반기 전자책 판매 동향을 살펴보면 전자책은 문학을 좋아하는 30대 여성이 많이 구매하는 것으로 나타났다. 이들은 90년대 학번들이었다. 전자책을 구매한 10명 중 4명은 30대(37.5%)였고 그렇다면 20대는 어떨까? 32.2%를 차지했다. 여기에 40대(21.1%), 50대(5.7%), 10대(2.4%), 60대(1.1%) 순이었다.

교보문고는 전자책을 가장 많이 사는 30대를 구체적으로 분석했는데, "대중교통을 이용하는 직장인"으로 봤다. 출퇴근하는 30대가 전자책을 많이 이용한다는 것이다. 전자책 중 57.3%가 문학책이었는데 전자책을 사는 사람의 51.6%가 여성이었다. 즉 출퇴근하는 여성들이 전자책, 그중에서도 문학책을 많이 읽는다는 것을 파악할 수 있다.

한편 2013년 전자책 단말기의 주 소비자는 40대였고 자녀 교육용 구입이 대세인 것으로 나타났다. 인터파크의 전자책 단말기 '비스킷탭'을 구입한 고객을 분석한 결과, 많이 산 이들은 40대로 전체의 42%였다. 관계자는 초등논술, 세계문학전집 패키지 판매 비중이 큰 것으로 보아 비스킷탭의 주 활용 목적이 자녀의 교육용으로 보인다고 했다. 이는 책 구매라기보다는 교육 지출의 관점에서 접근한 것이다. 참고로 통계청의 〈2012 가계금융·복지 조사〉에 따르면 40대는 식료품을 제외하고 교육비 지출이 소득의 23%로 가장 높았다. 자녀의 수험 생활에 도움이 되면 뭐라도 해야 하니까 말이다. 더구나 새로운 기기일수록 더욱 좋을 것이라고 생각할 수 있다.

앞선 비스킷탭 단말기의 30대 구매자도 전체 가운데 33%였는데 연령대별 두 번째로 높은 비중이었다. 30대는 교육 목적이었던 40대 구매자와 달랐다. 집과 사무실을 오가며 사용하는 휴대가 간편한 세컨드 PC로 이 단말기를 선택했다. 이러한 선택이 책이라는 관점에서 접근하는 것이라고 할 수가 있다.

2012년 연령대별 전자책 판매 권수 점유율에서는 30대가 39.2%였다. 이는 역시 20대를 앞서는 비율이었다. 그렇다면 어떤 디바이스를 통해 전자책을 보는가에 대한 질문에는 30~40대들은 전자책 전용 단말기로 구매하는 경우가 많았고 20대는 스마트폰으로 구매하는 비율이 19.1%였다. 교보문고 측에서는 "연령대가 높아질수록 집중력을 요하는 전자책을 선호하는 것으로 나타났다."라고 분석을 했지만, 30~40대들은 전자책을 보기 위해서 별도의 비용을 지불하는 것을 알 수가 있었다.

2013년 회원제 전자책 서비스 '샘Sam'의 경우 주 가입자는 30~40대로 전체 중 71%를 차지했다. 남녀 비율은 남성 57.3%, 여성 43%로 남성의 비중이 좀 높았다. 왜 이런 현상이 일어난 것일까? 남성은 전자책 전용 단말기를 사용하는 비율이 65.2%였는데 이는 여성보다 높았고, 여성은 스마트폰으로 보는 비율이 55.1%였다. 즉 여성들은 별도의 단말기를 이용하지 않기 때문에 별도의 지출을 하지 않고 있는 셈이다. 전자책 전용 단말기를 통해서는 자기계발과 소설 구매가 많이 이뤄져서 남성들이 어떤 유형의 책을 읽고 있는지 알 수 있고 스마트폰을 이용하는 이들은 주로 장르 소설, 특히 로맨스 서적의 구매가 많았다. 이를 다른 말로 하면 내밀한 내용의 소설들은 스마트폰을 통해 더 소비될 가능성을 말하는 것이다. 2013년 3월 〈시사IN〉의 다음 기사를 보면 전자책의 확장성에 대해서 파악할 수 있다.

〈전자책 구매 비율 40대 30%, 20대 18%〉

교보문고 기준으로 40대의 전자책 구매 비율은 꾸준히 증가해 2012년에는 30.9%로 20대의 18.2%를 넘어서고 있다. 2010년에 40대의 비율이 20대의 절반 수준이었던 것에 비하면 2~3년 동안 도대체 무슨 일이 벌어진 것일까? 특히 디바이스 면에서 20대는 스마트폰 비중이 높은 반면 40대 이상 중장년층으로 갈수록 태블릿, e북 전용 단말기 사용률이 증가하며 세대별 디바이스 활용도에서도 의외의 차이를 보여주고 있다.

스마트 기기에 익숙하고 자주 사용한다고 해서 전자책을 많이 구매하는 것이 아니라는 점은 상식이라고 할 수 있다. 2012년 인터파크에 따르면 전자책 콘텐츠를 구매하는 주 연령층은 30대가 전체 이용자의 44.8%였다. 연령별, 성별 비율은 30대 여성이 22.7%로 가장 높았으며 30대 남성(22.1%), 40대 남성(14.0%), 40대 여성(13.3%) 순이었다. 스마트 기기에 익숙한 20대가 전자책 구매를 적극적으로 할 것 같았지만 실제로는 30, 40대에 비해 적극적인 구매를 하지 않았다. 그것은 책을 구매하는 데 적극적이지 않는 것일 수도 있고, 경제적인 여력 문제도 생각해볼 수 있다. 전자책을 빌려 보는 밀리의 서재는 20대가 40%, 30대가 37%로 밀레니얼 세대가 주요 독자층을 차지했다. 이를 통해 책에 대한 태도를 알 수 있다. 월 9,900원에 약 5만 권의 전자책을 무제한으로 읽을 수 있도록 서비스를 제공하는 업체라는 점을 봤을 때 돈이 없는 젊은 세대들이 좀 더 관심을 가질 만하다. 497세대들은 돈을 들여서 구입하는 것에 초점을 맞출 가능성이 많다.

3040세대가 전자책 콘텐츠 시장의 핵심 고객

2017년 모바일 웹과 앱을 이용한 성별, 연령별 판매를 보면 40대가 전년 대비 1.7% 상승한 41.9%를 기록했고 40대 여성이 31.5%로 가장 높은 점유율을 기록했다. 2017년 한 해 전자책 콘텐츠의 성장을 이끈 독자들은 30~40대 여성이었다. 교보문고 등 온라인서점 세 곳의 조사를 보면 전체 전자책 소비자 중 43.5%로 가장 많은 비중이었다. 남녀 모두 전체 연령층 가운데 30~40대의 비중이 가장 높았고 남성이 21%이며 여성 비중은 그 2배였다. 3년간 30~40대 여성 독자는 2015년(44.3%), 2016년(43.2%), 2017년(43.5%) 모두 꾸준히 40% 이상이었고 20대 여성은 2015년 13%, 2016년 14%, 2017년 14.8%였다. 가장 많이 찾은 전자책은 SF · 무협 · 판타지 · 추리 · 호러 · 로맨스 등 장르문학 분야(61.9%)였다.

2019년 예스24에서 전자책을 가장 많이 사는 연령층은 역시 30~40

대. 성별로 보면 남성 구매자가 70%, 여성 구매자가 30%였다. 구매는 그렇다고 해도 전자책 대여는 어떨까. 2019년 경기도사이버도서관의 전자책 대출 건수는 52만 건인데 2018년 44만 건에 비해 14.8%나 증가했다. 전체 연령별로 보면 30~40대가 57.4%로 가장 많았고 이 중 40대 대출자는 29.9%, 30대 대출자는 27.4%로 나타났다. 40대는 왜 전자책을 읽는 것일까. 2013년 3월 〈시사IN〉에 실린 이홍 웅진씽크빅 단행본사업본부장의 칼럼을 살펴보자.

영화나 특히 고가의 음악회, 뮤지컬 등과 같은 다른 문화 상품과 책의 근본적인 차이는 무엇인가? 책은 그들이 가진 우월한 소비력을 과시하거나 차별적인 여가 시간을 뽐내는 도구로 작동하기 어렵다는 점이다. 책의 본질은 세대를 넘나드는 보편성에 기초해야 한다. (…) 40대 이후가 원하는 것은 존재감이다. 젊은이가 쓰는 스마트폰이나 태블릿이라면 나도 쓸 수 있고 그들이 열광하는 공연이라면 기꺼이 볼 수 있다는 자세다. 당연히 축적된 돈과 시간을 과감하게 투자할 수도 있다. 일본에서는 중장년층이 아직도 잡지와 만화의 중요한 소비층이다. 영미권에서는 20대를 타깃으로 하는 책도 중장년층이 읽을 수 있도록 글자 크기를 조절한 스페셜 버전을 만들어낸다. 문화가 강한 나라일수록 세대를 구분 짓지 않는다는 교훈을 잊지 말았으면 한다.

문화예술 작품은 이른바 현시를 넘어서 과시를 하는 데 좋은 수단이라는 지적은 누구나 할 수 있을 것이다. 사실 책도 그러한 경향이던 시절이 있었다. 책을 읽는 사람을 싫어하지 않고 오히려 좋게 보는 현상은 유교주의 전통 때문이라는 지적도 있었다. 하지만 현재 그런 전통에 대해 인식하는 사람은 거의 없다. 책을 보지 않는다고 해도 의식이 없다거나 뒤떨어진다고 생각하지 않는다. 이미 지식의 보편화, 개방화가 1990년대 중반 이후 인터넷을 통해 이뤄졌기 때문이고 이후 다시 스마트 모바일화가 2010년대 이뤄졌다. 책만이 아니라 지식인에 관한 신화화는 불가능하다. 그런 가운데 중요해진 것은 트렌드에 대한 팔로 업이다. 그것은 자신의 존재적 가치를 추구하는 일들에 나서는 것이고 이는 90년대 학번 세대들에게 적극적으로 나타나고 있는 스타일이다. 이는 강박적으로 쓰는 것이 아니라 좋고 바람직한 것이라면 언제든지 능동적으로 따를 태도가 형성된 것이다. 자신이 판단하기에도 바람직하다고 생각할 때 오히려 새로운 세대보다 능동적인 선택을 한다. 책은 더 이상 장식 효과가 없는데 전자책은 더욱 그러하다고 할 수 있다. 오히려 종이책에 익숙하고 독서력이 있는 이들이 전자책에 더 적극적이라는 점은 90년대 학번들이 왜 전자책에 능동적이 되었는지 알게 해준다. 새로운 기기나 서비스에 대해 열린 마음으로 접근하는 90년대 학번들의 태도는 세대를 가로지르는 문화적 행태라고 할 수 있다.

안전하고 편리한 언택트 소비

코로나 19 시대에 등장한 언택트족

사실 언택트^{untact} 현상이 처음에 나왔을 때 새로운 유행이라는 생각이 들었다. 특히 젊은 층들 사이에서 등장했으니 말이다. 혼자 있기를 좋아하고 자신들의 목적만을 취하는 데 능한 세대라는 점을 부각하는 미디어의 분석도 있었다. 그런데 이는 특정 세대의 문제가 아니라 새로운 디지털 기술이 발전하면서 일어난 현상이었다. 단지 개인주의적인 성향이 젊은이들에게 많이 늘어났기 때문에 일어나는 현상이라고 말하는 것은 지엽적인 분석이다.

언택트는 접촉을 뜻하는 콘택트^{contact}와 부정을 뜻하는 언^{un}의 합성어이다. '접촉하지 않는다'는 의미인데 사실상 온라인으로는 연결^{on}되어 있기 때문에 온택트^{ontact}라는 용어도 사용한다. 물리적으로 직접 대하는 것이 아니기 때문에 비대면이지만 온라인으로 접촉을 하는 것은 맞다. 물론 여기에도 두 가지가 있는데 하나는 영상으로 간접 대면하는 것과 아예 숫자와 문자로만 주문과 거래가 이뤄지는 방식이다.

비대면 언택트는 쉽게 생각하면 무인 판매대를 떠올릴 수 있다. 사업주는 사람을 쓰지 않고 기계를 쓰니 인건비를 절감할 수 있고 고객은 직접 점원을 대하지 않아서 좋다고 했다. 예전에 있던 무인 주문기와는 다른 점이 있었는데 모든 결제가 디지털 금융 시스템으로 이어진다는 점이다.

모바일과 디지털 기기 이용에 익숙하고 유튜브, 인스타그램, 페이스북 등 SNS로 지식과 정보를 접하는 20~30대 등이 점원과 접촉을 덜하면서 비대면 소비를 추구하는 사람들을 언택트족이라고 한다. 이런 언택트족의 소비 행태에 대응해 기업들의 언택트 마케팅untact marketing도 이뤄지고 있다.

기업들은 이미 여러 가지 방식의 언택트 마케팅을 시행하고 있는데 특히 인공지능AI, 빅데이터, 증강현실AR, 사물인터넷IoT 등이 결합되는 방식으로 상품 거래 시스템을 구축하고 마케팅을 취하고 있다. 예로 은행과 금융권의 비대면 계좌 개설과 대출, 스타벅스의 사이렌오더, 배달의민족, VR 쇼핑, 셀프 주유소, 무인 계산대 등이 있다. 이러한 언택트 소비는 과연 젊은 세대에게만 한정되는 것일까. 또 그들이 많은 비중을 차지하는 것인지도 생각해봐야 할 것이다.

언택트 소비가 밀레니얼 세대뿐만 아니라 40대에게까지 확산된 것은 실제 카드사 통계로 입증되기도 했다. 카드사의 주요 언택트 매장 15곳을 2년간 분석했는데 늘어나는 속도가 가장 빠른 이들은 40대였다. 현대카드와 현대캐피탈의 언택트 소비 트렌드 분석 결과에 따르면, 40대가 2019년 1~5월 언택트 관련 가맹점에서 결제한 금액은 2017년 1~5월 대비 499% 늘었다. 이는 20대(235%), 30대(304%) 증가율을 크게 앞지른 수준이다. 언택트 서비스 선택 이유도 응답자의 68.7%가 짧아진 대기 시간, 결제의 편리성, 시간과 장소 구애 없는 주문 등 사용의 "편의성" 때문이라고 밝혔다.

40대는 편의점 및 배달 영역의 결제 증가율이 높았다. 1월부터 5월까지 40대가 무인 편의점에서 결제한 금액은 2017년 같은 기간 대비 5,320% 증가했다. 20대(2,555%), 30대(1,879%)보다 컸다. 배달은 502% 증가해서 20대(230%)와 30대(298%)의 증가율을 훨씬 앞질렀다. 한편 20대는 교통과 음식, 음료에서 30~40대의 증가보다 많았다. 이런 점은 젊은 세대일수록 씀씀이가 제한된다는 것을 알 수 있게 한다. 또한 자신을 중심으로 한 소비에 초점이 많이 맞춰져 있다는 것을 알 수 있다.

고객의 심리를 꿰뚫은 비대면 서비스

현대캐피탈은 비대면 시스템인 '디지털 자동차금융 신청시스템'을 구축했는데 2017년 5월 시작된 이 서비스 역시 40대의 이용률이 28.5%로 전 연령대 가운데 가장 높았다.

사실 이런 비대면 마케팅은 기존의 마케팅 연구를 뒤집는 것이기도 하다. 예전의 경영 마케팅에서는 고객들에게 적극적으로 정보를 제공하는 방식이 효과가 있었다. 그래서 매장에 가면 직원이 적극적으로 제품을 홍보

하고 세일즈를 하는 것이 꼭 필요하고 중요했다. 즉 그것이 영업맨이 할 일이라고도 했다. 하지만 지금은 그런 방식이 오히려 고객에게 부담으로 작용할 수 있다. 스스로 혼자 판단하고 싶어 하는 것이 현대의 소비자 심리이기도 하다. 또한 이미 자신이 스스로 판단을 하고 선택하기 위한 정보를 가지고 있는 경우도 많다. 디지털 기술과 문화의 확산으로 이러한 정도는 더 커졌다. 실제로 언택트를 선택하는 이유가 "직원 및 판매원과의 접촉에 대한 부담" 때문이라는 응답도 10.7%가 있었다. 현대카드와 현대캐피탈은 "앞으로 현대캐피탈의 '디지털 자동차금융 신청시스템', 현대카드의 실시간 발급 서비스 및 AI-ARS^{인공지능자동응답시스템}와 같은 직원과의 과도한 접촉을 줄이면서도 고객 편의성을 높인 상품과 서비스가 확대될 것으로 보인다."라고 발표했다. 과도한 접촉이 무엇인지 각자의 상황에 따라서 다르겠지만 고객이 먼저 원하지 않는 경우, 개입을 하는 것은 그 자체가 부담감을 준다. 유튜브에서 자동 알고리즘으로 추천되는 방식도 기분 나빠 하는 소비자들의 심리가 있음을 생각해야 한다. 주도권을 누가 행사하는가가 중요한데 그것을 처음으로 본격 시도한 것이 90년대 학번들이다. 그들은 소비를 나쁘게 보지 않은 본격적인 세대였고 능동적으로 정보를 수집하고 취사선택을 하는 세대이다.

2019년 8월 하나금융경영연구소가 발표한 〈얼론^{Alone} 세대와 언택트 마케팅〉 보고서에 따르면 언택트 확대는 무인점포 전환을 가속화해 금융권의 인력 구조도 바꿀 것이라고 전망했다. 언택트 매출 비중은 30대에서 가장 높지만, 주목받는 것은 40대였다. 연령별 매출 증가율은 40대에서 가장 높았다. 언택트 서비스의 매출 증가율은 20대(54%), 30대(78%), 40대(131%)였다. 이렇게 40대로 이동하는 것에 대해서 1인 구매력이 늘어나기 때문에 전체 언택트 시장의 성장을 견인하는 역할을 40대가 할 것이라고 봤다. 온라인 모바일이 더 친숙하게 일상으로 들어온 상황에서 금융부터 유통, 외식, 숙박은 물론 식품, 전자담배 등 다양한 분야에서 언택트가 늘어나고 있다. 몇 가지 사례만 보면 식품 구매 서비스 이용 회원 수가 전년 대비 약 4.8배 증가한 사례도 있었는데, 30대 신규 회원 수는 6배, 40대 신규 회원 수는 8배 증가했다. 국민건강통계에 따르면 40대 남성의 전자담배 평생 사용률은 11.4%에서 24.2%로 12.8%p 상승해 가장 높은 상승률을 보였다.

연관 개념으로 '구독경제'라는 말도 생각할 수 있다. 구독이라고 하면 신문이나 잡지 등을 생각하지만 디지털 모바일 환경은 그 개념조차도 넓혔다. 구독경제는 이용자가 제품이나 서비스를 물리적 공간에 직접 가서 구매하지 않고 일정액을 내고 주기적으로 제공 받는 서비스다. 이런 '구독소비'가 급증하고 있다. 음악이나 방송 등의 콘텐츠들은 쉽게 생각해봐도 구독경제와 구독소비의 대상이 될 수 있다. 지금은 이런 콘텐츠 형태를 넘어서서 화장품, 식료품, 의류 등 일반 상품으로 범위를 넓혀가고 있다.

정기배송 서비스는 구독이라고 해야 한다. 정기배송 서비스는 필요한 제품을 원하는 날짜와 장소에 제공하기 때문에 인기가 높은데, 오프라인 매장에 직접 가지 않고도 받을 날짜와 시간을 선택하는 등 비용과 노력을 줄일 수 있어 인기를 얻고 있다. 이 서비스도 이용자들 중 40대가 월평균 가장 많은 매출을 차지했다. 서비스를 가장 많이 이용하는 20~30대보다 자녀 양육 등을 위한 40대의 지출이 더 많은 것으로 조사됐다. 액수를 봐야 한다는 말도 일리가 있다. 몇 명이 더 사용하는지 그 비율보다는 1인당 얼마를 더 다른 세대보다 사용하는가 하는 점이다. 신한은행의 〈2020 보통사람 금융생활 보고서〉에 따르면, 정기배송 서비스는 30대 이하가 29.9%로 최다 이용률을 보였다. 40대가 24.1%였고, 50~60대가 21.7%의 이용률이었다. 그런데 액수를 보면 40대가 월평균 6만 원으로 가장 많았다. 30대 이하는 월평균 5만 3,000원, 50대 이상은 5만 5,000원이었다. 40대가 더 많이 늘어난다고 한다면 앞으로 전체적으로 구독 서비스에서 가장 많은 비중을 차지하는 것은 40대라고 할 수 있다. 이용 제품에 대한 질문에서는 40대 이상의 경우 유제품과 음료를 포함한 식료품과 생필품을, 20~30대는 화장품과 커피, 주류, 취미용품 등을 주로 구매했다. 20~30대는 새로운 경험을 위한 상품에 초점을 맞추고 있다는 점을 알 수 있다. 이는 달리 생각하면 가변성이 높다는 점을 말하는 것이기도 하다.

앞으로 얼마나 더 쓸 생각이 있는지도 중요한데 20~30대는 신규 의향률이 16.5%였고 40대는 더 많은 17.2%였다. 아울러 50~60대는 16.0%로 나왔다. 언택트 시대에는 더욱 늘어날 수밖에 없다. 특히 코로나 19 상황이라 전 계층에서 이러한 서비스를 이용하고 있는데 40대는 본인만이 아니라 자녀들을 생각해서 비대면 주문을 늘리는 경향이 있으니 증가에 상관관계가 있을 것이다.

신규 이용료도 차이가 있었는데 20~30대는 월평균 8만 원대, 40대 이상은 9만 원대 비용을 지출할 생각이 있다고 했다. 신규 이용 의향이 있는 제품 중 모든 연령대에서 다수를 차지한 것은 식료품으로 나타났다. 이러한 현상은 앞으로도 다양하게 늘어날 수밖에 없다. 특히 쓸 물건의 폭이 커지는 40대들에게 더 확산되고 그 액수도 증가할 것이다.

안전과 실용성을 위한 선택

중요한 것은 이제 코로나 19 이후에 비대면 서비스 소비가 어떻게 변할 것인가 하는 점이다. 우선 얼마나 영향을 주었는지 관련 통계를 살펴보자. 11번가에 따르면 코로나 19가 본격화한 2020년 40대 이상 고객의 모바일 쇼핑이 크게 증가했다. 연령별로는 20대 27%, 30대 38%, 40대 58%였다. 코로나 19로 중장년층의 온라인 구매가 더 늘어난 것으로 분석되었다. 이것은 결국 코로나 19의 뉴노멀이 무엇일지 생각해 보게 만드는 것이다. 코로나 19로 온라인을 통한 비대면의 온택트 소비를 경험한 이들이 많아졌고 이는 앞으로 더욱 증가하게 될 것인데 그럴수록 젊은 세대보다는 40대들의 역할이 커지게 되고 그들을 대상으로 한 마케팅도 증가할 수밖에 없다. 90년대 학번들은 할 일이 너무나 많다. 그렇기 때문에 새로운 트렌드를 즉각 따르는 것이 벅찰 때도 있을 것이다. 하지만 그들이 주의를 기울이기 시작하면 그 새로운 분야나 사업, 서비스들은 본격적인 티핑 포인트를 맞게 된다. 그들이 전 세대로 확장시키는 데 중요한 트리거 역할을 한다. 단지 역할을 하는 데 그치는 것이 아니라 실제 구매액 즉 경제 현상에서도 많은 비중을 차지하게 된다.

지금의 40대들은 그래도 마지막 정규직 세대의 꼬리 칸에 들어간 이들이 상대적으로 20대와 30대들보다는 많다. 그들이 경제적으로도 해야 할 일들도 여전히 존재한다. 합리적이고 효율적인 소비를 실용적으로 할 줄 알고, 과시나 허영이 아닌 실질적인 가치소비를 이끌어갈 것이기 때문에 마케팅 전략도 좀 달라져야 함을 기업이 파악할 필요가 있다. 그들은 단순히 기존의 마흔 살 세대도 아니고 중장년으로 단순히 묶일 인구 구조의 범주에 있지도 않기 때문에 문화적 관점에서 그들의 선택과 경제 현상을 파악하고 대응하는 노력이 필요하다. 그들 스스로도 그렇게 생각하고 중심축을 이루어가는 것이 개인이나 공동체, 사회 그리고 국가에 바람직할 것이다.

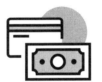

6장

재테크 상품 소비에 녹아든
'강남부자'를 향한 열망

바람 부는 날이면 압구정동을 들락거렸던 70년대생들. 그래서일까?
불가능해 보일지라도 강남에 집 한 채, 작은 빌딩 하나 마련하겠다는
강남부자의 꿈을 마음속에 여전히 간직하고 있다. 그리고 그러한 특징
은 재테크 성향을 통해 엿볼 수 있다.

40대,
연금을 불신하다

믿었던 국민연금에 발등을 찍히다

"국민연금이 고갈 위기에 빠졌다!"는 이야기가 본격적으로 등장하기 시작한 건 2000년대다. 국민연금은 은퇴 이후 고정적으로 들어오던 소득이 끊겨 노후의 생활이 급격히 어려워지는 것을 방지하기 위해 정부가 강제적으로 은퇴하기 전 소득의 일정 비율을 적립하여 운용한 뒤 은퇴 후 사망 시까지 매월 일정 금액을 지급하는 제도다. 1988년 상시근로자 10인 이상 사업장을 대상으로 처음 실시되었으며, 1992년 상시근로자 5인 이상 사업장, 1995년 농어촌지역, 1999년 도시지역 확대 적용으로 비로소 전 국민 국민연금 가입 시대가 도래하게 되었다.

노령연금을 받기 시작하는 나이는 처음에는 60세였으나, 2013년 61세로 한 차례 늦춘 이후 2033년까지 65세로 2020년 기준 현재는 5년마다 한 살씩 수급 시점이 늦춰지고 있는 상황이다. 국민연금의 최대 논쟁거리는 바로 세대 간 형평성 문제다. 결론부터 이야기하면 2008년 이전 가입기간이 긴 지금의 50대 이상 세대가 가장 큰 혜택을 누리게 되고, 40대부터는 혜택의 격차가 크지 않다. 기준 시점으로 1988년 가입한 443만 명, 1995년 가입한 250만 명, 1999년 가입한 913만 명 등 2000년 이전에 국민연금에 등록된 1600여만 명이 특히 혜택을 누리게 설계되어 있다.

국민연금이 처음 설계될 당시만 해도 정부가 예측하지 못했던 평균수명의 급격한 증가로 국민들에게 지급해야 할 금액이 가파르게 치솟자 1998년 정부는 결단을 내리게 된다. 바로 국민연금의 1차 개혁이다. 연금을 처음 수령하는 수급 시점을 60세에서 65세로 5년 미루고 지급 기간도 축소시킨 것이다. 현재는 2013년부터 2033년까지 20년간 5년마다 1세씩 늦추는 방식으로 제도를 적용하고 있다. 여기에 납입금 대비 과도한 지급과 가입자 수의 폭발적 증가로 기존에 제시했던 소득대체율을 달성하기 어렵게 되자 2007년 정부는 국민연금 2차 개혁에 나선다. 수급시점은 그대로 두되 소득대체율을 60%에서 40%로 내린 것이다.

소득대체율은 내가 은퇴 이후에 받게 되는 금액이 은퇴하기 전의 소득 대비 얼마나 되는지에 대한 비율이다. 정부의 국민연금 2차 개혁안에 따르면 2008년 소득대체율을 50%로 내리고 이후 2028년 40%까지 매년 0.5% 포인트씩 내리게 된다. 결과적으로 봤을 때 1988년부터 1998년까지 적용되었던 소득대체율 70%로 11년간 납입한 경우, 1999년부터 2007년까지 소득대체율 60%로 9년간 납입한 경우 등 약 20년간 소득대체율 70%와

60%로 납입한 앞세대는 자신들이 냈던 납입액에 비해 많은 수급액을 받거나 받을 예정인 것이다. 초기 기간의 소득대체율이 2028년에 비해 최대 1.75배에 달할 만큼 압도적이었기 때문에 결과적으로 가입 시점이 매우 중요한 것이다.

또한 연금을 처음 받는 수급 개시 시점도 앞선 세대는 60세로 40대 이전의 세대에 비해 빠르기 때문에 누적 혜택도 더 높게 나타난다. 보건복지부 자료에 따르면 이 같은 차등의 혜택을 누리게 되는 세대의 마지막은 지금의 50대다. 2008년 이후 연간 발생하는 국민연금 부채는 약 20조 원이다. 인구구조 등에 따라 납입액 대비 지급액이 많아서다. 2020년 10월 기준 현재 국민연금의 기금 잔액은 약 815조 원인데 가입자들에게 약속한 혜택의 가치를 현재가치로 환산하면 1400조 원이다. 2019년 국회예산정책처에 따르면 이 같은 속도라면 국민연금의 고갈시점은 2054년인데 약 20조 원의 부채가 매년 쌓이는 추세까지 감안하면 고갈이 아니라 지급 자체가 불가능할 수 있다.

위험을 감수하고, 미래를 준비하다

이 같은 상황은 지금의 40대가 앞선 세대에 비해 리스크가 높은 금융 상품에 대한 보유 비율을 급격하게 높이기 시작했다는 것과 맥락을 같이한다. 한국은행에 따르면 우리나라 X세대는 전쟁세대, 베이비부머 세대에 비해 같은 기간에 이뤄 놓은 평균 자산 총액이 10% 적다.

보험연구소의 2019년 자료에 따르면 우리나라 X세대는 다른 세대에 비해 자산 총액에서 유독 금융상품 보유 비중이 높은데(X세대는 우리나라에서 실거주 주택의 부채 비율도 가장 높다), 이는 생애주기에서 가장 활발한 소득을 창출할 시기인 40대에 노후 준비에 애쓰느라 현재의 삶의 질을 파악할 수 있는 가처분 소득이 현저하게 떨어지고 있음을 나타내주는 것이다.

부동산 대출에 대한 원리금을 갚고, 국민연금도 불안해 개인연금에 돈을 부으면서도 자녀교육에 상당한 자금까지 지출하는 구조가 만들어진 것이다(한 해 결혼 건수가 급격히 떨어지기 시작한 것이 지금의 30대부터인 건 자연스러운 일이다). 당장이라도 발 벗고 나서서, 뭐라도 하지 않으면 행복한 노후도 아닌, 평범한 노후조차 불가능해질지 모른다는 불안감에 40대는 위험을 감수하고 미래를 준비하고 있다.

장밋빛 노후 시나리오

대기업에 다니는 한 친구는 아이들이 어렸을 때부터 항상 하던 말이 있다고 했다. 대학교에 들어가면 한 학기 등록금에 독립생활을 할 수 있도록 방은 마련해주겠지만 부모로서의 지원은 거기까지이며 그 이후에는 스스로 해결해야 한다고 말이다. 보통의 부모들은 자식이 대학에 들어가면 대학을 마칠 때까지 등록금과 방값을 지원하고 여차하면 해외 유학 비용까지 생각할 수 있을 것이다. 하지만 친구의 경우 지금 대기업에 다닌다고 해도 자신이 50대 중반 이후까지 버틸 거라고 생각하지 않기 때문에 아이들에게 그런 말을 한다고 했다. 그 친구의 꿈은 은퇴해서 시골에서 농사를 짓고 2막 인생을 사는 것이다. 현재는 중산층이라고 해도 언제든 그 계층에서 탈락할 수 있다는 생각을 하고 있다. 그런데 대기업에 다니는 90년대 학번들은 과연 얼마나 많을까. 경제적 여유와 관계없이 꿈은 누구나 가질 수 있다. 노후의 꿈. 90년대 학번들은 어떤 노후 생활의 꿈을 가지고 있을까. 꿈을 이루기 위한 준비는 착실히 하고 있는 것일까. 이전에는 생각하지 못한 변수는 없을까.

한 설문 조사 결과를 보면, 퇴직 후 살고 싶은 지역을 묻는 질문에 40대가 가장 살고 싶은 곳으로는 소도시(38.7%)를 꼽았다. 그다음으로 도심(33.2%), 귀농·귀촌(27.9%)을 선호했고, 해외(0.2%)는 소수만이 응답했다. 해외여행을 어느 정도 해 봤기 때문일까. 아무래도 막연한 환상은 없을 것이다. 스위스에서 그림 같은 집을 얻어서 살겠다거나 호주에 이민 가서 노후를 보내겠다고 하지는 않을 것이다. 한국에서 노후를 보내고 싶은 마음은 40대라고 다르지 않았다. 귀농이나 귀촌도 생각하지만 소도시 정도로 생각하는 것은 이전의 50~60대와 달라진 점이다. 무조건 시골에 들어가 살고 싶다는 '나는 자연인이다' 방식은 적어도 아니다.

향후 살고 싶은 주거 형태를 묻는 질문에는 단독주택(52.7%), 아파트(40.3%) 순이었다. 서울에 거주하는 40대는 아파트(46.1%), 나머지 지역의 40대는 모두 단독주택이었다.

남녀의 생각에서도 차이가 있었다. 남성은 소도시(40.8%), 여성은 도심(40.8%)을 가장 선호했다. 또한 남성은 단독주택(59.2%), 여성은 아파트(46.4%)를 가장 많이 선택했다. 남성은 은퇴 후 소도시 단독주택에서 한적하고 여유로운 삶을, 여성은 쇼핑과 편의 시설이 잘 갖춰진 도심의 아파트에서 편하게 사는 것을 원했다. 여성들의 경우 단독주택은 손이 많이 가는 주거 공간이라 버거워한다. 아무리 온라인 앱과 직구가 첨단을 달린다고 해도 물리적 공간에서 체험하는 도심 생활을 선호한다.

은퇴 후 주요 계획을 묻는 설문 조사를 보면, 40대들의 답변은 여가 활동(51.3%), 귀농·귀촌(21.3%), 재취업(16.6%), 창업(10.7%), 봉사 활동 (0.1%) 순이었다. 여가 활동이 가장 많은데 이는 도심에 살건 소도시에 살건 누리고 싶은 것이기도 하다. 봉사 활동까지 추구한다면 이는 미닝 아웃 Meaning Out: 소비를 통해 자신의 가치관과 신념을 주장하는 행위을 넘어 사회적 실천이 라고 할 수 있다.

이런 조사 결과들을 보면 '장밋빛 시나리오'라는 평가를 내릴 수밖에 없다. 90년대 학번들은 이상적인 미래를 꿈꾸고 있지만 닥쳐올 현실과의 차이는 크다. 어느 때보다 은퇴 시기가 빨라지고 있고 이는 인구 고령화의 당연한 진행 수순이다.

2016년 12월 잡코리아가 남녀 직장인 532명을 대상으로 노후 일자리 계획을 조사했다. 노후에도 계속 직장 생활을 하고 싶은지 묻는 질문에 "그 렇다"는 답이 67.3%로 가장 많았다. 현재 직장에서 정년 이후에도 일하는 것이 가능한지를 묻자 "정년까지 일하기 어렵다"(54.7%), "정년까지는 일할 수 있을 것 같다"(37.6%) 순이었다. 몇 살 정도까지 직장 생활을 할 수 있을 지 묻는 질문에 평균 55세라는 답이 나왔는데, 법정 정년인 60세에 못 미 쳤다. 이러한 데이터를 봐도 대부분의 사람들은 예상보다 일찍 퇴직할 수 있다고 생각하고 있다.

은퇴는 빨라지고 노후 준비는 늦어진다

지금은 연장자가 많은 시대다. 연장자가 적었기 때문에 존중을 받았던 전통 사회와 완전히 배치되는 현상이다. 사회는 새로움을 넘어 순발력을 요구한다. 대규모 생산보다는 니치 마켓niche market: 유사 상품이 많지만 수요자가 요구하는 바로 그 상품이 없어서 공급이 틈새처럼 비어 있는 시장, 숨겨진 시장이나 스핀 오프 영역이 더 중요해지고 수익을 낼 수 있는 시장은 좁아지고 있다. 그것에 부응하지 못할 때 언제든 은퇴를 요구받을 수 있다.

은퇴 시기가 빨라지고 있다는 것은 노후를 준비할 시간이 부족하다는 것을 말한다. 은퇴 후 적어도 20~30년은 생활을 유지해야 한다는 말은 많다. 이런 것들이 자동으로 준비되는 시스템은 더 이상 작동하지 않는다. 외환위기에서 빚어진 조직과 사회는 더 이상 미래를 보장해주지 않는다. 40대 초반에 노후를 준비한다고 말하긴 쉬워도 실천은 어렵다. 한 조사에서 노후 준비를 만족스럽게 하고 있다는 답은 7.9%에 불과했다. 준비를 잘하고 싶은데 현실은 만족스럽지 않다는 말이다.

노후 준비에는 한 가지 필수 조건이 있다. 노후 문제가 자녀와 연관되어 있다는 점을 생각하지 않을 수 없다. 40대는 기존 세대와 달리 본격적으로 가족을 늦게 구성하기 시작한 세대이지만 가족을 소중하게 생각하며 민주적 수평적 양육과 교육 태도를 보였다. 따라서 40대는 자녀들을 노후와 연계시킬 가능성이 높다. 자녀가 있는 경우 고용 현실과 별도로 노후의 삶을 발목 잡히게 될 수도 있다. 만혼의 당연한 현실이자 당면한 미래이다.

우리나라는 20대 분가 비중이 적다. 다른 나라에 비해 노후 준비를 할 시간이 짧다. 우리나라의 가구 분화는 자녀 혼인 등에 따라 이뤄진다. 만혼이 증가할수록 노후는 늦어지게 된다. 아이 뒷바라지를 해야 하기 때문에 자신들의 노후 생활이 늦어지게 된다.

일찍 자녀 분가가 이루어지는 국가들의 40대들보다는 단계적으로 노후 준비를 하지 못할 수 있다. 조기 자녀 분가는 20대 가구주를 보면 알 수 있다. 실제 20대 가구주 비중을 살펴보면, 한국은 18.7%, 일본 33.5%, 노르웨이 35.9%로 다른 나라들이 한국을 15%p 이상 앞선다. 선진국은 자녀가 부모 곁을 떠나 일찍 분가를 한다.

흙수저론을 당연하게 생각하지만 반대로 당연한 게 아니라고 생각해야 서로 행복할 수 있는지 모른다. 집안 배경이 성공을 좌우한다는 생각은 결국 부모에게 책임을 전가하는 것이고 부모의 뒷바라지를 원하는 것이며 대부분의 부모들이 보낼 노후의 삶을 가져다 쓰겠다는 것이다. 물론 그런 인식은 단지 개인의 마음가짐에 원인이 있다고 보기는 힘들다.

이스라엘처럼 18살에 아이들을 독립시키는 경우도 있겠지만 대학생 때 독립시킬 수도 있을 것이다. 자녀의 취직은 물론 결혼까지 책임져야 하는 상황이라면 노후 자금으로 모아뒀던 돈은 모두 자녀들에게 들어갈 가능성이 높다. 그렇다고 해서 그렇게 투입된 돈이 과연 긍정의 결과로 나올 수 있는지 알 수 없다. 경쟁은 치열해졌고 미래는 불확실하기 때문이다.

막연한 노후 생활 계획은 이뤄질 수도 없고 가능하지도 않으며 실제로 실천에 옮길 수도 없다. 은퇴 후 재취업이나 창업이라는 적극적인 경제 활동이 우선이어야 한다고 말하면 너무 슬플 것이다. 물론 귀농, 귀촌이 단지 쉬는 여가의 개념이 아니라 수익 경제 활동의 일환일 수도 있지만 말이다.

그런데 90년대 학번들이 농사의 경험이 얼마나 있으며 이에 대한 열망이나 로망이 얼마나 남아 있을까. 그들은 도시 삶에 더 익숙한 이들이고 도시 문화 속에서 정체성을 형성한 이들이다. 다만 한적한 도시 문화를 원할 수 있는 수준이다. 그들에게 농촌이나 논, 밭은 플랫폼으로 보일지 모른다.

예컨대 태양광에 40대들이 많이 뛰어드는 것을 본다면, 단순히 농사를 짓는 수준의 영농을 통한 수익 보전 모델은 90년대 학번들의 방식은 아니라고 할 수 있다. 태양광은 친환경 에너지로 환경오염 문제를 덜 일으키면서 수익을 낼 수 있는 사회적 가치 실현의 비즈니스 모델이다. 묘목을 심기 위해 땅을 파고 허리가 부러지도록 과수의 가지치기를 하지 않아도 안정적으로 수익을 얻을 수 있는 방안이기 때문이다. 한번 세팅을 해놓으면 10~30년 수익이 보장되기 때문에 주목하지 않을 수 없다. 90년대 학번 세대들에게는 시스템을 갖춰 놓고 노후의 삶을 생각하는 방식이 필요하다. 귀농, 귀촌을 한다고 해도 농업 외 캐시카우가 될 수 있는 대안 모델을 그들은 찾고 있다. 태양광도 지역을 잘 알아야 하는 문제이니 준비가 필요하겠는데 한편으로 보면 지역 출신들의 역량이 발휘될 수 있는 좋은 예이기도 하다.

90년대 학번들은 도시 상경을 통해 청운의 꿈을 이루려고 한 마지막 세대에 속한다. 지역에서 도시, 수도권으로 유학을 왔던 그들은 지역에 연고를 가지고 있으면서 도시에서 성공적인 정착을 꿈꾸었고, 위성도시를 중심으로 거주 공간을 마련한 이들도 많다. 그들은 지역과 연계성을 갖고 있기 때문에 도시와 지역을 관통할 수 있는 비즈니스 모델을 이해할 수 있는 마지막 세대에 해당한다. 그것을 열등감으로 간주하거나 흠이라고 생각한다면 장점조차 단점이 되고 오히려 미래에 부정적인 결과를 낳을 것이다. 모르는 지역에서 새로운 귀촌, 귀농을 하는 것보다 출향인들이 연고성을 확장한다면 더 프리미엄을 얻을 수 있다. 금의환향을 하던 시대는 80년대로 족하다. 자신이 존재하는 것만으로도 감사해야 할 시기는 이미 1997년 외환위기 체제에서 겪었다. 그런 경제모델은 더 이상 가치가 없음을 현재의 40대는 스스로 입지를 구축하는 모습을 통해 보여주고 있다.

하지만 많은 90년대 학번들은 사모 펀드, 주식이나 부동산, 비트코인 등의 투자에 열정을 쏟아붓고 있다. 그나마 자신이 피와 땀을 들여 번 돈을 날리더라도 배우자들이 맞벌이를 통해 얻은 돈을 건지면 다행이다. 자녀들이 자신을 부양하리라 아예 생각지도 않는 그들에게 요양원을 예약하는 것이 현실적인 미래다. 그나마도 일제시대 수용시설 같은 곳이 아니라 문화적 공간을 원할 것이기에 이를 위해서라도 노동을 하거나 비즈니스 모델을 세팅해야 한다.

가장 좋은 미래의 계획은 많은 문화예술 창작자들이 저작권을 등록하고 그것을 자녀에게 물려주는 것이다. 다만 이런 부분들이 문화예술 창작자들에게만 해당하는 것이 아닐 수 있다는 점을 너무 늦게 생각하지 않아야 하는 점은 분명하다.

40대가 '영끌 투자'를 하지 않는 이유

동학개미의 등장

2020년 코로나 19로 불확실성이 높아진 상황에서 외국인과 기관이 내놓은 주식을 사는 이들이 급증했다. 이들이 적극적으로 주식을 사는 행위를 마치 나라를 지키기 위한 행동인 것으로 생각해 '동학개미운동'이라고 부른다. 기관들이 떨어뜨리는 한국의 주가를 개미들이 끌어올리고 있다고 보기 때문이었다. 20~30대들이 신조어를 만들어내며 매수 행진을 주도한다는 평가가 많은 매체를 장식했다.

취업포털 인크루트와 바로면접 알바 앱 알바콜이 30대 이상 회원 544명을 대상으로 주식 투자 경험에 대한 공동 설문조사를 진행했는데 결과를 보면 30대(55.5%), 40대(40.4%), 50대 이상(3.9%) 순으로 참여율이 높았다. 40대와 50대는 차이가 크지만 40대와 30대는 비슷한 것을 알 수 있다. 주식 책도 잘 나갔는데 3월 4주 차 교보문고 경제경영 베스트셀러 10위권 중

1~6위를 주식 투자서가 차지했고 한동안 잘나갔던 부동산 책들을 상위권에서 전부 밀어냈다. 구체적으로 주식 관련 도서를 구매하는 비중은 남성이 68%로 높은 비율을 차지했고 30대 남성 26%, 40대 남성 17%, 20대 남성 11% 등 20~40대 남성들이 주식 책을 구매해 읽었다. 이런 흐름에 가장 큰 영향을 미친 것은 코로나 19였다. 코로나 19가 본격 확산되기 시작하자 예스24에서도 2월 주식 관련 도서 판매량이 전월 대비 55.8% 늘고, 3월에는 63.4%나 올랐기 때문이다. 빅데이터 분석 전문기관 NICE디앤알의 모바일 앱 분석 솔루션 앱마인더 보고서에 따르면 국내 주요 5개 증권사의 주식거래 앱 설치가 3월 첫 주 659만 명에서 4월 첫 주 749만 명으로 약 90만 명 증가했다. 비율로는 5개사 합산 기준으로 13.7% 증가인데, 성별은 여성보다 남성, 연령별로는 20대에서 증가세가 컸다. 연령별로는 20대에서 30만 명이 신규로 앱을 설치하며 가장 많았고, 30대는 25만 명, 40대 20만 명, 50대 11만 명 증가했다. 이렇게 공격적으로 20~30대가 나서서 주가를 방어한 면이 있었고, 덕분에 삼성 증권은 비대면 계좌에 11조의 돈이 모였으며 삼성전자의 주주는 3달 사이에 백만 명에 이르게 되었다. 20~30대는 한동안 비트코인에 몰렸다가 부동산으로 이동하기도 했다. 비트코인의 경우 변동성이 클 뿐만 아니라 실제로 그것이 확립될 때까지 버틸 체력이 그렇게 많지 않았다. 부동산의 경우에는 가격 자체가 비싸다. 더구나 문재인 정부가 끝까지 부동산 규제 정책을 고수하고 있기 때문에 단번에 많은 돈을 벌기는 힘들다고 볼 수 있다. 위기 속에 기회가 있다는 말이 있다. 이들

재테크 상품 소비에 녹아든 '강남부자'를 향한 열망

이 몰려든 것은 바로 1997년 외환위기와 2008년 외환위기의 경험이 작용했기 때문이다. 그때를 겪지는 못했지만 그때의 경험이 공유되었기 때문이다. 그때 주식 시장에 무슨 일이 있었기 때문일까.

위기에서 기회를 잡아라

1997년 11월 21일 IMF에 긴급 자금 지원 요청이 공식 발표되자 506.07 이던 코스피는 한 달 만에 351.45까지 떨어졌다가 곧 회복되기 시작했다. 1998년 3월에 500대를 회복하고 일시적으로 1998년 6월 280까지 하락했는데 1999년 1월 600선까지 오르며 상승했다. 한편 2008년 9월 리먼브라더스 파산 이후 글로벌 금융위기 때도 1,400대였던 코스피는 두 달 만에 900대로 급락했지만 6개월 만인 2009년 1,400대를 회복했으며, 1년 뒤인 2009년 9월에는 1,700대까지 올라갔다. 그렇기 때문에 코로나 19로 불안정성이 높아졌다고 해도 호기라고 보는 판단이 서게 된 것이다. 그런데 저점에서 다시 오른다고 하지만 2년 이상의 시간이 걸리는 것이다. 그만큼 그 기간을 인내해야 하기 때문에 자신의 돈을 가지고 하는 것이 안전할 것이다. 하지만 그들 세대가 과연 안정된 현금을 얼마나 보유하고 있을지 알 수 없다. 대부분 대출을 받아서 주식에 투자한다고 하는데 그 사이 이자를 지불할 정도의 수익을 내는 것은 변동에 따라서 장담할 수 없는 지경에 이를 수도 있다.

한 금융 투자 전문가는 말했다. "지금 저축을 깨서 투자에 나선다는 것을 저는 도시락 싸 들고 다니면서 말리고 싶어요. 절대 저축, 부동산, 보험, 연금을 지켜내시고 그 속에서 여유자금으로 투자를 하는 게 근본이지. 지금 저축을 깨서 이번이 기회다, 코로나 19가 나한테 정말 신의 기회를 줬다고 생각하신다면, 이만한 오산도 없다는 말씀을 드리고 싶습니다."

코로나 19와 같이 위기가 오면 그것을 기회로 보고 돈을 벌고자 하는 심리가 생기기 마련이다. 마스크 유통업자들조차 그렇게 생각하고 매점매석을 한 것은 부정적인 측면의 사례였지만 말이다. 모든 것을 걸고 위기 속에서 기회를 잡으려 한다면 오히려 더 큰 위험이 올 수 있음은 말할 것도 없다는 게 전문가들의 입장이다.

그런데 이렇게 영혼까지 탈탈 털어서 투자를 하는 그들의 매수 역수는 얼마의 비중을 차지할까. 신한금융투자 빅데이터 센터에 따르면 2020년 1분기 비대면 계좌 개설 수는 전년 동기 대비 3.2배 증가했다. 특히 1월 대비 3월의 비대면 계좌 개설이 3.5배 증가한 것에 대해서 코로나 19로 시장 변동성이 커지면서 개인 투자자들의 계좌 개설이 크게 늘어난 것이라 분석했다. 계좌 개설 고객의 연령대 비중을 보면 20대가 32%, 30대가 28%였고, 40대와 50대가 각각 22%, 11%였다. 이외에 60대는 2%, 10대는 4%를 기록했다. 20~30대를 합치면 전체 계좌 개설 고객 가운데 60%를 차지하는 것이라고 볼 수 있다.

그런데 이들의 매수 금액을 보는 것도 중요하다. 비대면 계좌 개설을 한 뒤에 평균 매수 금액은 2,980만 원이었는데 연령대별로 차이가 있었다.

20대가 1,837만 원, 30대가 2,992만 원을 사들였다. 그런데 40대 이상부터는 그들의 매수 금액과 비교가 되지 않는다. 40대와 50대는 각각 4,090만 원, 4,544만 원을 매입했다. 또한 60대는 5,364만 원으로 가장 높았다. 전체 비중이나 액수를 따질 때 여전히 22%를 차지하면서 4,090만 원을 매입한 40대가 동학개미운동에서도 큰 비중을 차지하고 있음을 알 수 있다.

사실 여윳돈이 많은 이들이 높은 비중을 차지한다. 50대와 60대를 언급한 상황에서 개미 가운데 큰손은 여전히 그들이었다. 1955~1963년에 태어난 베이비부머 세대다. 한국예탁결제원의 〈2019년 12월 결산 상장법인 개인 소유자 연령별 분포〉를 보면 주주 수 기준으로는 베이비부머에 해당하는 50~70대가 46.4%를 차지한다. 보유 주식 수로 보면 61.5%였다. 50대 33.5%이고 40대는 25.8%였다. 그들은 자녀와 노후를 생각해야 하기 때문에 공격적인 투자가 힘들 수도 있지만 여전히 고민은 있다. 거래 단위가 커서 손해를 보면 타격도 크기 때문이다. 하지만 그들은 이미 2008년에 저점 매수를 부르짖으며 뛰어들었던 개미들이 결국 기관 투자자들을 이기지 못하고 손해를 본 경험을 가지고 있다. 하지만 20~30대는 그러한 경험이 없는 것이 사실이다. 위기는 지나고 나면 잘 보이지만 그 가운데 있을 때는 잘 보이지 않는다. 그렇기 때문에 일희일비하면서 지켜보다가는 체력이 금방 바닥이 날 수 있고 자신이 하던 일도 제대로 하지 못할 가능성도 많다. 또한 금융위기와 코로나 19 위기가 같은 위기인지도 따져 보아야 할 문제이다. 2008년 금융위기는 말 그대로 금융에서 불거졌지만 코로나 19 위기는 전염병 때문에 불거진 간접 금융위기이기 때문이다.

어쨌든 동학개미운동으로 불린 주식 사기는 젊은 층들이 주도해 나간 면이 있다. 위기 속에 기회가 있고, 저점에 사면 반드시 다시 회복하며, 실패를 최소화하기 위해 우량주 중심으로 산다고 생각할 수 있을 것이다. 그런데 이들의 심리 상태에 대해서도 주목할 필요가 있다. 한몫 단단히 잡지 않으면 중산층에서도 탈락할 수 있다는 불안 심리가 팽배해 있다고 해도 지나침이 없는 듯하다. 그렇기 때문에 유망한 투자처라고 생각했던 비트코인으로 갔던 이들이 부동산을 거쳐 다시 주식시장에 이르고 있는 것이다. 단번에 막대한 돈을 벌지 않으면 희망이 없다는 생각을 가졌다는 것은 40대 90년대 학번들과는 좀 차이가 나는 행태라고 할 수 있다. 90년대 학번들은 이렇게 급속하게 쏠리면서 많은 돈을 벌 수 있는 곳을 찾아 몰려다니지 않았다. 연령대로 본다면 뒤늦게 주식 투자에 눈을 떴다고 보는 것이 타당하다. 그렇기 때문에 20대와 30대처럼 적극적으로 동학개미에 나서지 않고 신중한 입장을 보이는 것은 사실이다. 40대들은 중요한 인생의 시기를 지나고 있다. 20대에 주식으로 넘어진다면 다시 일어날 가능성도 있다. 하지만 40대 이후에 자신이 축적한 자산을 주식으로 날린다면 노후가 힘들어질 수도 있다. 더구나 자신이 혼자의 몸이 아니라면 더욱 그럴 수밖에 없다. 하지만 그들도 공자가 말한 불혹의 경지가 아니라 미혹의 상황에서 위기 시에 기회를 찾는 심리가 내재하고 있음은 부정할 수가 없다. 어쨌든 경험이 있음과 없음은 중요한 일이다. 단지 이론적으로나 원론적으로 접근

재테크 상품 소비에 녹아든 '강남부자'를 향한 열망

해 투자를 하고 돈을 번다면 누구나 다 할 수 있기 때문이다. 그렇지 못하다는 것을 40대들은 알기 때문에 저가 매수에 능동적으로 나서지 않는다. 하지만 그들은 언제나 새로운 트렌드에 열려 있기 때문에 동학개미운동의 한 그룹을 형성하고 있는 것도 사실이다. 결정적인 상황에서 재빨리 빠져나올 가능성이 많다는 점을 생각하지 않을 수 없다. 20대일수록 끝까지 갈 가능성이 더 많다는 것은 경험의 소산이라고 할 수 있다.

15년 일해야 월급 500을 받는다?

나이가 들수록 연봉도 높아질까?

90년대 학번을 문화적으로 하나로 균일하게 묶으려는 경향이 있고 그에 따라서 그들의 경제와 소비 패턴을 범주화하려는 노력도 그간 많았다. 그들 중에는 문화적으로 살고 싶지만 경제적인 현실 때문에 그러지 못한 40대들이 있는가 하면 자신들이 원하는 문화적 생활을 누릴 수 있는 40대들도 있다. 그들 대부분은 문화적 삶에 부합하는 연봉을 희망할 뿐 실제로는 그에 부합하지 않을 수 있다. 그들이 겪는 경제생활은 앞의 50대나 60대가 겪었던 미래와 많이 달라지고 있기 때문에 더욱 그러하다.

연봉이나 월급이 나이가 많아질수록 올라가는 것은 당연해 보인다. 연차에 맞춰 현실적으로는 경력을 인정받아 경제 씀씀이에 맞게 대우를 받으면 적절할 것이다. 40대들의 실제 급여와 희망 급여는 다를 수 있다. 40대라고 하더라도 모두 다 평균적으로 균일하다고 볼 수는 없을 것이다.

그렇다면 각 연령대별로 바라는 연봉 수준은 얼마나 될까? 2018년 11월 잡코리아와 한국무역협회는 〈일하고 싶은 기업의 조건〉에 대해 설문 조사를 했는데, 희망하는 월 급여 수준은 연령대가 올라갈수록 높았다. 어쩌면 당연한 노릇이었다. 20대 중에는 월 200~300만 원을 희망한다는 응답자가 64.6%였다. 30대는 월 200~300만 원이 51.3%로 가장 많았고, 월 300~400만 원(28.2%)이 그다음이었다. 40대는 월 300~400만 원(28.3%), 월 400~500만 원(28.3%) 순이었다.

바람직한 수준이라고 할 수 있는 소득은 어느 정도 나이가 되어야 수령을 할 수 있을까. 500만 원 정도의 월급을 받는 경우를 생각해보자. 취업 포털 사람인의 조사에 따르면 349개 기업을 대상으로 월급(기본급, 세후 기준)이 500만 원이 될 때까지 평균 15.1년이 필요했다. 10년 차(25.5%)가 가장 많았고, 20년 차 이상(18.3%), 15년 차(15.5%), 18년 차(8.9%), 16년 차(4.3%), 19년 차(4.3%) 등이었다. 30대 초반에 직장 생활에 나선다면 40대 초반에 이러한 연봉 수준에 올라선다는 것이다. 20년 차도 상당한 비율을 차지하기 때문에 40대 중반에 이러한 연봉을 받는 사람들도 많을 것이다.

희망하는 연봉은 현실이 그렇지 않기 때문에 바라는 것이다. 그런데 전체적으로 이러한 연봉 수준을 받고 있는 것일까? 통계청의 〈2019년 하반기 지역별 고용조사 취업자의 산업 및 직업별 특성〉 조사 결과에 따르면 2019년 하반기(10월 기준) 월평균 임금이 100만 원 미만인 경우가 10.1%였다. 200~300만 원 미만은 31.9%로 가장 많았다. 그다음으로 100~200

305

만 원 미만은 23.1%, 300~400만 원 미만은 17.0%였다. 400만 원 이상은 17.9% 등으로 조사됐다. 결과적으로 임금노동자 33.2%가 월 200만 원 정도에도 미치지 못하는 것으로 나타난 것이다.

40대들에게는 다른 세대들보다 연봉이 중요했다. 2018년 11월 잡코리아가 한국무역협회와 〈일하고 싶은 기업의 조건〉에 대해 설문조사를 한 결과 "연봉 수준"이 중요하다는 응답은 20대 중 35.2%, 30대 중에는 37.2%, 40대 이상에서는 41.3%였다. 아마도 40대에 많은 연봉을 받을 것이라는 꿈을 가지고 격무를 참고 견디며 앞으로 나갔을 것이다.

통계청 조사에 따르면 500만 원 월급을 받기까지의 기간은 기업 규모에 따라 달라졌다. 대기업은 평균 11.1년으로 중소기업의 15.3년보다 4.2년 이르게 달성했다. 이는 어쩌면 당연한 노릇이었다. 성별로는 남성이 평균 14.9년, 여성은 16.8년으로 남성이 1.9년 일찍 500만 원 급여를 받았다. 같은 40대라고 해도 남녀별로 이렇게 차이가 있었다. 이런 점도 그렇게 크게 이상한 것이라고 볼 수 없는 상황이었다. 워낙 남녀 임금 격차가 노골적인 대한민국이니 말이다.

눈여겨봐야 할 것은 그 비율일 것이다. 500만 원을 받는 사람들은 얼마나 될까. 많은 것일까. 조사 대상 기업들의 전체 직원 가운데 월급 500만 원을 받는 직원의 비율은 평균 12.4%에 불과했다. 세부적으로는 500만 원 받는 사람들이 5% 이하인 기업이 52.7%로 가장 많았으며 10%(17.2%), 20%(9.7%), 30%(8.9%) 순이었다. 이것이 의미하는 것은 무엇일까. 많은 기업들에서 500만 원 이상의 월급을 받는 사람들은 그렇게 흔하지 않다는 것이다. 있다고 해도 소수에 불과하다는 것이다.

전체 비중을 보면 그들이 받는 월급은 200만 원대가 45.3%, 300만 원대 30.6%였다. 직장인 4명 가운데 3명은 200~300만 원대라고 할 수가 있다. 범위를 좁혀서 2018년 4월 서울 직장인 평균 월급이 223만 원이었다. 신한은행의 〈서울시 생활금융지도: 소득 편〉을 보면 업종이 무엇인지 혹은 강남인지 강북인지에 따라 다르지만 연령대별로 31~35세는 256만 원, 36~40세 287만 원, 41~45세 327만 원이었고 평균 19%씩 올랐다. 사회초년생이라고 할 수 있는 26~30세가 월 195만 원이었다. 눈여겨볼 수 있는 점은 46~50세의 평균 월급은 322만 원으로 41~45세보다 낮았다. 40대 중반을 넘어가면 오히려 소득이 줄어들 수 있다는 것이다. 물론 기업 규모에 따라서 얼마든지 달라질 수 있다. 대기업은 348만 원, 외부감사 중소기업은 279만 원이고 비감사 중소기업은 220만 원으로 나타났다. 대기업은 50세까지 급여가 꾸준히 증가하지만, 중소기업은 40대 초·중반에서 최고 수준이었다. 왜 그럴까. 중소기업은 40대 후반부터 퇴직 혹은 이직이 시작되기 때문이라고 대개 해석한다. 앞서 언급했듯이 40대는 균일하지 않고 편차가 존재한다. 그들에게는 양쪽에 걸쳐 있는 양가적인 마음도 존재하고 있다. 〈MENAISSANCE MAN 2016년 대한민국 40대 리포트〉 자료에 따르면 40대는 스스로 저소득층과 중산층에 속한다고 했다. 저소득층이라고 한 비율이 49.8%, 중산층은 49.2%다. 스스로를 고소득층이라고 여기는 사람은

1%에 불과했다. 한쪽은 저소득층 다른 쪽은 중산층인데 그것은 그들이 어떤 직종에 있는가에 따라 달라질 것이다.

통계청 자료를 보면 직종별 종사자 소득에서 100~200만 원 미만까지 포함하면 월 200만 원을 못 버는 종사자는 농림어업은 67.5%, 숙박·음식점업은 64.5%였다. 단순노무직의 28.0%가 100만 원 미만이었고 서비스 종사자의 25.2%가 저임금이었다. 40대들이 이런 분야에 종사하고 있다면 당연히 소득은 내려갈 수밖에 없다. 여기에 비해 소득이 높은 종사자는 월 400만 원 이상으로 금융·보험업(39.6%)에 많았고 전문·과학·기술서비스업(37.4%)과 정보통신업(35.8%)이었다. 이런 직종에 종사하는 40대는 문화적 세대의 특징들을 제대로 구현하면서 살 가능성이 크다. 연령 계층별로는 15~29세의 경우 음식점 및 주점업(58만 3,000명)이 가장 많았는데 50세 이상은 농업(129만 7,000명) 분야 취업자가 가장 많았다. 30~49세는 교육서비스업(100만 2,000명)이 많았다. 급여의 경우 다른 직종보다는 90년대 학번들이 좀 나아 보인다. 다만 이런 직종도 특수고용직이고 나아가 사교육 시장과 연관되어 있을 가능성이 높다는 점에서 봤을 때 생산적인 측면에서 산업의 형태가 소모적일 수 있다.

아르바이트하는 40대

근래 40대 가구의 소득 급감 현상이 두드러지는 것으로 나타났다. 신한은행의 〈2019 보통사람 금융생활 보고서〉는 전국의 만 20~64세 경제생활자(근로소득 또는 사업소득이 있는 고객) 1만 명을 대상으로 이메일 조사를 진행했는데 그 결과 미혼 가구보다 기혼 가구의 57%에서 소득이 급속하게 감소했다. 소득 급감을 경험한 평균 연령이 눈길을 끌었는데 40.2세였다. 40대의 소득 급감 이유는 퇴직·실직(38%)이 가장 많은 비중을 차지했다. 뒤를 이어 경기 침체로 인한 임금 삭감 및 매출 감소(29%), 사업 실패(13%), 이직(12%) 등의 순이었다.

그렇다면 40대의 소득 급감 금액은 얼마나 될까. 월평균 256만 원이었다. 본인 및 배우자 실직 때문에 284만 원이 최다였다. 소득 급감을 경험한 40대 가구들은 그럼 사전에 미리 준비를 했을까. 55%는 소득 급감을 사전에 대비하지 못했다. 즉 갑작스럽게 실직을 당하거나 일거리가 없어지는 상황이 얼마든지 일어날 수 있다는 것이다. 분명 얼마 전까지 40대는 소득이 가장 높았다. 통계청 일자리별 소득 분포의 〈2016년 기준 일자리행정통계 결과〉에 따르면 연령별로 40대의 소득이 가장 높았고 20대 월평균 소득은 은퇴 연령대보다도 적었다. 구체적으로 평균 소득은 40대(341만 원), 50대(318만 원), 30대(306만 원), 60세 이상(186만 원), 29세 이하(182만 원) 순이었다. 이는 전해보다 높아진 것이었다. 2015년 통계청의 〈임금근로 일자리별 소득 분포 분석〉 결과에서 연령별 평균 월급은 50대(386만 원), 40대(383만 원), 30대(319만 원), 60세 이상(256만 원), 29세 이하(215만 원) 순이었다. 또한 근속 기간이 길수록 평균 소득이 높았는데 20년 이상 근속자의 월 소득은 678만 원, 1년 미만은 213만 원으로 나타났다.

그러나 근속 기간이 길수록 연봉이나 급여가 올라가던 시절은 끝나고 50대도 위험하고 이제 40대부터 소득이 줄어들고 있다. 그리고 후반기로 갈수록 더욱 그러하다. 씀씀이는 커지고 돈이 들어가는 데는 많아지는데 소득의 미래는 불안해진다고 하면 다른 방법을 강구해야 한다. 실직을 하는 경우 구직을 위해 더 애를 써야 하겠지만, 직장을 다니고 있는 이들이 강구해야 할 방법은 결국 아르바이트일 것이다. 이는 실제 데이터로도 확인이 된다.

2019년 3월 잡코리아와 알바몬이 30대 이상 직장인의 〈직장인 아르바이트 현황〉을 조사한 결과 "현재 직장 생활과 병행해 아르바이트를 하고 있다"고 답한 직장인이 18.6%였다. 연령대별로 보면 30대는 16.0%, 40대 직장인 중에는 19.8%, 50대는 23.0%였다. 이를 통해 알 수 있는 것은 명확했다. 연령대와 비례해 높았다. 눈에 들어오는 것은 미혼과 기혼 직장인의 차이였다. 누가 더 많이 할까. 미혼 직장인(17.5%)보다 기혼 직장인(19.4%)들이 아르바이트를 더했다. 아마도 씀씀이가 커지면서 소득이 이를 따라가지 못했기 때문이라는 점을 쉽게 짐작할 수가 있다. 여기에도 편차가 있는데 상황을 다르게 만들어준 것은 주 52시간일 것이다. 가장 급여 벌이가 낫다는 40대가 더 많이 아르바이트를 하고 액수도 30대보다 많았다.

주 52시간 근무제 시행별로는 주 52시간 근무를 하는 직장인(18.4%)보다 주 52시간 근무를 하지 않는 직장인(19.2%) 가운데 아르바이트를 한다는 비율이 소폭 높았다. 주 52시간을 하는 기업이라면 안정된 고용과 급여가 보장되는 것을 의미할 수도 있다. 주 52시간 제도는 다른 한편으로 상대

적인 박탈감을 40대에게 줄 수 있다. 편차가 있다는 것은 심리적으로 부정적인 효과를 낳는다. 한쪽은 X세대이지만 한쪽은 여전히 산업 노동세대로 살고 있다는 것을 확연하게 만들어준다. 이들 '아르바이트하는 직장인'들의 한 달 수입은 평균 50만 원이었다. 연령대별로는 30대가 평균 46만 원, 40대 직장인이 평균 51만 원, 50대는 54만 원이었다. 그런데 중요한 것은 역시 나이가 들수록 아르바이트로 채워야 할 돈이 더 많이 늘어난다는 것이다.

2019년 12월 4일 알바몬이 입사 지원 빅데이터를 분석한 결과에서 1~10월 30대와 40대 아르바이트 입사 지원자 수는 2년 전 같은 기간과 비교해 각각 2.63배, 3.61배로 늘었다. 전체 입사 지원자 가운데 이들이 차지하는 비중도 22.3%에서 25.4%로 증가했다. 이러한 점은 앞으로도 증가 추이가 줄어들 것 같지 않다는 점이다. 한 직장에 다니는 것도 평생 바라지 않아야 하는데 이제 직장을 다닌다고 해도 하나의 일만 하는 노동 환경에 변화가 온 것이다. 40대들이 50대가 되면 더 많은 아르바이트를 하고 액수도 늘어날 것이다.

그렇다면 아르바이트로만 생계를 유지하는 '프리터족'은 이제 새로운 문화적 트렌드가 아닌 것이게 된다. 안정된 직장을 바라는 것에서 벗어나 필요한 돈을 위해서 여러 가지 일을 병행하는 것이 40대에게는 낯설지 않은 풍경이 되었고, 그것에 능히 적응해 갈 것이다. 특히 중산층에서 저소득층으로 떨어지는 위험성에 노출되어 있는 90년대 학번들에게는 더욱더 말이다. 그들은 처음부터 그렇게 사회에 첫발을 내디뎠다.

40대도
건물주를 꿈꾼다

조물주 위에 건물주

90년대 학번에 속하는 배우 공효진, 하정우, 권상우, 김태희, 이병헌 등은 건물주가 된 연예인으로 이름을 날렸다. 심지어 MBC 〈피디수첩〉의 주인공이 되기도 했다. 다른 이들에 비하면 양호한 배우 공효진은 37억 원 빌딩의 매매가 가운데 26억 원이 은행 대출이었다. 자기 자본은 약 8억 원뿐이었고 4년 뒤 60억 원에 팔아 23억 원의 차익을 얻었다. 그리고 하정우는 81억 원, 김태희 132억 원, 권상우 280억 원이었다. MBC 〈섹션TV 연예통신〉에서는 '부동산 큰손 스타'가 공개됐는데 1위는 전지현으로 총 870억 원대 부동산이 있었다.

실제 활용 목적도 있다. 방송인 겸 사업가 홍석천은 매년 식당 임대료에 시달리다 2012년 이태원역 이면 도로에 대지 면적 $228m^2$(69평), 연면적 $286.86m^2$(87평) 지하 1층~지상 3층 규모의 건물을 20억 원(대출 13억 5,000

재테크 상품 소비에 녹아든 '강남부자'를 향한 열망

만 원)에 매입해서 임차인에서 건물주가 되었다. 그 건물에 레스토랑 '마이 스윗'을 차렸고 입소문이 나고 이태원의 유동 인구가 늘어나면서 상권 확장 시세가 4년 만에 40억 원까지 되었다.

물론 고액 대출을 끌어올 수 있는 것은 이들의 신용등급이 높았기 때문인데 사실상 유명하기 때문에 등급도 높은 것이다. 일반인들이 그렇게 할 수 없는 처지인 것은 당연하다. 70~80%가 대출이고 자기 자본은 10% 남짓이니 할 말이 없다. 연예인들이 선도하는 것도 있지만 시장의 흐름을 그들이 반영하고 있는지도 모른다. 그들은 분명 40대들이 많았다. 청소년들이 부러워하는 연예인과 건물주가 결합한 현상이었다.

60대의 교수가 지인들에게 술자리에서 말한다. 자신의 아들 꿈은 임대 사업자라고. 건물주가 되겠다는 것이다. 그런데 그 아들은 연세대를 나왔다고 한다. 수많은 가용자원을 들여 상위를 차지한 이들이 하는 말이 건물주, 결국 다른 이들 위에서 건물 세를 받아 생활하겠다는 것인데 그렇게 되려면 서울의 임대료는 계속 올라야 한다. 그리고 그 누군가는 그 임대료 때문에 힘들어해야 건물을 가진 사람은 좋을 수 있다.

당신의 소망이 무엇이냐고 물었을 때, 한동안 조물주 위에 있다는 건물주를 꿈꾼다는 응답이 많았다. 청소년은 물론 초등학생도 그렇게 대답해서 이런 풍조를 개탄하는 목소리도 있었다. 연예인들도 수십억의 빚을 얻고 건물을 사고 그것이 미디어를 통해 그대로 노출되기도 했다. 명성과 인기를 이용해 가능하지 않은 대출을 받은 것으로 알려져 눈총을 사기도 했다.

대개 건물주가 된다고 말을 할 때 그 건물을 사기 위해 구체적으로 어떻게 돈을 모으거나 활용하는지에 대해서는 별로 관심도 없고 알려고 하지 않는다. 단지 돈을 많이 버는 대박의 꿈을 꾸거나 막연하게 미래의 희망사항을 이야기하고 실제적인 로드맵은 구체적으로 생각하지 않는 경우가 많다.

꼬마 빌딩 열풍

무엇으로 돈을 벌 것인가. 앞에서 언급한 60대 교수의 아들은 아버지가 살고 있는 아파트를 빨리 자신에게 증여해달라고 했다. 이러한 세대적인 새 풍경은 40대들이 생각하지도 못한 것이다. 정말 대부분이 말이다. 강남의 일부 계층은 모르겠지만, 그때는 일부였다고 해도 지금 세대에게는 그냥 늘 말하는 수준이 된 것 같다. 예전으로 치면 엘리트 계급이라고 불릴 이들이 말이다. 많은 이들은 월급만 가지고는 불가능하다는 것을 잘 알고 있으니 결국 돈을 벌려면 장사를 해야 한다는 말이 나오게 된다.

사무실 전문 부동산업체가 2017년 2월 설문조사를 실시한 결과 "나는 빌딩 주인을 꿈꿔봤다"는 질문에 90.4%가 "그렇다"고 답했다. 빌딩의 가격은 10억 미만(12.4%), 10억 이상~30억 미만(35.2%)이 가장 많았다. 30억 이상~50억 미만(20%), 10억 이상~50억 미만은 55% 이상을 차지했고 50억 미만은 67% 이상이었다. 그 외에 50억 이상~100억 미만(16.2%), 200억 이상(10.5%), 100억 이상~200억 미만(5.7%) 순이었다.

빌딩 주인이 될 수 있는 예상 시기는 연령대별로 보면 40대가 36.2%

로 가장 높았다. 다음으로 50대(31.4%), 60대 이상(21.9%), 30대(8.6%), 20대 이상(1.9%)으로 나왔다. 40대를 중심으로 꼬마 건물주 현상이 돌아가고 있다는 것을 알 수가 있다. 이전에는 빌딩은 은퇴 후 현금 확보 혹은 증여 수단으로 베이비부머 세대의 투자가 높은 편이었다. 하지만 변화의 기류가 느껴지고 있는 것이다. 빌딩에 투자하는 이들에게 물으니 이유에 대해서는 물론 "경제적 어려움"(77.8%)을 가장 많이 들었다.

여하간 아파트 투자에서 더 나아가 꼬마 빌딩에 해당하는 건물에 관심이 많다는 것을 알 수 있다. 꼬마 빌딩은 주로 20~50억 원의 중소 규모 건물을 말한다. 흔히 볼 수 있는 지상 3~7층의 상가 건물이나 작은 오피스 건물이다. 예전에 이런 빌딩은 기업체 소유의 건물이었다. 하지만 근래 아파트값이 급등해 아파트를 팔고 일정한 대출을 끼면 꼬마 빌딩을 살 수 있다는 생각을 하게 되었다. 예컨대 30억 원으로 강남 아파트를 사 실거주하려면 대출 규제가 강화되어 최소 15억 원의 자기 자본금을 투입해야 하지만 꼬마 빌딩은 20억 원가량의 대출이 가능하다. 좀 더 넓혀서 서울 지역 꼬마 빌딩을 분석해보면 20~30억 원대가 가장 인기가 많아 종잣돈 5~10억 원을 가진 투자자들이 대출로 구입한다.

특히 40대를 중심으로 서울 강남권 일대에서는 아파트가 아니라 꼬마 빌딩 열풍이 불었다. 2018년 1분기 40대 빌딩 투자자의 비중은 2017년 같은 기간 23%에서 33%로 10% 뛰었다. 30대는 2017년 7%에서 2018년 12%를 기록했다. 강남만이 아니라 강북에서 용산은 한남오거리와 이태

원로 주변, 경리단길 등의 꼬마 빌딩이 주목의 대상이 되었다. 주로 명소가 된 곳들이고 지대가 있는 곳이다. 중요한 것은 그런 명소 중심의 지역이 아니라 가성비다. 이전의 강남 부자들은 잘 알고 안정적인 강남 빌딩 투자만을 생각했고 그것을 따라 하는 이들이 많았다. 하지만 강남에 그런 매물이 더 이상 남아 있지 않은 상황에서 투자를 해야 하는 30~40대는 다른 곳으로 눈을 돌리게 된 것이다. 홍대, 용산, 마포, 성동구 등에도 관심을 갖게 된 것은 가격 대비 수익률이 높은 가성비 있는 빌딩을 실익의 관점에서 접근하고 있다는 것이고 이는 많은 90년대 학번 연예인들이 보여주고 있는 점이다.

40대 노후 대책은 건물주

청소년들이 공무원이나 건물주 임대업자를 꿈꾼다는 말은 일찍부터 있었다. 2016년 탐사 플러스 취재 팀이 서울 시내 초중고등학생 830명을 대상으로 조사한 결과 고등학생들은 선망하는 직업 1위로 공무원(22.6%)을 꼽았고, 2위로는 건물주와 임대업자(16.1%)를 꼽았다. 공무원과 임대업자, 건물주를 꿈꾸는 것은 비단 청소년들만이 아니라 중장년층도 마찬가지다. 그 심리는 공통적으로 간단하다. 공무원이나 건물주는 편해 보이는 직종이라고 할 수 있다. 연예인 같은 경우는 좋기는 하지만 부침이 심하고 불안한 요소가 있다. 그리고 끊임없이 치열한 작품 활동을 해야 한다. 하지만 공무원은 편해 보이고 건물주도 다달이 세만 받아먹으면 될 듯싶다.

하지만 공무원이 그렇게 편한 직종이 아니라는 것은 알 만한 사람은 다 알듯이 건물주도 놀기만 하는 것은 아니다. 빌딩에도 감가상각비가 들어가기 때문에 그냥 사 놓기만 한다고 수익이 나지 않는다. 그리고 무엇보다 공실률을 생각하지 않을 수 없다. 건물주들이 갖고 있는 공포를 '공실 공포'라고 하는 이유가 여기에 있다. 임대 수요가 많다는 강남권에서 공실률이 10% 이상이 되는 곳이 많고 특히 경기 불황기에는 더욱 심하다. 건물을 잘못 사면 대출 이자를 갚지 못하는 상황이 벌어질 수도 있다. 오랫동안 임차하려는 사람을 중심으로 계약을 하거나 유동 인구가 많은 지역 역세권 등을 고려해야 한다는 말이 괜한 것이 아니다. 입지가 좋지 않으면 아무리 강남 건물이라고 해도 언제나 공실 가능성이 있기 때문이다. 한 부동산 전문가는 배우 하정우조차도 "투자 스타일이 안정된 수입, 세입자의 업종을 중요시하여 부동산을 매입하는 스타일"이고 "젊은 층의 수요가 많은 곳이나 유명 프랜차이즈가 있는 곳을 주로 선택한다."라고 했다. 이런 선제적 조치는 바로 공실이 많아지는 것을 원천적으로 차단하겠다는 것을 말한다.

고층일수록 임대를 주기가 힘든 면이 있고 건물을 통으로 임대하는 이들이 더 편할 수 있다는 것도 흘려듣기 힘들어진다. 하지만 그들 역시 갑자기 나가면 매우 힘들어질 수 있기 때문에 주의가 필요한 점도 있다. 원룸이나 고시원이 중간에 들어가 있다면 중심 상권이 아니라는 시그널 분석도 있다. 요즘은 주차 공간이 중요하기 때문에 사무실에 발렛 주차장은 물론이고 사람을 부르지 않고 차주가 할 수 있는 자동 시스템을 선호하는 비대면 문화도 고려해야 한다. 그렇지 않으면 빌딩 푸어가 될 수도 있다. 대출금 때문에 다시 건물을 팔아야 하는 상황이 올 수도 있다. 더 많은 빚을 진 상태에서 파는 것은 아닌지 생각해야 할 점이 꽤 있다.

30대의 경우는 자본 축적률이 낮기 때문에 증여의 형태로 건물을 갖는 경향이 있다면 40대들은 대출을 끼고 건물을 사는 경향이 좀 더 클 수밖에 없다. 그들이 생각하기에는 이자가 그렇게 부담스럽지 않을수록 적극 나서게 된다. 아파트보다는 규제가 덜하기 때문에 젊은 40대가 몰려들 수 있다. 아파트는 주거 공간으로 생각하고 정책 당국에서도 실수요자 중심으로 구매하도록 대출 규제를 강화하여 왔지만 빌딩은 그러한 대상이 될 수 없으니 말이다.

건물에 대한 주목은 자본의 동학 문제다. 연예인이나 스포츠 스타들이 강남 빌딩에 주목을 하다가 한때는 30~40대 벤처인들이 빌딩을 샀고 이제는 유튜브 크리에이터들이 합류하기 시작했다. 국내 유튜브에서 최대 광고 수익을 올리는 '보람튜브' 주인공 보람 양의 가족회사가 95억 원 상당의 강남 빌딩을 매입했다. 그 부모가 어떤 세대인지는 너무 명확하다. 많은 현금을 벌어들이는 이들이 결국 투자하는 것은 빌딩이다. 인플루언서들이 여기에 참여하고 있는 것인데 본인들이 하고 싶어도 못한다면 그 아들딸이 크리에이터나 진행자가 되어 자본을 축적하게 한 뒤에 빌딩에 진출할 수도 있는 것이다.

저금리 시대에 투자처를 찾지 못해 정기 예금보다 4~5배 높은 건물 임대 수익을 얻기 위해 꼬마 빌딩 투자에 매력을 느끼는 것이다. 근로소득이 없어도 매달 임대 수입이 들어오기 때문에 노후 및 은퇴 걱정이 없기 때문이다. 건물은 미래 가치가 있다면 처분할 때 막대한 시세 차익까지 얻을 수 있는데 꾸준한 관심과 탐색, 대출을 적절히 하면 남의 사례가 아니라 자신의 일이 될 수 있다고 여기는 40대들이 늘었다. 특히 임대 수익과 시세 차익을 동시에 얻을 수 있는 50억 원 미만의 꼬마 빌딩에 일반인들의 관심도 많다. 대출을 잘 활용해야 가능한 것인데 초보자보다는 대출을 활용해 본 경험이 있을수록 성공할 수 있음은 물론이다. 돈도 써 본 사람이 잘 쓰고 대출도 활용을 해 본 사람이 잘한다. 부동산도 마찬가지고 꼬마 빌딩은 말할 것도 없다. 특히 꼬마 빌딩은 다른 아파트와 달리 부동산 정보가 폐쇄적이기 때문에 이를 잘 뚫어야 한다.

내 집 마련의 꿈, 강남 몽(夢)

강남에 살고 싶어요

"아직 강남 입성에 꿈이 있어서요."

어느 방송국 피디가 마침 프로그램에 출연한 경제 평론가에게 묻는다. 지금 강남에 집을 사도 되냐고. 피디의 나이는 40대 중반. 노조에 소속되어 활동할 만큼 의식도 있어 보이는데 강남 입성의 꿈을 말한다. 결혼을 하지 않고 솔로로 사는 그녀가 강남 입성의 꿈을 자신 있게 말하고 있었다. 노조라면 뭔가 강남과 거리가 멀 것 같은데 그렇지 않다. 강남좌파라는 말인가. 이는 386세대에게 해당되는 말일 것이다. 적어도 90년대 학번들은 그 단계로 입지를 구축하지는 못했으니 말이다. 집안에 여유가 있어서 운동권 투쟁으로 직업을 잡지 못하는 사태를 돌파할 동력은 없는 세대였으니 말이다.

그녀는 1993년 발간된 유하의 시집 《바람 부는 날이면 압구정동에 가

재테크 상품 소비에 녹아든 '강남부자'를 향한 열망

야 한다》를 기억하는 세대일 수밖에 없다. 이 시집의 저자도 정작 압구정동 거주민은 아니었다. 학교도 그 건너편에 있는 곳을 다녔다. 한강 건너 압구정 청담동. 오죽하면 바람 부는 날 압구정에 가야 한다고 했겠는가. 한강 너머 선망의 낙원쯤일 것이다. 지금 세대야 압구정동에 선망은 없고 홍대필을 더 좋아한다. 하지만 홍대 앞은 가족이 거주하는 공간이라기보다는 개인이 혼자 살고 싶은 느낌이 더 강할 것이다. 90년대 학번은 강남이 최고라는 선망 의식을 강하게 가지고 있는 세대이다. 97년 외환위기 전에 한국 경제의 폭죽이 터트려진 곳이기 때문이다. 오렌지족이나 야타족이 활보했던 곳이며 X세대의 유행이 시작되고 풍미했던 공간이었다.

강남에 대한 선망은 강남 거주민이 되고자 하는 꿈으로 이어지고는 했다. 강남에 입성하지 못하는 것을 정부의 부동산 정책 실패로 미디어 매체는 보도하는 경향이 있는데 그만큼 강남의 집에 관심이 많기 때문이다. 강남에 대한 관심은 집 구매로 나타날 수 있다. 일단 집 구매에서 적극적인 것은 20대가 아니라는 점은 당연하다. 구매 비중이나 액수에서 건설사들이 중심에 두는 것은 누구일까. 대개 이미지를 떠올릴 때, 돈이 많은 복부인은 나이가 많은데 말이다.

절대 폭락하지 않을 '똘똘한 한 채'

일단 통계상 집 구매에 적극적인 것은 3040세대이다. 그중에서도 대개 40대라고 할 수 있다. 한국인이 생애 처음으로 내 집을 장만하는 평균 나이가 43.3세다. 2019년 6월 24일 발표된 국토연구원의 〈2018년도 주거실태 조사〉 보고서에 따르면 처음 내 집을 마련한 평균 연령은 43.3세였다. 조사 시점 기준 4년 내 구매, 분양, 상속 등을 막론하고 집계한 결론이었다.

아파트 구입에 관한 비공식 자료(김상훈 자유한국당 의원)에서 40대는 2015년 이후 계속 30%대로 30대를 앞질러 있었다. 그런데 2019년 1분기 에는 30대가 앞지른 적도 있었다. 2019년 4월 26일 한국감정원의 월별 연 령대별 아파트 매입 건수 통계에 따르면 1~3월 30대의 서울 아파트 매입 건수는 1,421건, 전체 서울 아파트 매입 건수(5,326건)의 26.7%였고, 40대 는 1,394건(26.2%)이었다. 하반기로 갈수록 다시 40대들의 적극적인 구입 이 이뤄진다. 2019년 10월 14일 1월부터 8월까지 누적 기준(한국감정원의 아파트 매매 거래 월별 매입자 연령대별 현황)에 따르면 서울에서 매매 거래된 아파트 3만 1,292건 중 3040세대가 매입한 비중은 1만 7,322건, 55%였다. 서울 아파트 매매 수요의 절반 이상이 3040세대였다는 것을 다시 한번 확 인할 수가 있었다. 여기에서 궁금해지는 데이터는 30대와 40대의 구매 비 중일 것이다.

연령대별로는 40대가 1~8월 누적 기준 8,719건으로 가장 많았고 30대 는 8,603건이었다. 그런데 이들이 가장 자금 여력이 좋은 것일까. 그렇지 않다는 것은 분명한 사실이다. 이들보다 자금 여력이 좋은 50대가 있다. 그 렇다면 50대의 구매는 어떨까. 50대는 같은 기간 6,150건, 그리고 60대가 3,574건 매입에 머물렀다. 3040세대의 아파트 매입이 적극적인 것을 알 수

재테크 상품 소비에 녹아든 '강남부자'를 향한 열망

있다.

그런데 30대와 40대의 차이가 있다. 바로 그들이 구매한 지역의 아파트 분포이다. 30대는 비강남권에 주로 구매를 했고 40대는 강남 3구에 구매를 했다. 특히 40대는 똘똘한 한 채의 콘셉트로 집중 구매한 것으로 나타났다.

40대가 많이 선호한 강남 3구는 서초구·강남구·송파구이고, 구체적으로 보면 강남구가 894건으로 가장 많았다. 그다음으로 송파구 809건, 서초구 498건 순이었고 아파트 구매가 많았다. 그렇다고 해서 비강남권이 없었다는 것은 아니다. 비강남권에서는 노·도·강(노원구·도봉구·강북구) 지역 중에서는 노원구에서 839건으로 가장 많았다. 양천구에서도 600건을 매입했는데 이는 교육 여건이 잘 갖춰진 목동을 중심으로 구입한 것으로 서초구보다도 매입 건수가 많았다. 똘똘한 한 채의 대명사는 압구정 아파트라고 알려져 있고 강남구 아파트 구매가 많은 것을 볼 때, 똘똘한 한 채 매입에 집중했다는 것을 쉽게 알 수가 있다.

대개 똘똘한 한 채를 고가 주택 한 채라고 풀이하는데, 다른 곳의 집값은 망해도 절대 망하지 않고 폭락하지 않을 곳의 집값을 가리킨다. 비교 모델은 일본의 도쿄다. 부동산 버블로 '잃어버린 10년'을 지난 일본도 도쿄의 중심부는 다른 곳이 다 폭락해도 그 가치를 유지했다. 만약 한국 특히 서울의 다른 지역이 붕괴되어도 서울의 중심부는 떨어지지 않을 것이라는 전제에서 가능한 것이다.

30대의 매입이 많았던 자치구는 노원·구로·성북구 등이다. 상대적으로 집값이 저렴한 비강남권이다. 고가 아파트가 다수를 차지하고 있는 서초·강남·송파구 등 강남 3구에서는 40대 비중이 높았다. 한 통계에 따르면 강남구 아파트 10채 중 4채는 40대가 집주인이었다. 어떤 전문가는 "자산이 어느 정도 형성된 40대는 세금과 대출 규제로 똘똘한 한 채를 마련해야 하는 상황에서 안전 자산이라고 평가받는 강남 지역으로 수요가 몰린 것"이라고 말했다.

　　한 통계를 보면 30대가 아파트를 가장 많이 산 곳은 노원구(224건)였는데 왜 30대들은 이곳에 구입한 것일까. 노원구는 상대적으로 집값이 저렴하고도 학군이 좋기 때문이다. 그들은 실용적이다. 송파구(193건)를 선호하는 이유는 재건축 투자 수요와 잠실동 기존 아파트에 대한 선호도가 높아졌기 때문이다. 성동구, 성북구 등 도심 직장과 가까운 지역에서 아파트를 산 사람 10명 중 4명이 30대였다.

　　한 전문가는 다음과 같이 말했다. "무리해서라도 서울 아파트를 사두면 언젠가는 오른다고 생각하는 30대가 많은 것 같다. 중·장년층보다 상대적으로 지출이 적고, 빚내서 집 사는 데 대한 거부감도 적은 맞벌이 고소득 30대를 중심으로 '영끌(영혼까지 끌어모아 대출)'을 해서 집을 사고 있다."

　　30대들이 타깃으로 삼은 것은 '인 서울' 하는 것이다. 일단 다른 지역보다 서울이 망하는 일은 없다고 판단하고 있는 것이다. 40대가 서울 가운데 강남구를 중심으로 한 핵심 지역에 똘똘한 한 채에 집중하는 것과는 다른 점이다. 어떻게 보면 설국열차에서 마지막 꼬리 칸을 타기 위한 레이스라고 볼 수 있다. 서울 밖은 위험하다고 보는 것이다. 30대들에게 강남몽은 없는지 모른다. 이미 그곳은 자신들이 다가갈 수 없는 곳이라고 생각할 수도 있다. 중요한 것은 강남에 대한 로망이 아닐 것이다. 자신에게 실용적인 것이 무엇인지를 우선 생각하는 것이다. 그러나 90년대 학번들은 실용적인 점도 생각하지만 집 장만에서는 아직 꿈과 로망을 포기하지 않고 그것을 적절하게 절충하고 있는 세대일지 모른다.

'낀'세대 40대의 삶에
더욱 주목해야 하는 이유

필자는 1974년생이며 93학번이다. 아내는 99학번이다. 각각 90년대 전반부와 후반부에 청춘을 보냈기에 그 시절의 이야기를 종종 나눌 때가 있다. 아내는 부모님에게 이런 말을 곧잘 한다고 한다.

"왜 취직을 못 하냐고요? 부모님들이 대기업에서 편하게 일하실 때 밖은 지옥이었다고요. 이제 지옥이 일반화되고 있어요."

대학교에 들어갔더니 선배들은 나를 X세대로 취급했다. 무슨 뜻인지 몰라 찾아보니 90년대 학번들을 대상으로 규정한 개념이었다. 아마도 80년대 학번들과 90년대 학번의 차이를 구분하기 위한 것인 듯싶었다. 90년대 학번들이 스스로 만들어낸 개념은 아니었다. 제일 기획이라는 내로라하는 광고 회사에서 마케팅용으로 만든 개념을 언론에서 확대 재생산했던 사례였다. 하지만 사기업에서 만들어내는 개념들은 차츰 공신력을 갖기 힘들어졌다.

요즘에는 사기업보다 공신력이 있어 보이는 대학연구소 같은 곳에서 대형 베스트셀러 책을 만들어 마케팅용 개념을 유행시키는 것이 트렌드이다. 언론 미디어에서 끊임없이 새로운 용어가 필요하다는 것을 정확히 파악한 마케팅 방식이다. 이 책에도 그런 용어들이 몇 개 들어 있을 수밖에 없다. 워낙 맹위를 떨치고 있기 때문이다. 어떻게 보면 진짜 트렌드 용어가 아니라 그렇게 규정하고 싶을 뿐, 결국 자기실현적 예언 현상을 일으킬 것이다. 먼저 현상이 있는 것이 아니라 개념이 현상을 만들어낸다. 어차피 마케팅은 해야 하고 판촉 사업은 벌여야 하니까 말이다. 하지만 그런 작업이 반복되다 보면 실체는 결국 드러나게 되어 있다. 트렌드가 아니라 하나의 특이한 증상. 그러므로 마케팅으로 이익을 생각하는 기업들에게는 연례 참조 자료에 불과해진다. 그 시초는 X세대였다. 386은 소비 관점이 아니라 정치 사회학적 의도에 따라 만들어진 개념이니 말이다. 달리 말하면 최초로 기업과 자본의 판매 수익을 위해 소비 집단으로 구획된 이들이다.

X세대라는 용어는 90년대 이후 청년 세대들을 가리키지만 보통 그렇듯이 스스로 규정한 개념이 아니기 때문에 그 관점으로만 보면 혼동스럽다. 더구나 사람은 특정 경험을 통해 생존의 방법이 달라진다. 1997년 IMF 외환위기의 경험은 90년대 학번들에게 많은 전환점이나 변곡점이 되었다. 하지만 그것이 전적인 변수도 아니었다. 2020년 봄, MBC라디오 〈시선집중〉에 어느 연사가 출연해서 말했다. "X세대들은 생존을 위해서라면 모든 수단을 다 동원한다." 끈질긴 생존력을 언급했으니 좋아해야 하나 싶은데 아

마도 외환위기 경험을 딛고 성장했기 때문에 이런 말을 하는 듯했는데 정작 본인은 X세대가 아닌 듯했다. IMF 외환위기 이후에 과연 어떻게 변했는지 연구해보고 싶은 마음은 여전하다. 하지만 정말 그들은 IMF외환위기 이후 살아남기 위해 무슨 짓이든 하는 생존력의 존재가 되었을까. 아직 그들은 낭만을 잃지 않으려 하지만 살아남기 위해 분투하지 않으면 어떻게 될지 아는 이들이다.

흔히 80년대 386은 정치 세대, 90년대 X세대는 문화 세대라고 한다. 하지만 90년대에도 여전히 운동권 학생들이 있었으며 수많은 정치적 이슈가 있었다. 다만, 전두환 독재체제나 87년 군정 종식 같은 대형 사건이 없었을 뿐이다. 중요한 것은 90년대 들어서 부각된 것은 정치나 문화가 아니라 경제였다. 프란시스 후쿠야마가 말한 자본주의 승리가 맞는지는 모르겠지만 이제는 경제가 제일 중요한 화두일 뿐이었다. 소련의 해체와 중국의 개방은 자본주의 체제가 아니라 시장 운영 방식의 변화였다. X세대는 그 시장에서 상품을 구매하고 소비하는 행위에 좀 더 집중할 수 있었던 세대였다. 그것이 옷이나 신발, 가방 그리고 음악과 영화, 게임, 만화 등 콘텐츠 소비에서 두드러지게 나타날 뿐이었다.

지식인들은 장보드리야르의 《소비의 사회》나 부르디외의 《구별짓기》를 뒤적거리며 X세대라 지칭된 이들을 비난했지만 전반적인 기류는 소비를 어떻게 지혜롭게 하는가에 모아졌다. 자본주의가 아니라 시장은 결국 상품의 생산과 유통, 소비를 통해 국민경제를 유지하기 때문이다. 차라리 시장을 인간화하려 했던 마르크스도 상품과 소비를 부정하지는 않았다. 그가 지적한 것은 그 중심 주체의 본질과 성격이 갖는 선의지였다. 물적 동학에서 벌어지는 X세대들의 선택을 이데올로기적으로 부정하는 행태는 결국 자본주의에서 문화 지체 현상이었다. 386세대들이 정치적으로 민주를 외쳐도 조직운영과 자본 지배에서 전근대적이었던 이유다. 괴물과 싸우는 이는 싸움 과정에서 괴물을 이기기 위해 괴물이 되어간다고 했다. 독재와 싸우는 이들은 독재적 태도를 자기 복제할 수 있다. 거대악과 싸우는 전사들은 영웅이 되어 그 영웅의 자리에 오르면 내려오지 못하며 영웅담은 곧 레전의 세계에 진입하게 되고 다른 존재들은 인정하지 않으며 신화화 된다. 자신들의 입지를 위해서 도덕적 순혈주의를 위해 경제적 입지의 기득권을 성찰하지 못한다.

그렇기 때문에 X세대들은 스스로 자구책을 마련해야 했고 앞으로도 마찬가지다. 그렇기 때문에 새로운 문화 그리고 디지털 문화의 부강에도 능동적으로 탐색하고 적응해야 했다. 아직도 마찬가지다. 맞다. X세대들은 이념이나 체제에서 좀 더 자유롭다. 그렇기 때문에 유연성이 있다. 당장에는 좀 느리게 되는 생물학적 위치와 사회적 입지를 갖고 있기 때문에 즉각적인 반응이 어려울지라도 열려 있고 포용성을 갖고 있다. 어느 세대와도 연대를 할 수 있다. 하지만 반대로 낀 세대가 될 수 있다. 곳곳에서 중간 허리로 관리자로 양쪽의 틈바구니에서 버텨내고 있다. 꼰대와 자유로운 영혼의 틈바구니에서 버티는 것은 쉽지 않을 것이다.고용불안과 소득 불안정 속에서 IMF 위기 때처럼 언제든 지금 누리고 있는 입지와 지위가 무너질 수 있다는 불안과 공포 속에서 경제 활동을 하고 있다. 녹록지 않은 경제 활동 속에서 한국은 그래도 그들을 주목하고 있고 의지해야 한다. 그렇기 때문에 이제 그들을 X세대의 틀에서 벗어나게 해야 한다. 그리고 경제 세대로서 그 역량을 키우고 주축이 되도록 민간은 물론 국가적 지원이 필요하다. 그들의 향배에 따라서 한국은 많이 달라지고 개인들의 삶이 행복과 불행 사이로 오갈 수 있다. 그들이 먼저 경제적으로 행복해야 국가경제의 행복이 가능할 것이다. 또한 그것이 낀 세대에서 가교 세대의 역할로 거듭날 수 있는 길이다.

컨슈머
인사이트

초판 1쇄 발행 · 2021년 6월 30일

지은이 · 김헌식 ·노정동
펴낸이 · 김동하

펴낸곳 · 책들의정원
출판신고 · 2015년 1월 14일 제2016-000120호
주소 · (03961) 서울시 마포구 방울내로7길 8 반석빌딩 5층
문의 · (070) 7853-8600
팩스 · (02) 6020-8601
이메일 · books-garden1@naver.com
포스트 · post.naver.com/books-garden1

ISBN · 979-11-6416-085-3(03320)